はしがき

　日本商工会議所および各地商工会議所主催の簿記検定試験は，昭和29年の秋以来，半世紀以上の歴史をもち，毎年6月・11月・2月の3回実施され，受験者は日本全国で年々増加の一途を辿っている。この検定試験がわが国における簿記教育の普及に果たした役割は，まことに偉大なものであるといえよう。

　さて本書は，商工会議所簿記検定試験の2級工業簿記に合格するための計算・記帳練習帳として企画されたものである。製造企業において，その資本がどこから調達され，どのように使用されているかを知るための会計情報を提供するのが，工業簿記と原価計算である。もし工業簿記や原価計算から得られる情報なしに企業を経営するとすれば，企業経営者は，いわば闇夜を手探りで進むような経営しかできないと言っても過言ではない。ところが現実には，このような重要性をもつ工業簿記や原価計算を勉強する人々は，商業簿記を勉強する人々と比べて意外に少ない。これは，工業簿記や原価計算が，商業簿記よりも難解であると誤解されているためであろう。

　本書は，「出題区分表」に従って全体の構成を整理し，製造間接費配賦差額の原因分析，標準原価計算のシングル・プラン，あるいは直接原価計算の固定費調整など，最新の内容を盛り込んだ。また，図表を多用し，視覚的に理解を助ける工夫を施した。

　5訂版では，平成24年6月の検定までに出題された内容を分析・検討したうえ，基本的知識の習得に加えて，応用力も要求される新傾向の問題にも対応できるよう，問題数・ページ数を増やして改訂を行った。

　そこで本書は，工業簿記や原価計算を初めて学ぶ人々，とりわけ高校生の諸君にもわかりやすいように配慮し，さらに下記の諸点に留意して編集されている。

(1)　本書は，日本商工会議所「簿記検定試験級別出題区分表」の「工業簿記」2級の順序に従ってやさしく記述されている。本書の姉妹書である『段階式　日商簿記　2級工業簿記』（税務経理協会刊）の学習と並行して，本書の基礎問題，練習問題，検定問題を解くのが，効果的な学習方法である。

(2)　各回の最初に〈要点整理〉を示してある。これは，問題を解くために必要なキーポイントであるから，それらをよく理解してから問題を解くのが望ましい。

(3)　日商の出題傾向を分析し，それらを基本問題の中に組み入れてある。設問は，本試験の解答時間に合わせて30分前後で解答できるものとなっている。

(4)　本書の別綴りとして，各問ごとに模範解答と解答を導くための〈ヒント〉が付されているが，くれぐれも安易に模範解答を見ず，自分で苦労して考えてほしい。それが実力をつけるための早道である。

刊行に際し斎藤勝太郎氏に，改訂に際し本島通宏氏にご協力をお願いした。ここに名前を挙げて，心から感謝の意を表したい。また，税務経理協会 書籍編集部の皆様にも厚く御礼を申し上げたい。

平成24年11月

監修者

目　　次

まえがき

問題編

第 1 回　工業簿記の基礎……………………………………………………2
第 2 回　原価と原価要素の分類……………………………………………4
第 3 回　原価計算の目的・種類……………………………………………6
第 4 回　工業簿記の構造……………………………………………………8
第 5 回　工業簿記の財務諸表………………………………………………12
第 6 回　材料費の計算………………………………………………………16
第 7 回　労務費の計算………………………………………………………24
第 8 回　経費の計算…………………………………………………………31
第 9 回　製造間接費の計算（実際額による配賦）………………………36
第10回　製造間接費の計算（予定配賦率による配賦）…………………40
第11回　部門費の計算（実際額による配賦）……………………………48
第12回　部門費の計算（予定配賦率による配賦）………………………54
第13回　個別原価計算………………………………………………………60
第14回　仕損および作業屑の処理…………………………………………66
第15回　個別原価計算と財務諸表…………………………………………68
第16回　総合原価計算と単純総合原価計算………………………………75
第17回　総合原価計算の仕損と減損………………………………………82
第18回　等級別総合原価計算………………………………………………87
第19回　組別総合原価計算…………………………………………………91
第20回　工程別総合原価計算………………………………………………96

第21回	副産物の処理 …………………………………………………108
第22回	標準原価計算 …………………………………………………109
第23回	直接原価計算 …………………………………………………118
第24回	損益分岐分析と原価予測の方法 ……………………………124
第25回	製品の受払いと営業費の計算 ………………………………130
第26回	工場会計の独立 ………………………………………………132

実力テスト

第1回 ………………………………………………………………138

第2回 ………………………………………………………………140

第3回 ………………………………………………………………142

第4回 ………………………………………………………………144

第5回 ………………………………………………………………146

別冊／綴込付録　解答・解説編

段階式
日商簿記ワークブック
2級工業簿記

問題編

第1回 工業簿記の基礎

要点整理

1. 工業経営（製造業）のおもな経営活動は，次の三つからなっている。
   (1) 購買活動　建物・機械などの購入，材料の仕入れ，賃金，諸経費の支払に関する活動
   (2) 製造活動　製品の製造に関する活動
   (3) 販売活動　製品の販売に関する活動
   購買活動と販売活動は 外部活動 ，製造活動は 内部活動 である。
2. 工業経営で行われる外部活動や内部活動から生じる取引を記録・計算する簿記を 工業簿記 という。複式簿記と結びついた製造活動の計算手続きを 原価計算 という。
3. 原価計算基準 は，わが国で行われてきた原価計算の慣行の中から，一般に公正妥当と認められたものを要約した実践規範である。
4. 商的工業簿記 とは，原価計算を行わない工業経営の簿記で不完全工業簿記という。
   原価計算と複式簿記を結合させた工業簿記を 完全工業簿記 という。

1 【基礎問題】 次の文章の（　）のなかに，下記の語群から適当な語を選んで文章を完成しなさい。

工業経営（製造業）のおもな経営活動は，次の三つからなっている。
(1) 建物・機械などの購入や，（ a ）・給料などの支払や，電力料・（ b ）など諸経費の支払に関する（ c ）活動
(2) 製品の製造に関する（ d ）活動
(3) 製品の販売に関する（ e ）活動

これらの活動のうち，(1)と(3)は，企業と外部とで行われる活動であるから，（ f ）活動といい，(2)は，企業の内部で行われる活動であるから，（ g ）活動という。

【語群】　販売　購買　賃金　製造　水道料　内部　外部

a	b	c	d	e	f	g

2 【練習問題】 次の活動のうち外部活動には○を，内部活動には×を（　）のなかに記入しなさい。

(1) （　）工具器具備品を購入した。
(2) （　）製品の製造のために，材料を消費した。
(3) （　）工員に賃金を支払った。
(4) （　）製品の製造のために，電力を消費した。
(5) （　）製品が完成し，倉庫に引き渡した。
(6) （　）製品を掛で売り渡した。

3 練習問題　次の各取引は，下記のいずれの活動に属するか番号を記入しなさい。
(1) 材料150,000円を掛で買い入れ，引取費4,000円を現金で支払った。
(2) 製品の製造のために，材料90,000円を消費した。
(3) 製品100個@7,000円が完成した。
(4) 製品の製造のために，工員が延べ250時間の作業を行った。時間給は@850円である。
(5) 得意先から注文のあった製品60個@9,000円を発送した。
(6) 電力料40,000円を当座預金から支払った。
(7) 製品の製造のための水道料の消費高は27,000円であった。

製造業の経営活動 ┬ 外部活動 ┬ 購買活動（　　　　　）
　　　　　　　　│　　　　　└ 販売活動（　　　　　）
　　　　　　　　└ 内部活動……製造活動（　　　　　）

4 練習問題　次の文章の（　）のなかから，正しい用語を選び，その番号を解答欄に記入しなさい。

(1) 商業簿記では，給料の支払や減価償却費などは $\begin{Bmatrix} 1 & 費\ 用 \\ 2 & 収\ 益 \end{Bmatrix}$ として処理されるが，工業簿記では，製品の製造に要したものは，製品の $\begin{Bmatrix} 3 & 費\ 用 \\ 4 & 原\ 価 \end{Bmatrix}$ を構成する要素となる。

(2) 製品の製造のために消費された材料や電力料などは，製品の原価を構成する要素となり，完成すると $\begin{Bmatrix} 1 & 費\ 用 \\ 2 & 資\ 産 \end{Bmatrix}$ となり，販売されると $\begin{Bmatrix} 3 & 売上原価 \\ 4 & 仕掛品 \end{Bmatrix}$ という $\begin{Bmatrix} 5 & 費\ 用 \\ 6 & 資\ 産 \end{Bmatrix}$ になる。

(3) わが国で行われてきた原価計算の慣行の中から，一般に公正妥当と認められたものを要約したものが $\begin{Bmatrix} 1 & 原価計算基準 \\ 2 & 企業会計原則 \end{Bmatrix}$ で，これは守らなければならない $\begin{Bmatrix} 3 & 法\ 律 \\ 4 & 規\ 範 \end{Bmatrix}$ である。

(4) 原価計算と複式簿記とが結合された簿記が，$\begin{Bmatrix} 1 & 完全工業簿記 \\ 2 & 不完全工業簿記 \end{Bmatrix}$ である。

商的工業簿記における材料・仕掛品・製品勘定の期末有高は，$\begin{Bmatrix} 3 & 継続記録法 \\ 4 & 棚卸計算法 \end{Bmatrix}$ によって計算する。

(5) 商業簿記では，決算のときに損益勘定などの $\begin{Bmatrix} 1 & 統制勘定 \\ 2 & 集合勘定 \end{Bmatrix}$ が設けられるが，工業簿記では，製品の製造のために要した価値を製品の $\begin{Bmatrix} 3 & 原\ 価 \\ 4 & 費\ 用 \end{Bmatrix}$ として集計するから，決算のとき以外にも $\begin{Bmatrix} 5 & 統制勘定 \\ 6 & 集合勘定 \end{Bmatrix}$ が設けられる。

(1)	(2)	(3)	(4)	(5)

第2回 原価と原価要素の分類

要点整理

1 原価 原価とは，製品を製造するために要した費用，すなわち 製造原価 をいう。販売費や一般管理費を加えて 総原価 のことをいう場合もある。

2 原価要素 製品の原価を構成する要素で，次のように分類される。

(1) 材料費・労務費・経費 原価の発生形態による分類で， 材料費 は物品の消費額， 労務費 は労働用役の消費額をいう。 経費 は電力料など外部から提供されるサービスの消費額など，材料費・労務費に属さない原価要素をいう。

(2) 直接費，間接費 直接費 とは，特定の製品の製造のために消費された原価をいう。特定の製品に集計する手続きを 賦課 という。 間接費 とは，各種の製品のために共通に消費された原価をいう。間接費は一定の基準によって各製品に割り当てる。この手続きを 配賦 という。

(3) 製造原価・販売費・一般管理費・総原価 原価の構成は，次のとおり。

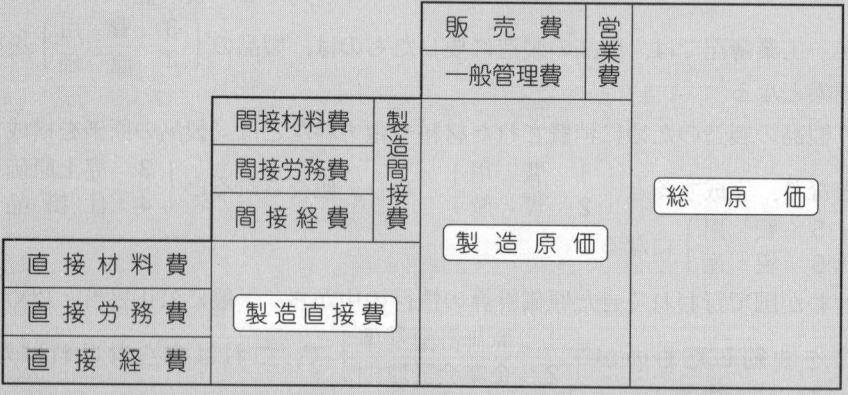

(4) 固定費・変動費 操業度の増減によって，原価発生の態様からみた分類で， 固定費 は，減価償却費や固定資産税など操業度が増減しても発生額が変化しない原価である。 変動費 は，原材料費など，操業度の増減に比例して増減する原価である。

(5) 製品原価・期間原価 製品原価 とは，一定単位の製品に集計される原価をいう。 期間原価 とは，当期の収益に対応して把握される原価をいう。

(6) 全部原価・直接原価（変動原価） 全部原価 とは，一定の給付に対して生ずる全部の製造原価をいう。また，総原価をいう場合もある。
直接原価（変動原価） とは，変動製造直接費および変動製造間接費を集計した原価をいう。この場合，これが製品原価となり，固定製造間接費は期間原価となる。

3 非原価項目 次のような項目は原価に算入できない。

(1) 生産・販売・一般管理活動に関連しない損費
(2) 異常な状態を原因とする損費
(3) 利益剰余金に課する項目など

1 基礎問題　次の資料によって, (1) 製造直接費 (2) 製造間接費 (3) 製造原価 (4) 製品単価 (5) 総原価 (6) 1個当たり販売価格を計算しなさい。

直接材料費　1,900,000円　　直接労務費　2,700,000円　　直接経費　300,000円
間接材料費　250,000円　　　間接労務費　900,000円　　　間接経費　450,000円
販売費および一般管理費　400,000円　　販売利益　総原価の20％
製造数量　2,000個

(1)	円	(2)	円	(3)	円	(4)	円	(5)	円	(6)	円

2 基礎問題　次に示す費目について, 変動費には1, 固定費には2を, それぞれの項目の解答欄に記入しなさい。

(1) 給　　　料　　(2) 販売手数料　　(3) 直接材料費　　(4) 減価償却費
(5) 外注加工賃

(1)	(2)	(3)	(4)	(5)

3 練習問題　次の文章の（　）のなかから, 正しい用語を選び, その番号を解答欄に記入しなさい。

(1) 直接労務費は { 1 変動費 / 2 固定費 } で, 製造数量が一定の範囲内で減少したとき, この原価発生額は減少し, 単位当たり原価は { 3 増加する。 / 4 減少する。 / 5 変わらない。 }

(2) 機械装置の減価償却費は { 1 変動費 / 2 固定費 } で, 製造数量が一定の範囲内で減少したとき, 単位当たり原価は { 3 増加する。 / 4 減少する。 / 5 変わらない。 }

(1)		(2)	

4 検定問題　下記の項目について, 原価計算上, 非原価とされる項目には0, 原価に算入され, しかも製造原価となる項目には1, 販売費となる項目には2, 一般管理費となる項目には3を, それぞれの項目の解答欄に記入しなさい。　　（第60回　類題）

(1) 本社の通信費　　　　　　　(2) 新製品発表会に必要な茶菓を提供する費用
(3) 法人税の納付額　　　　　　(4) セールスマンの販売手数料
(5) 製品製造のための原料費　　(6) 工場建設資金としての借入金に対する利子
(7) 営業所建物の減価償却費　　(8) 工場の運動会において授与する賞品のための費用
(9) 工場のパートタイマーの賃金

(1)	(2)	(3)	(4)	(5)	(6)	(7)	(8)	(9)

第3回 原価計算の目的・種類

要点整理

1. 原価計算の目的　原価計算基準によると，次のとおりである。
   (1) 財務諸表作成に必要な真実な原価を提供すること
   (2) 原価計算に必要な原価資料を提供すること
   (3) 原価管理に必要な原価資料を提供すること
   (4) 予算の編成・予算統制に必要な原価資料を提供すること
   (5) 経営の基本計画設定に必要な原価資料を提供すること

2. 原価計算の種類は，次のとおりである。
   (1) 生産形態の相違による分類
      a 個別原価計算　種類の異なる特定の製品を生産する製造業に適用する原価計算
      b 総合原価計算　一種または数種の製品を連続して大量に生産する製造業に適用する原価計算
   (2) 原価計算の目的の差異による分類
      a 実際原価計算　生産活動に従って製品の実際原価を計算する原価計算
      b 予定原価計算　これには，標準原価計算と見積原価計算とがある。
         i 標準原価計算　標準となる原価をあらかじめ決定して行う原価計算で，生産活動が行われた後に，原価差異の分析が行われる。
         ii 見積原価計算　過去の実際原価をもとにして，見積原価（単価）を決めておいて，これに実際の生産量を乗じて行う原価計算
   (3) 集計される原価要素の範囲の差異による分類
      a 全部原価計算　製造原価のすべてを製品原価に集計する原価計算
      b 直接原価計算　製造原価を変動費と固定費とに分けて，変動製造原価（製造直接費と変動製造間接費）だけを製品原価に集計する原価計算

3. 原価計算期間　原価計算の期間は，ふつう1か月である。

---

1 基礎問題　次の原価計算の内容を説明した文章（A群）に最も適合する原価計算の名称（B群）を選び，その番号を解答欄に記入しなさい。

A 群	B 群
(1) 生産活動に従って製品の実際原価を計算する。	① 個別原価計算
(2) 製造原価のすべてを製造原価に集計する。	② 総合原価計算
(3) 種類の異なる特定の製品を生産する製造業に適用する。	③ 実際原価計算
(4) 変動製造原価だけを製造原価に集計する。	④ 標準原価計算
(5) 標準となる原価を決定しておいて，生産活動が行われた後に，原価差異の分析を行う。	⑤ 見積原価計算
	⑥ 全部原価計算
	⑦ 直接原価計算

(1)		(2)		(3)		(4)		(5)	

2 練習問題 下記の文章の（　）のなかに，次の用語のなかから適当なものを選び，文章を完成させなさい。

【用語】 製品原価　　期間原価　　製造間接費　　固定製造間接費
　　　　変動製造間接費　　財務諸表　　製造原価報告書

(1) 一定単位の製品に集計される原価を（①　　　）という。全部原価計算においては，製造直接費に（②　　　）を集計して，（③　　　）とする。

(2) 一定期間の発生額を，当期の収益に直接対応して把握する原価を（①　　　）という。直接原価計算においては，製造直接費に（②　　　）を集計した原価が（③　　　）となり，固定製造間接費は（④　　　）となる。

(3) 販売費および一般管理費は，通常，（①　　　）となる。

(4) 原価計算基準によると，原価計算の目的として，「（①　　　）作成に必要な真実な原価を集計すること。」としている。

3 練習問題 下記に示す資料によって，次の各原価を計算しなさい。

(1) 製造直接費　　(2) 製造間接費　　(3) 全部原価（製造原価）
(4) 総　原　価　　(5) 変動製造間接費　(6) 固定製造間接費
(7) 直接原価計算の製造原価　　(8) 直接原価計算の期間原価

【資料】
直接材料費　　　　270,000円
直接労務費　　　　370,000円
間接材料費　　　　 70,000円（うち，変動費　35,000円）
間接労務費　　　　250,000円（うち，変動費　85,000円）
間接経費　　　　　110,000円（全部　固定費）
販売費・一般管理費　140,000円（うち，変動費　50,000円）

(1)	円	(2)	円	(3)	円	(4)	円
(5)	円	(6)	円	(7)	円	(8)	円

第4回 工業簿記の構造

要点整理

工業簿記の勘定体系および振替関係は，次のとおりである。

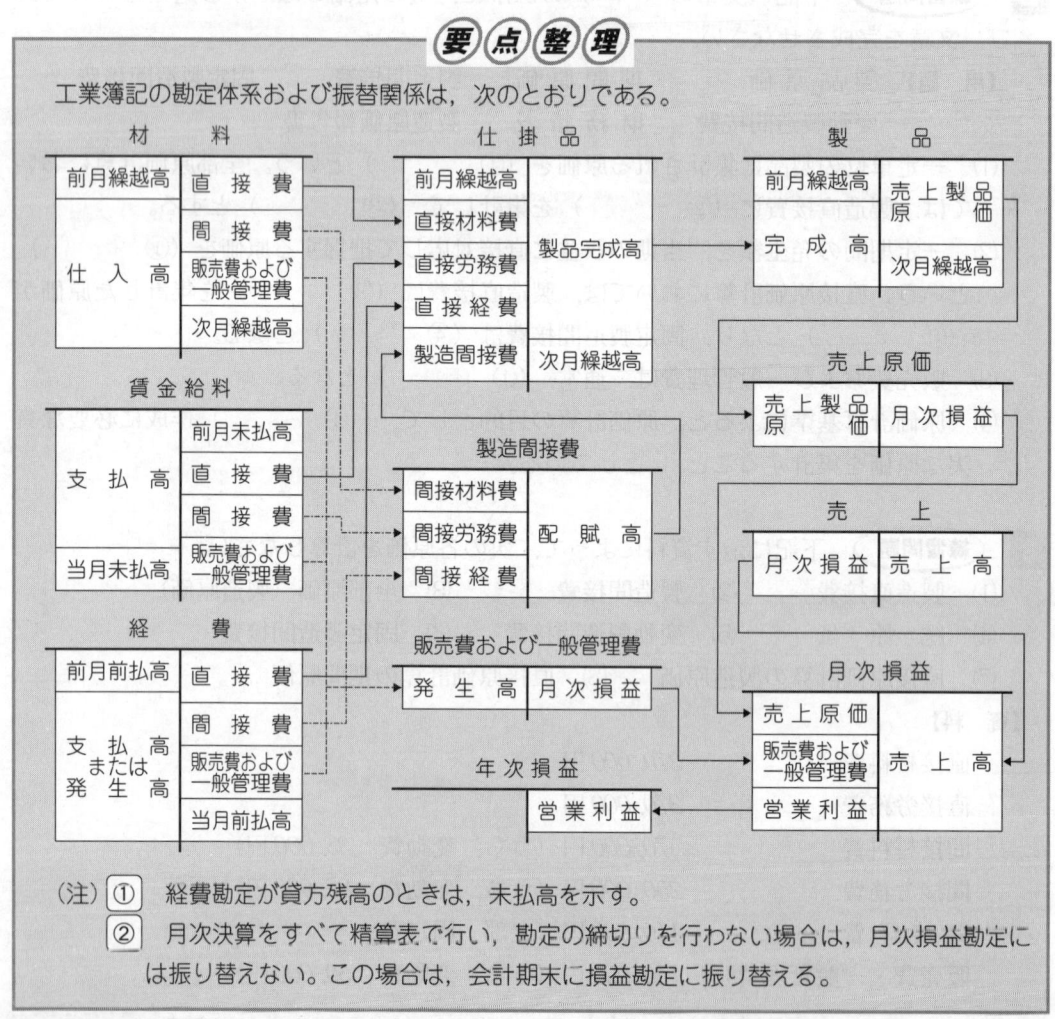

(注) ① 経費勘定が貸方残高のときは，未払高を示す。
　　② 月次決算をすべて精算表で行い，勘定の締切りを行わない場合は，月次損益勘定には振り替えない。この場合は，会計期末に損益勘定に振り替える。

---

1 基礎問題 次の諸取引を仕訳し，勘定に転記して締め切りなさい。ただし，各勘定には摘要（相手科目）と金額を記入すること。

(1) 材料の仕入高（掛）　　　150,000円

(2) 材料の消費高　　直接材料費　90,000円　　間接材料費　35,000円

(3) 賃金給料の支払高（小切手払）　　230,000円

(4) 賃金給料の消費高　直接労務費　130,000円　　間接労務費　64,000円
　　　　　　　　　　販売費および一般管理費　37,000円

(5) 経費の支払高（小切手払）　　73,000円

(6) 経費の消費高　　直接経費　15,000円　　間接経費　29,000円
　　　　　　　　　販売費および一般管理費　18,000円

— 8 —

(7) 製造間接費の配賦高　128,000円
(8) 完成品の製造原価　344,000円
(9) 売上製品の製造原価　340,000円
(10) 製品売上高（掛）　445,000円
(11) 売上高，売上原価，販売費および一般管理費を月次損益勘定に振り替えた。

	借方科目	金　額	貸方科目	金　額
(1)				
(2)				
(3)				
(4)				
(5)				
(6)				
(7)				
(8)				
(9)				
(10)				
(11)				

材　料
前月繰越　38,000

仕掛品
前月繰越　84,000

賃金給料
前月繰越　72,000

製造間接費

経　費
前月繰越　4,000

（次ページに続く）

製　　　品	
前 月 繰 越　67,000	

販売費および一般管理費	

売 上 原 価	

売　　　上	

2 **練習問題**　次の資料によって，下記の各勘定に記入して締め切りなさい。ただし，各勘定には，摘要（相手科目）と金額を記入すること。

(1) 材　料
　　前月繰越高　　　　　　　16,000円
　　当月仕入高（掛）　　　　85,000円
　　当月消費高（製造直接費）57,000円
　　　　　　　（製造間接費）32,000円
(2) 賃金給料
　　前月未払高　　　　　　　26,000円
　　当月支払高（現金）　　　107,000円
　　当月消費高（製造直接費）69,000円
　　　　　　　（製造間接費）25,000円
　　　　　　　（販売費および一般管理費）18,000円

(3) 経　費
　　前月前払高　　　　　　　2,000円
　　当月支払高（現金）　　　28,000円
　　当月消費高（製造間接費）23,000円
　　　　　　　（販売費および一般管理費）9,500円
(4) 仕 掛 品
　　前月繰越高　　　　　　　34,000円
　　次月繰越高　　　　　　　36,000円
(5) 製　品
　　前月繰越高　　　　　　　21,000円
　　次月繰越高　　　　　　　18,000円

材　　　料	
前 月 繰 越	

仕 掛 品	

賃 金 給 料	

製 造 間 接 費	

経　　　費	

製　　　品	

3 検定問題 次の資料にもとづいて，下記の各勘定を完成しなさい。ただし，当社では製造間接費を実際配賦している。
(第105回 類題)

〔資 料〕 (単位：千円)

1．棚卸資産	月初有高	当月仕入高	月末有高
素材（消費額はすべて直接材料費）	320,000	1,690,000	270,000
補助材料	21,000	238,000	24,000
仕 掛 品	451,000	———	458,000
製　　品	506,000	———	493,000

2．賃　　金	前月未払高	当月支払高	当月未払高
直接工（消費額はすべて直接労務費）	437,000	1,340,000	441,000
間接工	124,000	387,000	126,000

3．工場建物の減価償却費	396,000	4．広告費	252,000
5．消耗工具器具備品費	105,000	6．本社役員給与手当	317,000
7．販売員給与手当	664,000	8．工場機械の減価償却費	336,000
9．工場の固定資産税	15,000	10．本社建物の減価償却費	238,000
11．その他の販売費	71,000	12．その他の一般管理費	24,000

仕　掛　品 (単位：千円)

月 初 有 高	( )	当 月 完 成 高	( )
直 接 材 料 費	( )	月 末 有 高	( )
直 接 労 務 費	( )		
製 造 間 接 費	( )		
	( )		( )

製　品

月 初 有 高	( )	売 上 原 価	( )
当 月 完 成 高	( )	月 末 有 高	( )
	( )		( )

損　益

売 上 原 価	( )	売　上	7,250,000
販 売 費	( )		
一 般 管 理 費	( )		
(　　　　　)	( )		
	( )		( )

第5回 工業簿記の財務諸表

要点整理

1. 工業簿記で作成される財務諸表には，(1) 損益計算書 (2) 貸借対照表
   (3) 製造原価報告書（製造原価明細書 ともいう）などがある。

2. 損益計算書 商業簿記では商品の売上原価を計算したが，工業簿記では製品の売上原価を計算する。

3. 貸借対照表 ①棚卸資産で，工業簿記には商品がない。製品，材料，仕掛品などがある。
   ② 有形固定資産で，工業簿記には機械装置などがある。

4. 製造原価報告書 一会計期間に製造された製品の製造原価を明らかにする報告書である。この作成方法を算式で示すと，次のとおり。

   当期(総)製造費用＋期首仕掛品原価－期末仕掛品原価＝当期製品製造原価

   当期(総)製造費用を表示する方法に2通りある。

   ① 当期材料費＋当期労務費＋当期経費＝当期(総)製造費用
   ② 直接材料費＋直接労務費＋製造間接費＝当期(総)製造費用

5. 財務諸表相互の関係

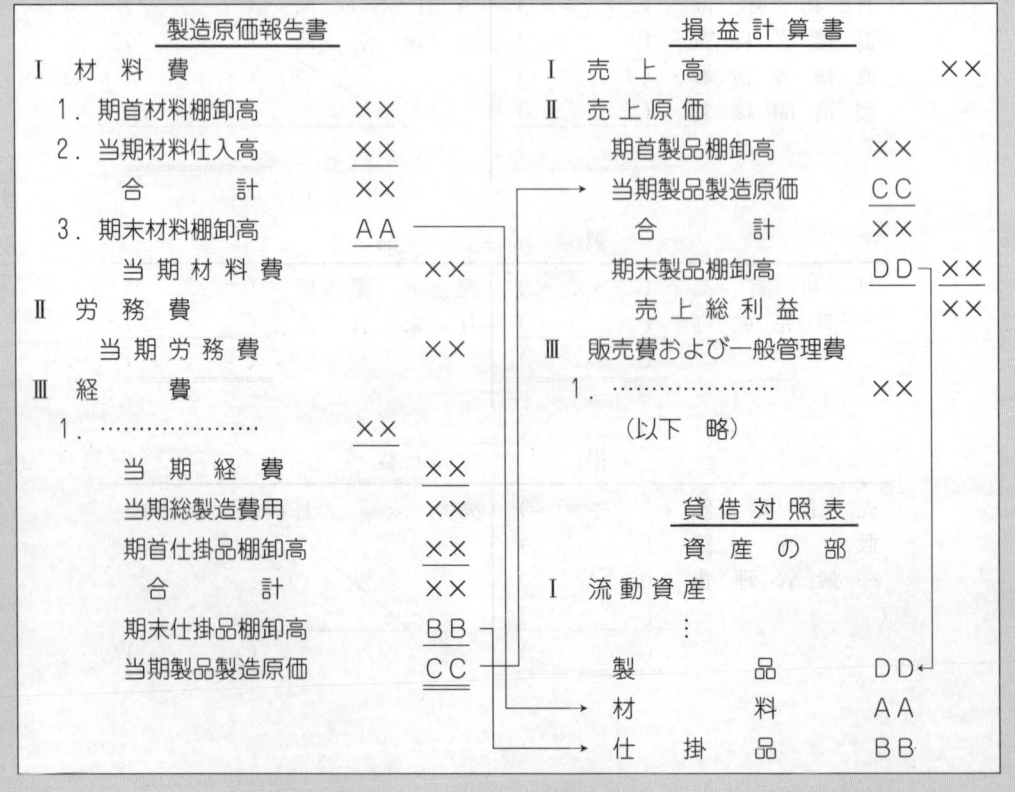

― 12 ―

1 基礎問題 次の資料にもとづいて，製造原価報告書を完成しなさい。

〔資料〕
1. 棚卸資産有高

	主要材料	補助材料	仕掛品	製品
期首有高	680,000円	230,000円	810,000円	470,000円
期末有高	640,000円	260,000円	850,000円	420,000円

2. 賃金給料未払高

	直接工賃金	間接工賃金
期首未払高	440,000円	170,000円
期末未払高	450,000円	190,000円

3. 当期材料仕入高　主要材料　1,850,000円　補助材料　670,000円
4. 当期賃金支払額　直接工賃金　1,400,000円　間接工賃金　520,000円
5. 当期給料支払額　630,000円
6. 当期経費
   (1) 電力料　740,000円　　(2) 保険料　360,000円
   (3) 減価償却費　870,000円
7. 直接材料費＝主要材料消費高
   直接労務費＝直接工賃金消費額　である。

製 造 原 価 報 告 書　　　　　（単位：円）
自　平成○年1月1日　至　平成○年12月31日

I　材　料　費
　1. 期首材料棚卸高　　　（　　　　）
　2. 当期材料仕入高　　　（　　　　）
　　　合　　計　　　　　　（　　　　）
　3. 期末材料棚卸高　　　（　　　　）
　　　当 期 材 料 費　　　　　　　　　　（　　　　）
II　労　務　費
　1. 直 接 工 賃 金　　　（　　　　）
　2. 間 接 工 賃 金　　　（　　　　）
　3. 給　　　　料　　　　（　　　　）
　　　当 期 労 務 費　　　　　　　　　　（　　　　）
III　経　　　費
　1. 電　力　料　　　　　（　　　　）
　2. 保　険　料　　　　　（　　　　）
　3. 減 価 償 却 費　　　（　　　　）
　　　当 期 経 費　　　　　　　　　　　（　　　　）
　　　当 期 総 製 造 費 用　　　　　　　（　　　　）
　　　期首仕掛品棚卸高　　　　　　　　（　　　　）
　　　　合　　計　　　　　　　　　　　（　　　　）
　　　期末仕掛品棚卸高　　　　　　　　（　　　　）
　　　当期製品製造原価　　　　　　　　（　　　　）

2 練習問題

税経工業の次の資料に基づいて，解答用紙の諸勘定，製造原価報告書および損益計算書を作成しなさい。なお，当社は実際原価計算を採用し，製造間接費については，直接作業時間基準により各指図書に予定配賦している。また，年間予定直接作業時間は15,000時間，年間製造間接費予算は1,200万円である。

〔資 料〕

1. 棚卸資産

	期首有高	当月仕入高	期末有高
主要材料	190万円	1,500万円	340万円
補助材料	20万円	190万円	30万円
仕掛品	190万円	────	220万円
製品	250万円		320万円

2. 賃金

	期首未払額	当期支払額	期末未払額
直接工賃金	210万円	1,000万円	170万円
間接工賃金	10万円	120万円	40万円

3. 直接材料費＝主要材料消費額，直接労務費＝直接工賃金消費額である。
4. 当期の実際直接作業時間は14,000時間である。
5. 製造間接費実際発生額（上記以外）

(1)	固定資産税	20万円	(2)	機械減価償却費	200万円
(3)	光熱費	60万円	(4)	工場職員給料	120万円
(5)	工場従業員厚生費	30万円	(6)	建物減価償却費	290万円
(7)	消耗工具器具備品費	10万円	(8)	工場消耗品費	70万円

6. 販売費および一般管理費

(1)	重役室費	50万円	(2)	広告費	120万円
(3)	掛金集金費	55万円	(4)	本社建物の減価償却費	210万円
(5)	販売員手数料	80万円	(6)	営業所建物の減価償却費	240万円
(7)	その他販売費	135万円	(8)	その他一般管理費	110万円

製 造 間 接 費 （単位：万円）

間 接 材 料 費	（　　　）	予 定 配 賦 額	（　　　）
間 接 労 務 費	（　　　）	製造間接費差異	（　　　）
間 接 経 費	（　　　）		
	（　　　）		（　　　）

仕 掛 品 （単位：万円）

期 首 有 高	（　　　）	完 成 品 原 価	（　　　）
当期総製造費用		期 首 有 高	（　　　）
直 接 材 料 費	（　　　）		
直 接 労 務 費	（　　　）		
製 造 間 接 費	（　　　）		
	（　　　）		（　　　）

製 品 （単位：万円）

期 首 有 高	（　　　）	売 上 原 価	（　　　）
完 成 品 原 価	（　　　）	期 末 有 高	（　　　）
	（　　　）		（　　　）

製造原価報告書　　　　　　　　（単位：万円）

Ⅰ	直接材料費		（　　　）
Ⅱ	直接労務費		（　　　）
Ⅲ	製造間接費		
	間接材料費	（　　　）	
	間接労務費	（　　　）	
	間接経費	（　　　）	
	合　　計	（　　　）	
	製造間接費差異	（[　]　　　）	（　　　）
	当期総製造費用		（　　　）
	期首仕掛品棚卸高		（　　　）
	合　　計		（　　　）
	期末仕掛品棚卸高		（　　　）
	当期製品製造原価		（　　　）

（注）製造間接費差異は，加算するなら＋，控除するなら－の符号を金額の前の[　]に記入すること。

損益計算書（一部）　　　　　　　（単位：万円）

Ⅰ	売　上　高		7,000
Ⅱ	売　上　原　価		
	1. 期首製品棚卸高	（　　　）	
	2. 当期製品製造原価	（　　　）	
	合　　計	（　　　）	
	3. 期末製品棚卸高	（　　　）	
	差　　引	（　　　）	
	4. 原　価　差　異	（[　]　　　）	（　　　）
	売上総利益		（　　　）
Ⅲ	販売費および一般管理費		
	1. 販　売　費	（　　　）	
	2. 一般管理費	（　　　）	（　　　）
	営　業　利　益		（　　　）

（注）原価差異は売上原価に対し，加算するなら＋，控除するなら－の符号を金額の前の[　]に記入すること。

第6回 材料費の計算

要点整理

1. 材料は，素材・買入部品・燃料・工場消耗品・消耗工具器具備品 に分けられる。その消費によって生じる原価を 材料費 という。化学的変化が加えられて製品となる材料を 原料 という。

2. 材料について，材料勘定 と 材料費勘定 を用いることがある。この場合，材料勘定は資産の勘定，材料費勘定は原価要素の勘定として用いられる。

3. 材料を購入したときは，仕入先からの送り状にもとづいて 材料仕入帳 ならびに 材料元帳 に記入を行う。
   材料副費 には，外部副費 (引取費用など) と 内部副費 (検収・保管費用など) とがある。材料副費は，材料主費 (購入代価) に加算するか，製造間接費として処理する。

4. 材料を消費 (庫出) したときは，製造現場からの庫出請求票にもとづいて 材料仕訳帳 ならびに 材料元帳 に記入を行う。

5. 材料消費量の計算方法には，継続記録法・棚卸計算法 などがある。

6. 材料消費単価の決定方法には，原価法 (先入先出法・移動平均法・総平均法 など) と 予定価格法 とがある。

7. 材料消費高の計算に予定価格を用いた場合，次の二つの処理方法がある。
   (1) 消費材料勘定 (または材料費勘定) を設けて処理する方法
       予定価格による消費高をこの勘定の貸方に記入し，実際消費高を借方に記入する。差額は 材料消費価格差異勘定 または 原価差異勘定 に振り替える。
   (2) 材料勘定 (または素材勘定など) だけで処理する方法
       材料を購入したときに，実際価格で材料勘定 (または素材勘定など) の借方に記入し，予定価格による消費高をこの勘定の貸方に記入する。実際価格による消費高との差額は，この勘定から 材料消費価格差異勘定 または 原価差異勘定 に振り替える。

8. 材料の実地棚卸高が帳簿棚卸高より少ない場合，その差額を 棚卸減耗損 として処理する。正常な原因による棚卸減耗損は製造間接費に算入し，異常なものは非原価項目 (営業外費用あるいは特別損失) として処理する。

1 基礎問題 次の取引を仕訳しなさい。

(1) 材料を次のとおり購入し，代金は掛とした。
   素材A　500個　@300円　150,000円　　買入部品K　100個　@500円　50,000円
(2) 素材A@300円を製造指図書#11のため200個　機械修理のために15個消費した。

	借方科目	金　額	貸方科目	金　額
(1)				
(2)				

2 基礎問題

次の取引を材料仕入帳および材料仕訳帳に記入して締め切り，合計仕訳をしなさい。

4月25日 青森商店から次のとおり仕入れ，代金は小切手を振り出して支払った。
素　材　A　　600個　　@300円　　180,000円

26日 素材を製造指図書#11のために，次のとおり消費した。
素　材　A　　400個　　@300円　　120,000円

27日 岩手商店から次のとおり仕入れ，代金は掛とした。
買入部品K　　350個　　@500円　　175,000円
工場消耗品S　500個　　@ 80円　　 40,000円

29日 買入部品を製造指図書#12のために，次のとおり消費した。
買入部品K　　160個　　@500円　　 80,000円

30日 貯蔵品の本月分消費高は，工場消耗品45,000円　消耗工具器具備品32,000円であった。

材料仕入帳

平成○年	送状番号	仕入先	摘要	元丁	買掛金	諸口	内訳 素材	買入部品	工場消耗品	消耗工具器具備品
			4/1～4/24計		840,000	260,000	630,000	390,000	30,000	50,000

合計仕訳	借方科目	金額	貸方科目	金額

材料仕訳帳

平成○年	出庫伝票	摘要	借方 仕掛品	製造間接費	貸方 素材	買入部品	工場消耗品	消耗工具器具備品
		4/1～4/24計	890,000	90,000	570,000	410,000		

合計仕訳	借方科目	金額	貸方科目	金額

3 **練習問題** 下記の素材Bの受払いに関する資料によって，次の問いに答えなさい。
(1) 移動平均法によって材料元帳に記入し，月末に締め切りなさい。
(2) 4月中の消費高を計算しなさい。

4月1日 前月繰越 100個 @500円　4月5日 購入高 100個 @520円
10日 払 出 高 150個　　　　　　15日 購入高 200個 @515円
20日 払 出 高 170個　　　　　　22日 戻入高 20個（20日払出分）
25日 購 入 高 200個 @517円　　28日 払出高 180個

材 料 元 帳

(移動平均法)　　　素 材 B

平成○年	摘要	受入			払出			残高		
		数量	単価	金額	数量	単価	金額	数量	単価	金額
4/1	前月繰越	100	500	50,000				100	500	50,000
5	購入	100	520	52,000				200	510	102,000
10	払出				150	510	76,500	50	510	25,500
15	購入	200	515	103,000				250	514	128,500
20	払出				170	514	87,380	80	514	41,120
22	戻入	20	514	10,280				100	514	51,400
25	購入	200	517	103,400				300	516	154,800
28	払出				180	516	92,880	120	516	61,920
30	次月繰越				120	516	61,920			

消費高　246,480

4 **練習問題** 上記素材Bの4月30日における棚卸数量は115個であった。仕訳をしなさい。

借方科目	金額	貸方科目	金額
棚卸減耗損	2,580	素材	2,580

5 **練習問題** 材料勘定と材料費勘定を用いて，次の取引を仕訳しなさい。
(1) 材料400,000円を仕入れ，代金は掛とした。
(2) 材料の消費高は，次のとおりである。
　　直接材料費　320,000円　　間接材料費　140,000円

	借方科目	金額	貸方科目	金額
(1)	材料	400,000	買掛金	400,000
(2)	材料費	460,000	材料	460,000

	借方科目	金　　額	貸方科目	金　　額
6日	材料	189,000	買掛金 未払金	187,200 1,800
8日	仕掛品	141,750	材料	141,750
18日	材料	138,600	買掛金	138,600
21日	材料	82,250	買掛金 現金	81,250 1,000
25日	仕掛品	173,250	材料	173,250
31日	材料	2,500	材料消費価格差異	2,500
31日	仕掛品	80,850	材料	80,850
31日	製造間接費	3,080	材料	3,080

7 検定問題

次に示す勘定科目を用いて，下記の取引の材料払出と減耗処理の仕訳をしなさい。

材料，貯蔵品，仕掛品，製品，製造間接費

(1) 当月の主要材料Aの払出量は1,000トンである。この材料の月初の有高は200トン@*600*円，月間の買入高は1,000トン@*650*円，月末の在高は198トンであった。材料費の計算は先入先出法による。材料の減耗量は正常な数値である。(第74回　類題)

(2) 直接材料の月初在庫は100トン@*1*千円，月間の買入高は950トン@*1.2*千円，月間の直接材料の払出高は1,000トン，月末在庫は45トンであった。棚卸減耗は正常の数量である。払出材料の評価は後入先出法による。　　　　　(第73回　類題)

(3) 今月の素材Bの払出量は，製品の主材料として900個，機械修理用として100個である。この材料の月初の有高は200個@*350*円，当月の仕入高は1,000個@*410*円であった。材料費の計算は総平均法による。

	取引	借方科目	金額	貸方科目	金額
(1)	材料払出	仕掛品	640,000	材料	640,000
	材料減耗	製造間接費	1,300	材料	1,300
(2)	材料払出 （単位：千円）	仕掛品 製造間接費	1,190 5	材料	1,195
(3)	材料払出	仕掛品 製造間接費	360,000 40,000	材料	400,000

8 検定問題

次の仕訳をしなさい。

(1) 材料Aを150個@*250*円で仕入れ，代金は掛とした。なお，この材料の引取費*1,500*円を現金で支払った。ただし，材料副費は取得原価に加算する。

(2) 材料Bを300個@*300*円で仕入れ，代金は掛とした。なお，この材料の引取費*3,200*円は現金で支払った。ただし，当製作所では，材料副費は購入代価の5％を取得原価に加算している。

(3) 材料Cを400個@*150*円で仕入れ，代金は掛とした。なお，この材料の引取費は*2,600*円，検収費は*1,500*円を現金で支払った。ただし，この材料の外部副費を取得原価に加算した。

	借方科目	金額	貸方科目	金額
(1)	材料	39,000	買掛金 現金	37,500 1,500
(2)	材料 材料副費	94,500 3,200	買掛金 材料副費 現金	90,000 4,500 3,200
(3)	材料 材料副費	62,600 1,500	買掛金 現金	60,000 4,100

	仕　　　　　訳			
	借方科目	金　額	貸方科目	金　額
(1)	材料	522,500	買掛金 材料副費	500,000 22,500
(2)	材料副費差異	5,500	材料副費	5,500
(3)	仕掛品 製造間接費	160,000 788,000	賃金・給料	948,000
(4)	仕掛品	1,780,000	製造間接費	1,780,000
(5)	製造間接費配賦差異	70,000	製造間接費	70,000

10 検定問題

次に示す材料に関する取引にもとづき，答案用紙の総勘定元帳の（　）内に適切な金額を記入しなさい。

(第122回　類題)

6月2日　A精機より主要材料3,000,000円を掛仕入れした。
　3日　B化学より部品H1,100,000円を掛仕入れした。
　5日　製造指図書＃6の製造向けに，主要材料3,200,000円と部品H1,000,000を払い出した（予定消費価格を用いている）。
　8日　D電装より消耗品100,000円を現金仕入れした。
　12日　C化工より部品T970,000円を掛仕入れした。
　15日　製造指図書＃7の製造向けに，部品T600,000円を払い出した（予定消費価格を用いている）。
　20日　D電装より消耗品110,000円を掛仕入れした。
　24日　A精機より主要材料2,640,000円を現金仕入れした。
　25日　製造指図書＃8の製造向けに，主要材料3,200,000円を払い出した（予定消費価格を用いている）。
　30日　消耗品の実地棚卸を行った結果，当月消費高は200,000円であることが判明した。

材　料

6/ 1 月初有高	1,000,000	6/30 消費高	(　　　)
6/30 仕入高	(　　　)	〃 原価差異	(　　　)
		〃 月末有高	520,000
	(　　　)		(　　　)

製造間接費

6/30 間接材料費	(　　　)	6/30 予定配賦額	(　　　)
〃 間接労務費	1,850,000	〃 原価差異	50,000
〃 間接経費	1,000,000		
	(　　　)		(　　　)

仕　掛　品

6/ 1 月初有高	(　　　)	6/30 完成高	16,000,000
6/30 直接材料費	(　　　)	〃 月末有高	4,000,000
〃 直接労務費	7,000,000		
〃 直接間接費	(　　　)		
	(　　　)		(　　　)

買　掛　金

6/30 現金支払	(　　　)	6/ 1 月初残高	1,200,000
〃 月末残高	800,000	6/30 材料仕入高	(　　　)
	(　　　)		(　　　)

11 検定問題

当工場では，実際材料費の計算において買入部品の消費量の計算には継続記録法を採用し，補助材料の消費量の計算には棚卸計算法を採用している。また，買入部品の消費単価に予定単価を利用している。以下の条件のもとで，材料勘定を完成させなさい。なお，[　]の中には，以下の中から相手勘定科目として適切なものを選んで記入しなさい。　　　　　　　　　　　　　　　　（第100回　類題）

| 買入部品　　仕掛品　　製品　　売上原価 |

【条　件】

① 買入部品A部品，B部品，C部品の予定単価と実際単価

	A 部品	B 部品	C 部品
予定単価	500 円	800 円	1,000 円
実際単価	510 円	840 円	1,030 円

② 買入部品A部品，B部品，C部品の月初在庫量，当月購入量，当月消費量，月末在庫量

	A 部品	B 部品	C 部品
月初在庫量	0個	0個	0個
当月購入量	4,200個	3,500個	2,000個
当月消費量	3,600個	2,700個	1,800個
月末在庫量	600個	800個	200個

③ 補助材料当月買入額，月初有高，月末有高
　　当月買入額合計　900,000 円　　月初有高　250,000 円　　月末有高　300,000 円

材　　料　　　　　　　　　　　（単位：円）

月初有高	(250,000)	当月消費高	
当月仕入高	(8,042,000)	[仕掛品]	(5,760,000)
		製造間接費	(850,000)
		材料消費価格差異	(198,000)
		月末有高	(1,484,000)
	(8,292,000)		(8,292,000)

第7回 労務費の計算

要点整理

1. 労務費は 賃金・給料・従業員賞与手当・退職給与引当金繰入額・福利費 などに分けられる。

2. 賃金の 支払額の計算期間 (ふつう前月の21日から当月の20日) と, 消費額の計算期間 (当月の1日から月末) が異なるので, 月末現在, 未払賃金が発生する。
　この未払賃金について, 賃金勘定だけ で処理する方法と 未払賃金勘定 を設けて処理する方法とがある。

3. 賃金支払に関する記帳は 賃金支払帳 によって行う。
　賃金消費に関する記帳は 賃金仕訳帳 によって行う。

4. 賃金消費高の計算に予定賃率を用いた場合は, 次の2つの処理方法がある。

(1) 消費賃金勘定 を設けて処理する方法
　予定賃率による消費高を消費賃金勘定の貸方に記入し, 実際消費高をこの勘定の借方と賃金勘定の貸方に記入する。差額は 賃率差異勘定 または 原価差異勘定 に振り替える。

(2) 賃金勘定 だけで処理する方法
　予定賃率による消費高を賃金勘定の貸方に記入し, 実際消費高と予定賃率による消費高との差額を, この勘定から 賃率差異勘定 または 原価差異勘定 に振り替える。
　実際消費高は, 支払高と月末未払高合計 (借方) と月初未払高 (貸方) との差額 (借方残高) として計算される。

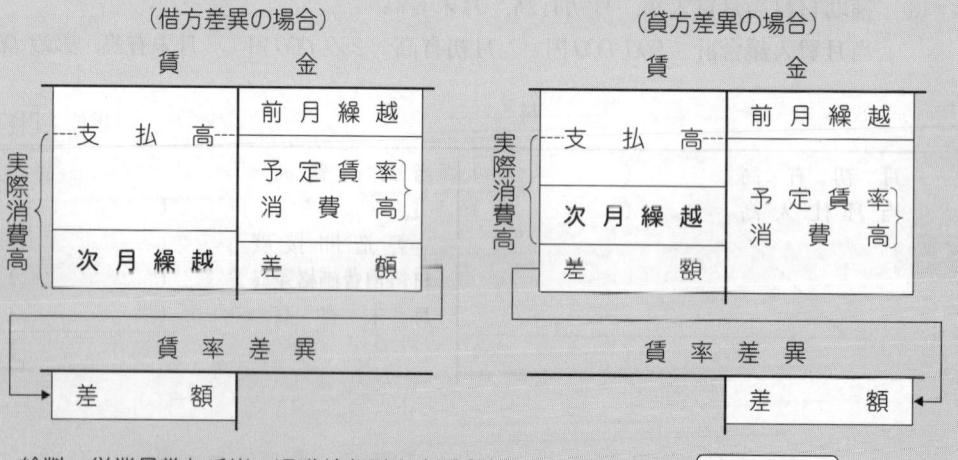

5. 給料・従業員賞与手当・退職給与引当金繰入額・福利費などは, 間接労務費 となり, その原価計算期間の支払高・月割額・負担額が消費高となる。

---

1 **基礎問題** 次の賃金に関する取引の仕訳をして, 賃金勘定に転記して締め切りなさい。ただし, 月初の賃金未払高は820,000円である。

(1) 6月分の賃金支払の計算は，次のとおりである。

　　当月賃金支払高　　　　　　　　　　　　　　　　　2,530,000円
　　　控　除　額：所　得　税　　310,000円
　　　　　　　　　健康保険料　　115,000
　　　　　　　　　前　貸　金　　290,000　　　　　　　　715,000
　　　正味支払高（小切手振り出し）　　　　　　　　　　1,815,000円

(2) 6月分の賃金消費高は，次のとおりである。
　　直接賃金　1,880,000円　　　間接賃金　680,000円

	借方科目	金　　額	貸方科目	金　　額
(1)				
(2)				

賃　　　　金

　　　　　　　　　　　　　　　前月繰越　　820,000

2 （基礎問題）次の資料によって，賃金の支払（小切手振出）および消費に関する仕訳を行いなさい。なお，諸手当は賃金勘定に含めて処理すること。

(1) 賃　金　支　払　帳

工員番号	氏名	総支給額			控除額				差引支給額
		賃金	諸手当	合計	所得税	健康保険料	立替金	計	
		1,760,000	280,000	2,040,000	219,000	73,000	150,000	442,000	1,598,000

(2) 6月中の賃金消費高　2,190,000円（うち直接賃金　1,340,000円）

	借方科目	金　　額	貸方科目	金　　額
(1)				
(2)				

3 練習問題
次の6月末の資料によって，賃金仕訳帳に記入し，合計仕訳をしなさい。

作業時間票	工員	指図書番号又は作業場	作業時間	実際賃率
#126	A	#21	110時間	400円
		#22	90時間	
#127	B	#23	130時間	390円
		動力部	60時間	
#128	C	工場事務部	210時間	380円

賃金仕訳帳

平成○年	作業時間票	摘要	借方 仕掛品	借方 製造間接費	貸方 賃金
6/30	#126	#21 110時間×400	44,000		44,000
		#22 90時間×400	36,000		36,000
	#127	#23 130時間×390	50,700		50,700
		動力部 60時間×390		23,400	23,400
	#128	工場事務部 210時間×380		79,800	79,800

合計仕訳

借方科目	金額	貸方科目	金額
仕掛品	130,700	賃金	233,900
製造間接費	103,200		

4 練習問題
次の仕訳をしなさい。

(1) 賃金支給額2,700,000円　給料支給額1,180,000円　従業員諸手当360,000円から所得税470,000円　健康保険料180,000円を差し引いて，小切手を振り出して支払った。なお，従業員諸手当勘定を用いること。

(2) 健康保険料事業主負担分180,000円を製造間接費に計上した。

(3) 健康保険料340,000円（従業員負担分180,000円　事業主負担分160,000円）を現金で納付した。

(4) 従業員諸手当345,000円を製造間接費に計上した。

	借方科目	金額	貸方科目	金額
(1)	賃金	2,700,000	所得税預り金	470,000
	給料	1,180,000	健康保険料預り金	180,000
	従業員諸手当	360,000	当座預金	3,590,000
(2)	製造間接費	180,000	健康保険料	180,000
(3)	健康保険料預り金	180,000	現金	340,000
	健康保険料	160,000		
(4)	製造間接費	345,000	従業員諸手当	345,000

5 **練習問題** 次に示す勘定科目を用いて，下記の仕訳をしなさい。
当座預金　従業員賞与引当金　退職給与引当金　預り金
従業員賞与引当金繰入額　退職給与引当金繰入額　製造間接費

(1) 従業員賞与の年間支給予定額の月割額590,000円を原価に計上した。
(2) 12月5日　従業員賞与3,350,000円から所得税400,000円を差し引いて，小切手を振り出して支払った。
(3) 退職給与引当金の当年度繰入見込額4,200,000円の月割額350,000円を原価に計上した。
(4) 退職給与引当金の当年度末の繰入限度額は4,400,000円であった。よって，繰入不足額を計上し，製造間接費とした。

	借方科目	金額	貸方科目	金額
(1)	従業員賞与引当金繰入額	590,000	従業員賞与引当金	590,000
(2)	従業員賞与引当金	3,350,000	預り金 当座預金	400,000 2,950,000
(3)	退職給与引当金繰入額	350,000	退職給与引当金	350,000
(4)	製造間接費	200,000	退職給与引当金	200,000

6 **練習問題** 前問 **5** において，従業員賞与引当繰入額，退職給与引当金繰入額を総勘定元帳に設けない場合，(1)(3)の仕訳をしなさい。

	借方科目	金額	貸方科目	金額
(1)	製造間接費	590,000	従業員賞与引当金	590,000
(3)	製造間接費	350,000	退職給与引当金	350,000

7 **練習問題** 次に示す勘定科目を用いて，下記の取引について，(1)予定賃率による消費高，(2)実際消費高，(3)賃率差異の計上の仕訳をしなさい。

賃金給料，消費賃金，仕掛品，製品，製造間接費，賃率差異

当月の機械作業時間は800時間であった。当工場では直接労務費を機械作業1時間当たり500円の予定賃率で各指図書に直課している。なお，前月末の未払賃金は120,000円，当月末の未払賃金は135,000円，月間の賃金支給高は410,000円であった。

	借方科目	金額	貸方科目	金額
(1)	仕掛品	400,000	消費賃金	400,000
(2)	消費賃金	425,000	賃金給料	425,000
(3)	賃率差異	25,000	消費賃金	25,000

8

	借方科目	金額	貸方科目	金額
(1)	未払賃金	305,000	賃金	305,000
(2)	仕掛品 製造間接費	720,000 210,000	賃金	930,000
(3)	賃金	946,000	預り金 立替金 現金	120,000 30,000 796,000
(4)	賃金 賃率差異	314,000 25,000	未払賃金 賃金	314,000 25,000

9

	借方科目	金額	貸方科目	金額
(1)	賃金	174,000	未払賃金	174,000
(2)	賃率差異	12,000	賃金	12,000
(3)	賃金	4,000	賃率差異	4,000
(4)	賃金	20,000	賃率差異	20,000
(5)	売上原価	8,500	賃率差異	8,500

10 検定問題

次に示す勘定科目を用いて，下記の取引の仕訳をしなさい。

(第74回 類題)

材料，賃金給料，未払賃金，仕掛品，製品，製造間接費，賃率差異

当月の機械作業時間は600時間であった。当工場では直接労務費を機械作業1時間当り700円の予定賃率で各指図書に直課している。なお，前月末の未払賃金は150,000円，当月末の未払賃金120,000円，月間の賃金支給高430,000円であった。

直接労務費と賃率差異計上の仕訳

	借方科目	金額	貸方科目	金額
直接労務費	仕掛品	420,000	賃金給料	420,000
賃率差異	賃金給料	20,000	賃率差異	20,000

11 検定問題

当社では，実際単純個別原価計算を採用している。次の当月の一連の取引について仕訳しなさい。ただし，勘定科目は，次の中から最も適当と思われるものを選ぶこと。

(第110回 類題)

当座預金　売掛金　材料　仕掛品　製品
賃金給料　原価差異　製造間接費　買掛金　預り金

1．(1) 原料S 6,000kgを790円/kgで掛けで購入した。なお，当社負担の運送費90,000円を，小切手を振り出して支払った。

(2) 原料Sの実際払出総量は5,800kgであった（うち，特定の指図書向けの消費は5,000kgであった）。原料費の計算には820円/kgの予定消費価格を用いている。

(3) 原料Sの消費価格差異を計上した。ただし，原料Sの月初在庫は500kg@810，月末在庫は700kgであり，棚卸減耗はなかった。実際払出価格の評価は先入先出法によっている。

2．(1) 直接工の実際直接作業時間合計は2,500時間，実際間接作業時間合計は500時間であった。直接工賃金の計算には作業1時間あたり1,800円の予定消費賃率を用いている。

(2) 直接工の賃率差異を計上した。ただし，前月未払高は1,790,000円，当月支払高は5,390,000円，当月未払高は1,840,000円であった。

		借方科目	金額	貸方科目	金額
1	(1)	材料	4,830,000	買掛金 当座預金	4,740,000 90,000
	(2)	仕掛品 製造間接費	4,100,000 656,000	材料	4,756,000
	(3)	材料	84,500	原価差異	84,500
2	(1)	仕掛品 製造間接費	4,500,000 900,000	賃金給料	5,400,000
	(2)	原価差異	40,000	賃金給料	40,000

12 検定問題　税経製作所の労務費に関する下記の資料から，答案用紙の総勘定元帳の（　）内に適切な金額を記入しなさい。なお，当製作所では，直接工は直接作業のみに従事しており，予定賃率を用いた消費賃金でもって直接労務費を計算している。間接工賃金と給料に関しては，要支払額でもって間接労務費を計算している。

(第124回　類題)

〔資　料〕

1．給与支給帳によれば，10月21日から11月20日の賃金・給料の総額は3,700,000円であった。内訳は次のとおりであった。

　　直接工賃金　　　1,550,000円
　　間接工賃金　　　1,000,000円
　　給　　　料　　　1,150,000円

2．作業時間票によれば，当月（11月1日～11月30日）の直接工の実際直接作業時間の合計は600時間であった。

3．賃金・給料の未払額は次のとおりであった。

	月初未払額	月末未払額
直接工賃金	545,500円	383,200円
間接工賃金	450,000円	320,000円
給　　　料	110,000円	90,000円

4．従業員賞与の年間見積総額は9,720,000円である。
5．直接工に対する予定賃率は，直接作業時間当たり2,310円である。

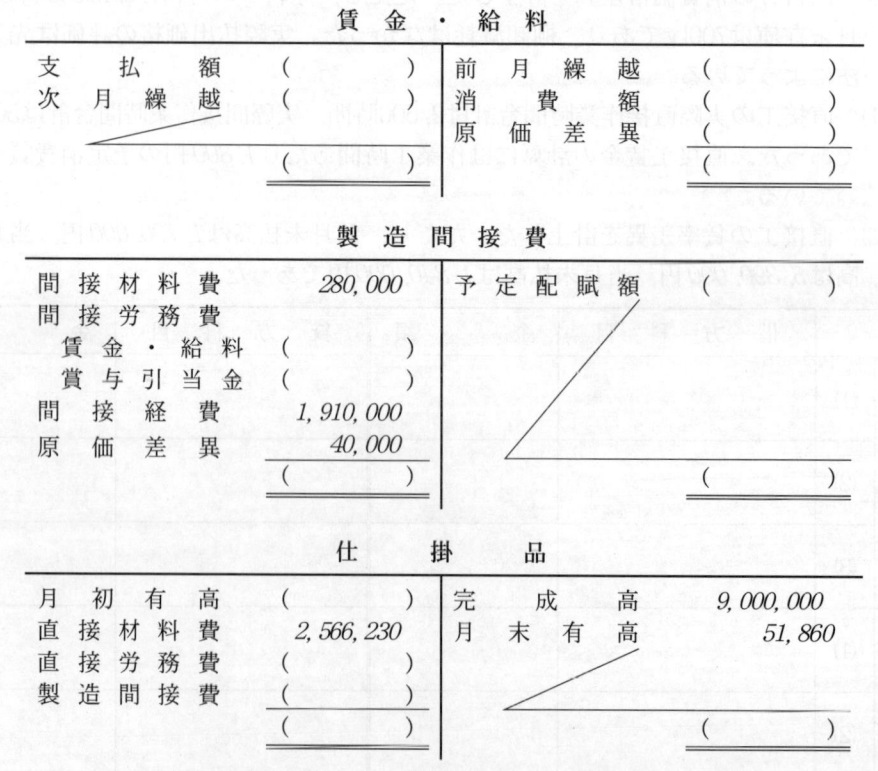

第8回 経費の計算

要点整理

1. 経費 は，材料費・労務費以外の原価要素である。
2. 経費は，その消費高の算定方法の違いによって，次のように分けられる。
   (1) 支払経費 　毎月の支払額にもとづいてその消費高を計算する。ただし，前払分または未払分があれば，支払額に加減して消費高とする。修繕料・旅費交通費などである。
   (2) 月割経費 　一会計期間などを単位として計上されたり，支払われたりする経費で，その月割額を各月の消費高とする。
   (3) 測定経費 　計量器の検針によって，その月の消費高を計算する。電力料・ガス代・水道料などである。
   　月割経費は，さらに月割支払経費と月割測定経費とに分けられる。
   　① 月割支払経費 ……保険料・賃借料・特許権使用料（年額で決められている場合）・固定資産税
   　② 月割測定経費 ……減価償却費・棚卸減耗費
   (注)(1) 事務用消耗品費は，買入時に経費に算入する場合は支払経費，使用時に経費に算入する場合は測定経費に分類される。
   　　(2) 特許権使用料が生産量などで決められている場合は，測定経費に分類される。
3. 経費は大部分が間接費となるが， 外注加工賃 ・ 特許権使用料 は，ふつう直接費となる。
4. 経費は，製造原価（製造経費）になるものと，販売費および一般管理費になるものとが共通に発生することが多いので，消費高を算定するときに分離する。
5. 経費の消費高の記帳は，経費支払票・経費月割票・経費測定票によって，費目別の消費高を算定し，その消費高を 経費仕訳帳 によって直接経費・製造間接費・販売費および一般管理費に分けて，合計仕訳によって総勘定元帳に転記する。
6. 経費の勘定処理法に，経費勘定（統制勘定または費目別経費勘定）を設ける方法と経費勘定を設けない方法とがある。
   　経費勘定を設けない場合は，経費の発生と消費を同時に処理する。

1 基礎問題　次の経費を支払経費・月割支払経費・測定経費・月割測定経費に分類し，解答欄にその番号を記入しなさい。また，そのうちで直接経費になるものを答えなさい。

1. 減価償却費　2. 修　繕　料　3. 賃　借　料　4. 支 払 運 賃
5. 電　力　料　6. 保　管　料　7. 固定資産税　8. 棚卸減耗費
9. 事務用消耗品費（買入時に経費に算入）　10. 外注加工賃　11. ガ　ス　代
12. 保　険　料　13. 水　道　料　14. 特許権使用料（年額で決められている）

支 払 経 費	
月 割 支 払 経 費	
測 定 経 費	
月 割 測 定 経 費	
直接経費になるもの	

2 (検定問題) 次にあげた製造経費のうち，通常，固定費または月割経費とされているものはどれか。その頭につけた番号で答えなさい。　　　　　　　　（第74回　類題）

　　費目：1.　外注加工費　2.　損害保険料　3.　棚卸減耗費　4.　賃借料（建物）
　　　　　5.　電　力　料　6.　租　税　公　課　7.　減価償却費

費　　目					

3 (基礎問題) 次の経費の当月分消費高を計算しなさい。

| 経　　費 | 当月支払高 | 前　　月 | | 当　　月 | | 当月消費高 |
		前　払　高	未　払　高	前　払　高	未　払　高	
支 払 運 賃	24,500	6,000		3,500		
保　管　料	18,000		4,000		7,000	
福利厚生費	21,000			3,000		
通　信　費	26,000	9,000			5,000	
外注加工賃	32,000		2,000	8,000		

4 (基礎問題) 次の電力料に関する資料によって，(1)①支払のとき，②消費のとき，の仕訳をして，(2)電力料勘定に転記して締め切りなさい。

　　a　当月電力料支払高（小切手払）　　55,100円
　　b　前月電力料未払高　　7,700円
　　c　当月電力料使用料　　2,600kW　　単位22円　　基本料金2,500円

(1)
	借　方　科　目	金　　　額	貸　方　科　目	金　　　額
①				
②				

(2)
電　力　料

— 32 —

5 練習問題　工場建物の当期（1年決算）の減価償却費見積額が780,000円のとき，次の仕訳をしなさい。ただし，減価償却の記帳は間接法によること。
(1) 原価計算期末の仕訳
(2) 会計期末の仕訳

	借　方　科　目	金　　額	貸　方　科　目	金　　額
(1)				
(2)				

6 練習問題　次の取引の仕訳をしなさい。
(1) 材料の実地棚卸高は398,000円で，帳簿棚卸高は415,000円であった。
(2) 材料の棚卸不足について，製造間接費に算入することにした。
(3) 材料の年間の棚卸減耗見積額192,000円について，月割額を原価に算入した。ただし，棚卸減耗引当金勘定を設けている。

	借　方　科　目	金　　額	貸　方　科　目	金　　額
(1)				
(2)				
(3)				

7 練習問題　次の取引の仕訳をしなさい。ただし，総勘定元帳には経費勘定（費目別経費勘定）を設けない方法によっている。
(1) 当月分の電力料測定高は60,200円であった。
(2) 工場建物の当期（1年決算）の減価償却費見積額が804,000円のとき，当月分の減価償却費を計上した。ただし，記帳は間接法による。
(3) 材料の実地棚卸高は298,000円で，帳簿棚卸高は314,000円であった。
(4) 材料の年間の棚卸減耗費見積額180,000円について，月割額を原価に算入した。
(5) 塗装加工のため，下請企業に無償で支給した部品が，加工後すべて納入されたので，その加工賃170,000円を現金で支払った。

	借　方　科　目	金　　額	貸　方　科　目	金　　額
(1)				
(2)				
(3)				
(4)				
(5)				

8 〔検定問題〕 当工場の製造経費に関する次の〔資料〕から，答案用紙の総勘定元帳の（　）内に適切な金額を記入しなさい。　　　　　　　　　　（第126回　類題）

〔資　料〕
1．工場の建物・機械・器具の減価償却費の年間発生見積額は5,724,000円であるので，当月分経費を計上する。
2．工場建物の3か月分の損害保険料780,000円を現金にて支払い，前払保険料勘定で処理したので，当月分経費を計上する。
3．修繕引当金の当月繰入額は130,000円であった。
4．材料の月末の帳簿棚卸高は860,000円であり，実地棚卸高は820,000円であったので，減耗分を当月の経費に計上する。
5．工場付設の社員食堂の当月収支計算の結果は90,000円の赤字であったが，これを承認し，小切手を振り出して支払った。
6．電力料，ガス代，水道料など水道光熱費の当月現金にて支払った金額は260,000円であり，メーターを用いて当月測定された金額は245,000円であった。
7．製品Hのメッキ加工のため，協力会社に無償で支給してあった部品が，加工後すべて納入されたので，その加工賃180,000円を現金にて支払った。なお，納入部品は，検査後，直ちに製造現場に引き渡された。
8．製品Tの生産量に対する特許権使用料は年度末に一括して支払う約束であるが，当月生産量に対応した金額として270,000円を計上する。

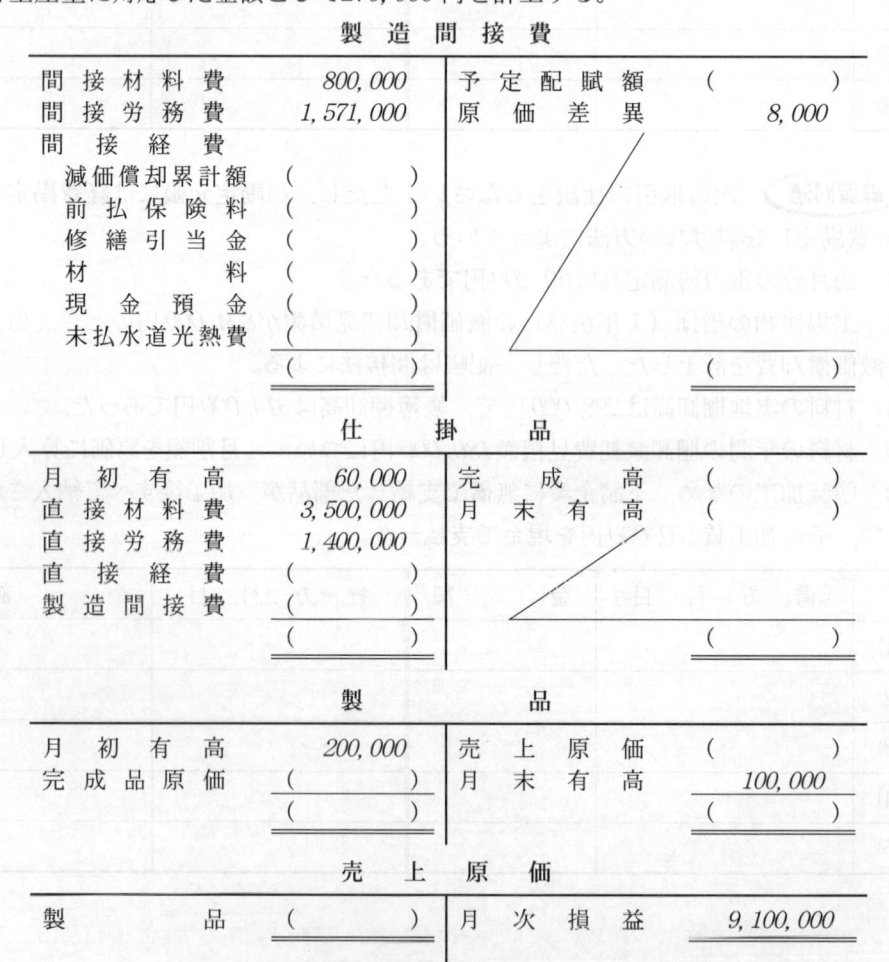

製　造　間　接　費

間 接 材 料 費	800,000	予 定 配 賦 額	(　　　　)
間 接 労 務 費	1,571,000	原 価 差 異	8,000
間 接 経 費			
減価償却累計額	(　　　　)		
前 払 保 険 料	(　　　　)		
修 繕 引 当 金	(　　　　)		
材　　　　　料	(　　　　)		
現 金 預 金	(　　　　)		
未払水道光熱費	(　　　　)		
	(　　　　)		(　　　　)

仕　掛　品

月 初 有 高	60,000	完 成 高	(　　　　)
直 接 材 料 費	3,500,000	月 末 有 高	(　　　　)
直 接 労 務 費	1,400,000		
直 接 経 費	(　　　　)		
製 造 間 接 費	(　　　　)		
	(　　　　)		(　　　　)

製　　　品

月 初 有 高	200,000	売 上 原 価	(　　　　)
完 成 品 原 価	(　　　　)	月 末 有 高	100,000
	(　　　　)		(　　　　)

売　上　原　価

製　　　品	(　　　　)	月 次 損 益	9,100,000

― 34 ―

9 検定問題

当社では，受注生産を行っているので，製品原価の計算には実際個別原価計算を採用している。下記の1～5の一連の取引について仕訳しなさい。ただし，勘定科目は，次の中から最も適当と思われるものを選ぶこと。　　　　　　（第120回　類題）

当座預金　　材　　料　　買　掛　金　　原価差異　　仕　掛　品
製　　品　　現　　金　　売　掛　金　　賃金給料　　製造間接費

1. 当月購入したH原料は16,000kgであり，その代金6,200,000円は翌月の10日払いである。なお，この購入にかかわる当社負担の運送費および保険料の合計金額200,000円を，他社振出しの小切手にて支払った。
2. 当月払い出したH原料は11,050kgであり，うち，製造指図書＃1向けの消費は2,750kg，製造指図書＃2向けの消費は6,925kg，製造指図書＃3向けの消費は1,375kgであった。原料費の計算には先入先出法にもとづく実際払出価格を用いている。ただし，原料の月初在庫は0kg，月末在庫は4,950kgであり，棚卸減耗はなかった。
3. 直接工賃金の計算には，直接作業時間当たり950円の予定消費賃率を用いている。製造指図書＃1向けの実際直接作業時間は2,200時間，製造指図書＃2向けの実際直接作業時間は2,000時間，製造指図書＃3向けの実際直接作業時間は2,000時間，すべての製造指図書に共通の実際間接作業時間は800時間であった。
4. 製造間接費の計算には，部門別の実際機械運転時間にもとづく予定配賦率を用いている（第1部門の予定配賦率は1,100円，第2部門の予定配賦率は1,900円である）。第1部門の実際機械運転時間は，製造指図書＃2向けの1,400時間と製造指図書＃3向けの1,500時間であり，第2部門の実際機械運転時間は，製造指図書＃1向けの1,650時間，製造指図書＃2向けの800時間および製造指図書＃3向けの750時間であった。
5. 製造指図書＃1と製造指図書＃2が完成した。ただし，当月の製造費用（直接材料費，直接労務費および製造間接費配賦額）は，上記の2，3および4のみであり，製造指図書＃1には先月の製造費用6,000,000円（内訳：直接材料費1,250,000円，直接労務費1,850,000円，第1部門の製造間接費配賦額2,900,000円）が繰り越されてきている。

	仕　　　　　　　　訳			
	借方科目	金　　額	貸方科目	金　　額
1.				
2.				
3.				
4.				
5.				

第9回 製造間接費の計算
（実際額による配賦）

要点整理

1. 数種類の製品を製造している場合は，製造直接費は製品ごとに原価を集計（賦課）することができるが，製造間接費は一定の配賦基準によって製品に配賦する。

2. 製造間接費は，次のように 配賦率 を求めて，特定製品への配賦を行う。

$$\frac{一原価計算期間における製造間接費総額}{一原価計算期間における配賦基準数値} = 配賦率$$

配賦率 × 特定製品の配賦基準数値 = 配賦額

3. 製造間接費を製品に配賦する方法には，価額法・時間法などがある。

 (1) 価額法 ……製品の製造のために消費された直接費の金額を，配賦基準とする方法
  a 直接材料費法 ……直接材料費を配賦基準数値とする方法（上記，配賦率を求める算式の分母）
  b 直接労務費法 （直接賃金法）……直接労務費を配賦基準数値とする方法
  c 直接費法 ……直接材料費・直接労務費・直接経費の合計額を配賦基準数値とする方法

 (2) 時間法 ……製品の製造のために消費された直接作業時間，または機械運転時間を配賦基準数値とする方法
  a 直接作業時間法 ……直接作業時間を配賦基準数値とする方法
  b 機械時間法 ……機械運転時間を配賦基準数値とする方法
  　数種類の機械を用いているときには，各機械群を計算単位（これを 生産中心点 または 機械センター という）として，生産中心点別に製造間接費を集計して， 機械率 （機械運転時間1時間当たりの配賦率）を算出する。この計算をするために 機械費計算月報 を作成する。
  　A・B2種類の機械を用いているとき，甲製品への配賦額の計算は，次のように行う。

（A機械率×甲製品のA機械運転時間）＋（B機械率×甲製品のB機械運転時間）
　＝甲製品への配賦額

---

1 基礎問題 TOP製作所の当月中の次の資料により，下記の仕訳をしなさい。

製造指図書	#11	#12	#13	製造間接費
材料払出高	180,000円	200,000円	170,000円	50,000円
賃金消費高	220,000	240,000	190,000	90,000
経費消費高	30,000	50,000	20,000	120,000
製造間接費配賦額	88,000	96,000	76,000	—
合　計	518,000円	586,000円	456,000円	—

(1) 製造間接費配賦の仕訳

(2) 製造指図書#11と#12が完成した場合の仕訳

	借 方 科 目	金 額	貸 方 科 目	金 額
(1)				
(2)				

2 基礎問題　下記の資料によって，次の問いに答えなさい。
(1) 製造間接費の配賦に関する表を，計算式を示して完成しなさい。
(2) 直接労務費法によった場合の製造指図書#101の製造原価を計算しなさい。なお，この製品は当月に着手し，完成したものである。

資　料
a　材料消費高　　直接材料費　　840,000円　　間接材料費　　150,000円
b　労務費消費高　直接労務費　1,260,000円　　間接労務費　　250,000円
c　経費消費高　　直接経費　　　　　ー　　　　間接経費　　　230,000円
d　製造指図書#101の直接費
　　　　　　　　直接材料費　　350,000円　　直接労務費　　470,000円

配 賦 方 法	配 賦 率	指図書#101への配賦額
直 接 材 料 費 法		
直 接 労 務 費 法		
直　接　費　法		
#101の製造原価（直接労務費法）		

3 基礎問題　次の資料によって，製造間接費の配賦に関する表を，計算式を示して完成しなさい。

a　製造直接費合計　　1,920,000円
b　製造間接費合計　　　544,000円
c　直接作業時間　合計 1,700時間　うち製造指図書#102の直接作業時間　750時間
d　機械運転時間　合計　 800時間　うち製造指図書#102の機械運転時間　350時間

配 賦 方 法	配 賦 率	指図書#102への配賦額
直接作業時間法		
機 械 時 間 法		

4 練習問題 次の資料によって，(1)機械費計算月報を作成し，(2)甲製品への製造間接費配賦額を計算しなさい。ただし，甲製品は，A機械で45時間，B機械で55時間，C機械で40時間作業を受けている。

	面 積	価 額	馬力数	運転時間	従業員数
A 機 械	18㎡	320,000円	8馬力	220時間	6人
B 機 械	14㎡	220,000円	6馬力	250時間	8人
C 機 械	13㎡	260,000円	8馬力	230時間	6人

(1)
機械費計算月報
平成○年6月分　　　　　　　　　　　　　　（単位：円）

費　目	配賦基準	合　計	A 機 械	B 機 械	C 機 械
機械個別費					
運転工賃金		(　　　)	180,000	206,000	192,000
機械減価償却費		(　　　)	48,600	35,000	41,400
機械共通費					
建　物　費	面　　積	90,000	(　　　)	(　　　)	(　　　)
保　険　料	価　　額	40,000	(　　　)	(　　　)	(　　　)
動　力　費	馬力数×運転時間	204,000	(　　　)	(　　　)	(　　　)
工場事務費	従業員数	150,000	(　　　)	(　　　)	(　　　)
		(　　　)	(　　　)	(　　　)	(　　　)
運 転 時 間			220時間	250時間	230時間
機　械　率			(　　　)	(　　　)	(　　　)

(2)

甲製品への製造間接費配賦額	

5 練習問題 当工場では，6月中に製造指図書#21，#22，#23の3種類の製品を製造した。下記の資料によって，次の問いに答えなさい。
(1) 直接労務費法によった場合の配賦率を計算しなさい。
(2) 製造間接費配賦表を完成しなさい。
(3) 直接労務費法によって，製造間接費を各製品に配賦したときの仕訳をしなさい。

資　料
1．製造間接費　　　　　　　　2．直接労務費
　間接材料費　265,000円　　　　製造指図書#21　580,000円
　間接労務費　487,000円　　　　　〃　　#22　650,000円
　間接経費　　240,000円　　　　　〃　　#23　320,000円

(1) | 直接労務費法による配賦率の計算 | | % |

(2) 製造間接費配賦表
平成○年6月分

平成○年		製造指図書番号	配賦率	配賦基準（直接労務費法）	配賦額	備考
6	30	#21				
		#22				
		#23				

(3)
借方科目	金額	貸方科目	金額

6 **検定問題** 月末における次の諸取引の仕訳を示しなさい。なお，当工場では製造間接費勘定を統制勘定として用い，別に製造間接費元帳を設けてその内訳を記入している。

(第69回 類題)

(1) 工場の建物・機械・器具の減価償却費の年間発生見積額が 2,340,000 円であるので，その月割額を間接費として計上する。
(2) 製造指図書#31の製品の外注加工賃は 470,000 円であった。請求書を受け取り，小切手を振り出して支払った。
(3) 当月中に賃借したクレーン車の賃借料は 150,000 円で，請求書を受け取り，間接費として計上した。
(4) 当年度の機械等修繕費が 2,160,000 円と予想されるので，この12分の1を当月分経費として修繕引当金に計上する。
(5) 工場に付設の社員食堂の当月収支計算の結果は 76,000 円の赤字であったが，これを承認し，未払金に計上する。

	借方科目	金額	貸方科目	金額
(1)				
(2)				
(3)				
(4)				
(5)				

第10回 製造間接費の計算
（予定配賦率による配賦）

要点整理

1. 製造間接費を実際額で配賦するときは，次の欠点があるので，予定配賦 が行われる。
   (1) 計算の遅延性 実際額の配賦は，月末になるので，製品原価の算出が遅れる。
   (2) 単位原価の変動性 固定費が多いので，操業度の変化によって，配賦額が変化する。
2. 製造間接費の 予定配賦率 を求める算式は，次のとおり。

$$\frac{一会計期間の製造間接費予算額}{一会計期間の予定配賦基準数値}＝予定配賦率$$

3. 製造間接費の予定配賦額は製造間接費勘定の貸方に記入し，実際発生額は同勘定の借方に記入する。製造間接費勘定の差額は， 製造間接費配賦差異勘定 に振り替える。
   製造間接費配賦差異勘定の残高は，会計期末に原則として， 売上原価勘定 に振り替える。
4. 製造間接費予算は，予算管理との関係から 固定予算 と 変動予算 とに分けられる。
   固定予算 ……次期に予想される操業水準での，製造間接費発生目標額の予算。
   変動予算 ……正常操業圏内において操業水準の変化に応じ，予算許容額を算出する。
5. 配賦差額の原因分析（予算差異と操業度差異に分析する）
   (1) 固定予算の場合

   予 算 差 異＝実際発生額－（固定）予算額
   操業度差異＝（固定）予算額－予定配賦額
   　（または）＝（基準操業度－実際操業度）×配賦率

   (2) 変動予算（公式法）の場合

   予 算 差 異＝実際発生額－（製造間接費）変動予算額
   操業度差異＝（製造間接費）変動予算額－予定配賦額
   　（または）＝（基準操業度－実際操業度）×固定費率

   上記算式において「＋」（プラス）になれば，借方差異（不利な差異），「－」（マイナス）になれば，貸方差異（有利な差異）である。

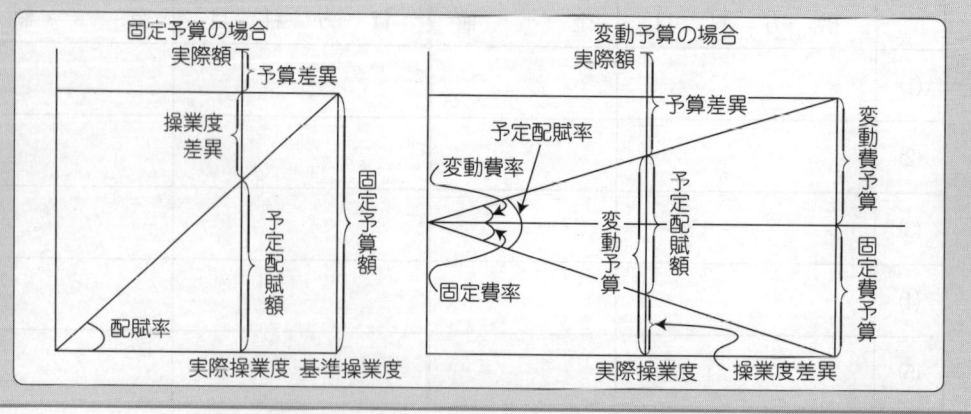

1 基礎問題

次の一連の取引の仕訳をしなさい。

(1) 当原価計算期間の直接作業時間は2,800時間で、予定配賦率は直接作業1時間当たり400円で予定配賦した。
(2) 当原価計算期間の製造間接費実際発生額は、次のとおりであった。
　　材　料　260,000円　　賃　金　585,000円　　経　費　281,000円
(3) 原価計算期末に、製造間接費の予定配賦額と実際発生額との差額を処理した。

	借方科目	金　額	貸方科目	金　額
(1)	仕掛品	1,120,000	製造間接費	1,120,000
(2)	製造間接費	1,126,000	材料 賃金 経費	260,000 585,000 281,000
(3)	原価差異	6,000	製造間接費	6,000

2 練習問題

ＡＢＣ工場では、機械稼働時間を基準にして製造間接費を予定配賦している。年間の予定機械稼働時間は32,000時間であり、年間の製造間接費予算は23,680,000円である。下記の取引の仕訳をしなさい。なお、（　）内のデータは、計算のためのデータで、それらを仕訳する必要はない。また、使用する勘定科目は、次のなかから適切な勘定を選択すること。

　　現金・預金　　売　掛　金　　材　料　　賃金・給料　　製造間接費
　　減価償却累計額　　仕　掛　品　　製　品　　売上原価　　原価差異

(1) 補助材料の当月消費額を計上した（補助材料の月初有高270,000円、当月仕入高630,000円、月末有高250,000円）。
(2) 間接工賃金および給料の当月消費額を計上した（前月未払額290,000円、当月支払額810,000円、当月未払額320,000円）。
(3) 機械減価償却費当月分160,000円を間接費で計上した。
(4) 仕掛品に対し、製造間接費を予定配賦した。当月、実際機械稼働時間は、2,580時間であった。
(5) 月末に、製造間接費配賦差異を計上した（なお、当月の実際製造間接費合計は、上記取引(1)〜(3)により計上されたもののほか240,000円の間接経費がすでに計上されているものとする）。

	借方科目	金　額	貸方科目	金　額
(1)	製造間接費	650,000	材料	650,000
(2)	製造間接費	840,000	賃金・給料	840,000
(3)	製造間接費	160,000	減価償却累計額	160,000
(4)	仕掛品	1,909,200	製造間接費	1,909,200
(5)	製造間接費	19,200	原価差異	19,200

3 **練習問題** 次の取引の仕訳をして，製造間接費配賦差異勘定に転記しなさい。
(1) 製造間接費を直接材料費に対し55％の予定配賦率で予定配賦した。当原価計算期（12月）の直接材料費は1,700,000円であった。
(2) 当原価計算期（12月）の製造間接費の実際発生額は958,000円であったので，予定配賦額と実際発生額との差額を製造間接費配賦差異勘定に振り替えた。
(3) 会計期末（12月31日）に，製造間接費配賦差異勘定の残高を売上原価勘定に振り替えた。

	借方科目	金額	貸方科目	金額
(1)	仕掛品	935,000	製造間接費	935,000
(2)	製造間接費配賦差異	23,000	製造間接費	23,000
(3)	製造間接費配賦差異	8,000	売上原価	8,000

製造間接費配賦差異

| 1/1～11/30 | 158,000 | 1/1～11/30 | 189,000 |

4 **検定問題** ＺＥＴ工場では，実際原価計算を行っている。下記の当月資料にもとづき，製造間接費勘定と仕掛品勘定の（　）内に適当な金額を記入しなさい。ただし，
(1) 素材消費額はすべて直接材料費，直接工賃金消費額はすべて直接労務費である。
(2) 製造間接費は直接作業時間基準を用いて予定配賦している。年間予定直接作業時間は25,000時間，年間製造間接費予算は150,000千円である。
(3) 配賦差異は借方または貸方のいずれかに記入すること。　　　　　（第92回　類題）

〔資　料〕
1．素　　材：月初有高　　750千円　　当月仕入高　15,000千円
　　　　　　　月末有高　　780千円
2．仕　掛　品：月初有高　2,600千円　月末有高　2,450千円
3．直接工賃金：月初未払額　3,900千円　当月支払額　11,800千円
　　　　　　　月末未払額　4,100千円
4．実際直接作業時間　　2,200時間
5．製造間接費配賦差異　　300千円（貸方差異）

（単位：千円）

製造間接費

実際発生額	(12,900)	配賦額	(13,200)
配賦差異	(300)	配賦差異	(　—　)
	(13,200)		(13,200)

仕掛品

月初有高	(2,600)	当月完成高	(40,320)
直接材料費	(14,970)	月末有高	(2,450)
直接労務費	(12,000)		
製造間接費	(13,200)		
	(42,770)		(42,770)

5 検定問題 ＡＢＣ工場では，実際原価計算を行っている。次に示す条件にもとづき，加工費勘定と仕掛品勘定の（　）内に適当な金額を記入しなさい。（第94回　類題）

【条　件】
1．原料の消費量は1,920トン，消費単価は5,000円／トンの予定単価を利用している。
2．加工費（原料費以外の製造費用）は，直接作業時間を配賦基準として予定配賦している。
3．仕　掛　品：月初有高　240万円　　月末有高　260万円
　　賃金・給料：前月未払高　190万円　　当月支払高　510万円
　　　　　　　　当月未払高　185万円
4．当月貯蔵品消費額　　　90万円
5．当月電力消費額　　　 170万円
6．当月減価償却費　　　　95万円
7．年間予定直接作業時間　7,800時間
8．年間加工費予算額　　11,700万円
9．当月実際直接作業時間　560時間

（単位：万円）

加　工　費			
賃金・給料消費額	（　　）	予定配賦額	（　　）
間接材料費	（　　）	配賦差異	（　　）
間接経費	（　　）		
（　　）	（　　）		（　　）

仕　掛　品			
月初有高	（　　）	当月完成高	（　　）
原料費	（　　）	月末有高	（　　）
加工費	（　　）		
	（　　）		（　　）

6 練習問題 製造間接費は直接賃金を基準として配賦し，その配賦率は60％であった場合，下の諸勘定の（　）のなかに相手科目名または金額を記入しなさい。

賃　　金			
諸　　口	98,000	前月繰越	32,000
次月繰越	33,000	諸　　口	（　　）

製造間接費			
材　　料	17,000	（　　）	（　　）
賃　　金	（　　）	製造間接費配賦差異	（　　）
諸　　口	15,000		

仕　掛　品			
前月繰越	38,000	（　　）	（　　）
材　　料	54,000	次月繰越	41,000
賃　　金	（　　）		
製造間接費	（　　）		

製　　品			
前月繰越	50,000	（　　）	（　　）
仕　掛　品	179,000	次月繰越	65,000

7 検定問題 次に示す費目のうち，通常，準変動費とされる費目を一つ選びなさい。
　　a．減価償却費　　b．電力料　　c．直接材料費　　d．保険料

8 検定問題 ＺＥＴ工場では実際原価計算を採用し，製造間接費については，直接作業時間を基準にして予定配賦している。製造間接費の各費目は，変動費と固定費からなる。

(1) 年間の製造間接費予算は，次のとおりである。
    直接作業時間　　12,000時間　　15,000時間　　18,000時間
    製造間接費予算　690,000円　　　？円　　　810,000円

　a．直接作業時間15,000時間のとき，製造間接費予算はいくらか。　　　　円
　b．年間の正常直接作業時間が15,000時間であるとして，直接作業時間1時間当たりの予定配賦率を計算しなさい。　　　　円

(2) 当月の実際直接作業時間は1,300時間，製造間接費実際発生額は66,500円であった。上記bの予定配賦率を使用し，下記の製造間接費勘定のうちの　　　　の部分を計算し，記入しなさい。

製　造　間　接　費

実際発生額	66,500	予定配賦額	
		配賦差異	

9 検定問題 ＡＢＣ工場では，製造間接費を予定配賦している。次の資料にもとづき，基準操業度として，実際的生産能力を選択する場合と期待実際操業度を選択する場合のそれぞれについて，予定配賦率を計算しなさい。また，6月における予定配賦額と配賦差異を計算しなさい。なお，配賦差異については，解答欄の（　）内に，借方差異であれば（借），貸方差異であれば（貸）と記入しなさい。　　　（第83回　類題）

〔資　料〕
① ＡＢＣ工場の実際的生産能力と期待実際操業度は，年間ベースで，それぞれ，168,000直接作業時間および126,000直接作業時間である。
② ＡＢＣ工場の製造間接費予算（年間）は，各操業水準に対して，次のとおりである。

直接作業時間	168,000時間	126,000時間
製造間接費	21,000,000円	18,900,000円

③ ＡＢＣ工場の6月の実績は，次のとおりである。
　　実際直接作業時間……………12,000時間
　　製造間接費実際発生額……1,680,000円

	実際的生産能力基準	期待実際操業度基準
予定配賦率	円／時	円／時
予定配賦額	円	円
配賦差異	円（　）	円（　）

注：（　）内には，借または貸と記入しなさい。

(1)	予算差異	70,000 円(貸)	操業度差異	250,000 円(借)
(2)	予算差異	30,000 円(借)	操業度差異	150,000 円(借)

(3)	借方科目	金額	貸方科目	金額
	予算差異	30,000	製造間接費	180,000
	操業度差異	150,000		

11 検定問題

次の問1，問2に答えなさい。　　　　　　　　　　　　（第125回　類題）

問1　次の一連の取引について仕訳しなさい。ただし，勘定科目は次の中から最も適当と思われるものを選ぶこと。

材　料　　買掛金　　賃金・給料　　仕掛品　　製造間接費　　製造間接費配賦差異

(1) 当月，素材1,800,000円（@450円4,000個）および補修用材料72,000円（@180円400個）を掛けで購入した。

(2) 当月，素材3,500個を消費した。なお，月初の素材有高は462,000円（@420円1,100個）であり，材料費は先入先出法で計算している。

(3) 当月の直接工による労務費の消費高を計上する。直接工について，作業時間票によれば，当月の実際直接作業時間は803時間，実際間接作業時間は25時間であった。当工場において適用する予定賃率は1,200円である。

(4) 当月の間接工による労務費の消費高を計上する。間接工について，前月賃金未払高160,000円，当月賃金支払高950,000円，当月賃金未払高140,000円であった。

(5) 作業時間票の直接作業時間を配賦基準として，予定配賦率により製造間接費を各製造指図書に配賦する。なお，年間の製造間接費予算は43,200,000円（うち変動費16,200,000円，固定費27,000,000円），年間の予定総直接作業時間は10,800時間である。

(6) 当月，実際に発生した製造間接費は3,400,000円（うち変動費1,150,000円，固定費2,250,000円）であったので，(5)の予定配賦額との差額を製造間接費配賦差異勘定に振り替える。

問2　問1(6)の配賦差異を，変動予算を用いて予算差異と操業度差異に分解しなさい。なお，解答欄の（借方・貸方）の箇所は，借方，貸方のいずれかを〇で囲むこと。

問1

	借方科目	金　額	貸方科目	金　額
(1)				
(2)				
(3)				
(4)				
(5)				
(6)				

問2

予算差異	操業度差異
円（借方・貸方）	円（借方・貸方）

製造間接費総差異	188,000 円（借）
予　算　差　異	4,000 円（借）
能　率　差　異	100,000 円（借）
操　業　度　差　異	84,000 円（借）

第11回 部門費の計算
（実際額による配賦）

要点整理

1. 製品の製造のために発生した原価を，①より正確に計算するため，②原価管理の目的から，部門別計算が行われる。原価要素を集計するための組織上の区分を 原価部門 という。
2. 原価部門は，製品の製造作業との関係から，製造部門と補助部門とに分けられる。
   - 製造部門 鋳造部門・鍛造部門・機械加工部門（機械製造業の場合）など
   - 補助部門 ┤ 補助経営部門　動力部門・修繕部門・運搬部門など
             └ 工場管理部門　材料管理部門・労務管理部門・工場事務部門など
3. 部門別計算の手続きは，次のとおりである。
   (1) 特定の部門に個別的に発生した原価（ 部門個別費 ）は，その部門に賦課し，複数の部門に共通的に発生した原価（ 部門共通費 ）は，一定の配賦基準によって製造部門と補助部門に配賦する。この計算のために，部門費集計表 （部門費配分表）を作成する。
   (2) 補助部門費は，補助部門が提供した用役の割合に応じて，各原価部門に配賦する。この計算のために，部門費振替表 （補助部門費配賦表）を作成する。この振替表を作成する方法に，直接配賦法・相互配賦法 などがある。
   部門費集計表と部門費振替表を一表にまとめたものを，製造間接費部門別配賦表 という。
   (3) 各製造部門に集計された原価を，価額法・時間法などの配賦基準によって，各製品に配賦する。

---

1 基礎問題　次の資料によって，部門費集計表の記入を完成しなさい。

	費　目	第1製造部門	第2製造部門	動力部門	修繕部門	工場事務部門
部門個別費	間接材料費	150,000	130,000	20,000	30,000	—
	間接賃金	108,100	96,000	15,700	12,200	11,000
配賦基準	従業員数	64名	60名	18名	10名	8名
	床面積	750㎡	600㎡	150㎡	100㎡	100㎡
	電力消費量	10,600kW	10,000kW	3,200kW	1,800kW	400kW

部門共通費　間接賃金　72,000円　　減価償却費　34,000円
　　　　　　電　力　料　91,000円

部門費集計表
平成〇年6月分

費　目	配賦基準	金　額	製造部門		補助部門		
			第1部門	第2部門	動力部門	修繕部門	事務部門
部門個別費							
間接材料費	－						
間接賃金	－						
部門共通費							
間接賃金	従業員数						
減価償却費	床　面　積						
電　力　料	電力消費量						
計							

2 **基礎問題** 次の資料により，直接配賦法による部門費振替表を作成し，部門費振替表によって行われる仕訳をしなさい。

部門費振替表

費　目	配賦基準	金　額	製造部門		補助部門		
			第1部門	第2部門	動力部門	修繕部門	工場事務部門
部門費合計		1,444,000	600,000	500,000	152,000	120,000	72,000
工場事務部門費	作業時間数	72,000	39,000	33,000			
修繕部門費	修繕金額	120,000	72,000	48,000			
動力部門費	機械運転時間	152,000	80,000	72,000			
配賦額合計		344,000	191,000	153,000			
製造部門費合計		1,444,000	791,000	653,000			

資料（配賦基準として適切な資料を使用すること）

配賦基準	第1製造部門	第2製造部門	動力部門	修繕部門	工場事務部門
作業時間数	650時間	550時間	200時間	100時間	－
修繕金額	300,000円	200,000円	90,000円	－	50,000円
機械運転時間	2,000時間	1,800時間	－	200時間	－

借方科目	金　額	貸方科目	金　額
第1製造部門費	191,000	動力部門費	152,000
第2製造部門費	153,000	修繕部門費	120,000
		工場事務部門費	72,000

3 基礎問題

付属資料にもとづき、第1次配賦は相互配賦法、第2次配賦は直接配賦法によって、下記の部門費振替表を完成しなさい。

部門費振替表

費　　目	合　計	製造部門		補助部門		
		切削部	組立部	材料倉庫部	動力部	工場事務部
部　門　費	1,170,000	476,000	394,000	120,000	130,000	50,000
第1次配賦						
工場事務部費	50,000	20,000	17,000	4,000	9,000	
動力部費	130,000	80,000	40,000	10,000		
材料倉庫部費	120,000	60,000	45,000		15,000	
第2次配賦		160,000	102,000	14,000	24,000	0
動力部費	24,000	16,000	8,000			
材料倉庫部費	14,000	8,000	6,000			
製造部門費	1,170,000	660,000	510,000			

〔付属資料〕

配賦基準	合　計	切削部	組立部	材料倉庫部	動力部	工場事務部
動力供給量	650kw-h	400kw-h	200kw-h	50kw-h	－	－
材料出庫額	80万円	40万円	30万円	－	10万円	－
従業員数	100人	40人	34人	8人	18人	－

4 練習問題

下記の資料によって，次の問いに答えなさい。

(1) 下記の製造間接費部門別配賦表を完成させなさい。ただし，補助部門費の配賦は，直接配賦法によること。

(2)① 製造間接費を各原価部門に集計した仕訳をしなさい。
　② 補助部門費を製造部門に配賦した仕訳をしなさい。

(1) 製造間接費部門別配賦表　　（単位：円）

費　目	配賦基準	合　計	製造部門 機械部	製造部門 組立部	補助部門 材料部	補助部門 保全部	補助部門 事務部
部門個別費		998,000	451,000	262,000	77,600	79,400	128,000
部門共通費	従業員数	256,000	128,000	64,000	22,400	16,000	25,600
部　門　費		1,254,000	579,000	326,000	100,000	95,400	153,600
事 務 部 費	従業員数		102,400	51,200			
保 全 部 費	保全作業時間		63,600	31,800			
材 料 部 費	材料出庫額		60,000	40,000			
製造部門費		1,254,000	805,000	449,000			
直接作業時間			7,000(時間)	4,490(時間)			
製造部門別配賦率			@115円	@100円			

〔付属資料〕

配賦基準	合　計	機械部	組立部	材料部	保全部	事務部
保全作業時間	70時間	40時間	20時間	8時間	─	2時間
従業員数	80人	40人	20人	7人	5人	8人
材料出庫額	450万円	240万円	160万円	─	50万円	─

(注) 上記付属資料のなかから，適切なデータのみを選んで使用すること。

(2)

	借方科目	金　額	貸方科目	金　額
①	機械部費 組立部費 材料部費 保全部費 事務部費	579,000 326,000 100,000 95,400 153,600	製造間接費	1,254,000
②	機械部費 組立部費	226,000 123,000	材料部費 保全部費 事務部費	100,000 95,400 153,600

5 **練習問題** 受注生産経営を行うTOP製作所では、製造間接費の部門別配賦率を用いて、製品へ予定配賦を行っている。その配賦基準は、直接作業時間である。原価部門は、製造部門としては第1製造部、第2製造部の2つがあり、補助部門としては材料倉庫部と工場事務部の2つがある。下記資料(A)から(E)にもとづいて、次の(1)から(5)の金額を計算し、その金額を解答欄に記入しなさい。なお、補助部門費の配賦は直接配賦法による。

(1) 第1製造部が負担する部門共通費年間予算配賦額
(2) 補助部門費配賦後の第1製造部費の年間予算額
(3) 第1製造部の製造間接費予定配賦率
(4) 製造指図書No.111に対する製造間接費部門別予定配賦額の合計
(5) この工場が部門別配賦率ではなく、工場全体で1本の総括配賦率(配賦基準は直接作業時間)を採用していたと仮定したときの製造指図書No.111の製造間接費予定配賦額

〔資 料〕

(A) 当工場の予定直接作業時間(年間)
　第1製造部:80,000時間、第2製造部:120,000時間、合計200,000時間

(B) 当工場の製造間接費予算(年間)

	合　計	第1製造部	第2製造部	材料倉庫部	工場事務部
部門個別費:	7,400万円	2,820万円	3,680万円	600万円	300万円
部門共通費:					
工場建物減価償却費	3,200万円				
福利施設負担額	1,800万円				

(C) 部門共通費の配賦資料

	配賦基準	合　計	第1製造部	第2製造部	材料倉庫部	工場事務部
工場建物減価償却費	専有面積	8,000㎡	3,500㎡	2,500㎡	1,500㎡	500㎡
福利施設負担額	従業員数	90人	30人	40人	10人	10人

(D) 補助部門費の配賦資料

	配賦基準	合　計	第1製造部	第2製造部	材料倉庫部	工場事務部
材料倉庫部費	材料出庫額	7,000万円	4,000万円	3,000万円	―	―
工事務部費	従業員数	90人	30人	40人	10人	10人

(E) 製造指図書No.111の完成に要した直接作業時間
　第1製造部:2,000時間、第2製造部:2,500時間、合計4,500時間

(1)	万円	(2)	万円
(3)	円／時間	(4)	万円
(5)	万円		

6 検定問題

次の資料にもとづいて，(1)部門共通費年間予算額を各製造部門と補助部門に配賦し，(2)補助部門費を直接配賦法によって製造部門に配賦し，答案用紙の製造間接費予算部門別配賦表を完成しなさい。　　　　　　　　　　　　(第111回　類題)

〔資　料〕

1．部門共通費年間予算額

部門共通費	建物減価償却費	機械保険料	福利費
年間予算	75,000千円	10,000千円	80,000千円

2．部門共通費配賦基準資料

配賦基準	合計	製造部門		補助部門	
		切削部	組立部	修繕部	工場事務部
占有面積	50,000㎡	22,000㎡	18,000㎡	6,000㎡	4,000㎡
機械帳簿価額	8,000万円	4,000万円	2,400万円	960万円	640万円
従業員数	1,000人	300人	500人	150人	50人

3．補助部門費配賦基準資料

配賦基準	合計	製造部門		補助部門	
		切削部	組立部	修繕部	工場事務部
修繕回数	150回	20回	100回	30回	――――
従業員数	1,000人	300人	500人	150人	50人

製造間接費予算部門別配賦表　　　　（単位：千円）

費目	合計	製造部門		補助部門	
		切削部	組立部	修繕部	工場事務部
部門個別費	156,900	42,250	34,650	48,000	32,000
部門共通費：					
建物減価償却費	75,000	33,000	27,000	9,000	6,000
機械保険料	10,000	5,000	3,000	1,200	800
福利費	80,000	24,000	40,000	12,000	4,000
部門費	321,900	104,250	104,650	70,200	42,800
修繕部費	70,200	11,700	58,500		
工場事務部費	42,800	16,050	26,750		
製造部門費	321,900	132,000	189,900		

第12回 部門費の計算
（予定配賦率による配賦）

要点整理

1. 製造部門費についても予定配賦が行われる。この場合は，各製造部門ごとに 予定配賦率 を用いて，各製品に配賦する。
2. 各製造部門ごとに生じた予定配賦額と実際発生額との差額は， 製造部門費配賦差異 勘定に振り替える。
3. 製造部門費配賦差異勘定の残額は，会計期末に原則として，売上原価勘定に振り替える。

```
         A製造部門費                              仕 掛 品
②集計表から(実際額) 370 │①予定配賦額    450 ──→ 450
③振替表から(実際額) 110 │④差     額     30 ┐   390
                                               │
         B製造部門費                        製造部門費配賦差異
②集計表から(実際額) 290 │①予定配賦額    390        30    20 ←
③振替表から(実際額)  80 │
┌④差     額     20 │
```

1 基礎問題 次の一連の取引を仕訳しなさい。

(1) 製造部門費の予定配賦額は，次のようになった。
　　第1製造部門　350,000円　　第2製造部門　367,000円
(2) 材料205,000円，賃金345,000円，経費160,000円を製造間接費として，部門費集計表により，次のとおり各部門に配賦した。
　　　　第1製造部門　275,000円　　　第2製造部門　310,000円
　　　　A 補 助 部 門　60,000円　　　B 補 助 部 門　65,000円
(3) 部門費振替表により補助部門費を次のように製造部門に配賦した。
　　A補助部門費　　第1製造部門　28,000円　　第2製造部門　32,000円
　　B補助部門費　　第1製造部門　31,000円　　第2製造部門　34,000円
(4) 製造部門費の予定配賦額と実際発生額との差額を処理した。

	借方科目	金額	貸方科目	金額
(1)				
(2)				
(3)				
(4)				

2 練習問題

受注生産経営を行うＡＢＣ工場では，2つの製造部門（切削部および組立部）と1つの補助部門（工場管理部）を設けている。当工場では，従来，工場全体について1本の配賦率（総括配賦率）を用いて製造間接費の製品別配賦を行ってきたが，より正確な原価データを求めるため，部門別配賦率を用いた配賦を行うことを検討している。

下記資料(A)から(F)にもとづいて，次の(1)から(5)の金額を計算しなさい。

(1) 当工場の総括予定配賦率
(2) 総括予定配賦率を用いた場合の製造指図書No.21に対する製造間接費配賦額
(3) 総括予定配賦率を用いた場合の製造指図書No.22に対する製造間接費配賦額
(4) 部門別予定配賦率を用いた場合の製造指図書No.21に対する製造間接費配賦額
(5) 部門別予定配賦率を用いた場合の製造指図書No.22に対する製造間接費配賦額

資料:

(A) 当年度の年間予算数値は次のとおりである。

	合　　計	切　削　部	組　立　部	工場管理部
従業員数	100人	40人	50人	10人
建物占有面積	1,300㎡	500㎡	700㎡	100㎡
直接作業時間	12万時間	5万時間	7万時間	
製造間接費：				
部門個別費	10,780万円	4,540万円	3,470万円	2,770万円
部門共通費	4,460万円	？	？	？

(B) 製造間接費の製品別配賦は，直接作業時間当たりの予定配賦率を用いて行う。

(C) 部門共通費は，費目別に適切な配賦基準を選択して，各製造部門および補助部門に配賦する。ただし，部門共通費4,460万円の費目別内訳は，建物減価償却費2,340万円，建物保険料520万円，厚生費1,600万円である。

(D) 工場管理部費は，従業員数にもとづいて製造部門に配賦する。

(E) 製造指図書No.21の製造に要する時間は，切削時間が200時間，組立時間が260時間である。

(F) 製造指図書No.22の製造に要する時間は，切削時間が250時間，組立時間が290時間である。

(1)		円／時間
(2)		円
(3)		円
(4)		円
(5)		円

3 検定問題

X社は実際個別原価計算を採用し、製造間接費の計算は部門別計算を行っている。次の資料にもとづき、下記の問に答えなさい。なお、製造間接費の配賦基準として直接作業時間を用いている。　　　　　　　　　　　　　　　　　　（第123回　類題）

〔資　料〕

1．補助部門費の配賦資料

配賦基準	合　計	加工部	組立部	動力部	修繕部	工場事務部
動力消費量	8,200kW-h	4,500kW-h	1,500kW-h	—	1,200kW-h	1,000kW-h
修繕回数	11回	5回	2回	3回	—	1回
従業員数	26人	12人	6人	4人	1人	3人

2．直接作業時間データ

(1) 当月実際直接作業時間合計2,920時間（内訳：加工部1,880時間、組立部1,040時間）

(2) 　　　　　　　　　　　　　　　加　工　部　　　　組　立　部
　　年間製造間接費予定額　　　　￥9,000,000　　　￥4,410,000
　　年間予定直接作業時間　　　　　22,500時間　　　　12,600時間

問1　直接配賦法によって、答案用紙の部門別配賦表を完成しなさい。なお、資料から適切なデータのみ選んで使用すること。

問2　当月の直接作業時間を基準に予定配賦した仕訳を示しなさい。

問3　加工部および組立部の配賦差異を製造部門費配賦差異勘定に振り替えた仕訳を示しなさい。

問1

部門別配賦表
（単位：円）

費　目	合　計	製造部門 切削部	製造部門 組立部	補助部門 動力部	補助部門 修繕部	補助部門 工場事務部
部　門　費	1,117,000	584,000	294,000	108,000	77,000	54,000
動力部費		81,000	27,000			
修繕部費		55,000	22,000			
工場事務部費		36,000	18,000			
製造部門費	1,117,000	756,000	361,000			

	借　方	貸　方
問2	仕掛品　1,116,000	加工部費　752,000 組立部費　364,000
問3	製造部門費配賦差異　4,000 組立部費　3,000	加工部費　4,000 製造部門費配賦差異　3,000

4 検定問題

直接作業時間を基準として製造間接費を部門別に予定配賦しているHT製作所には、製造部門としては第1製造部と第2製造部があり、補助部門としては修繕部、材料倉庫部および工場事務部がある。下記の資料にもとづいて、(1)答案用紙の部門別配賦表を完成し、第1製造部と第2製造部の部門別予定配賦率を計算しなさい。なお、補助部門費の配賦は直接配賦法による。また、(2)第2次集計の仕訳を記入しなさい。　　　　　　　　　　　　　　　　　　　　　　　　　　　　　　　　　　(第108回 類題)

〔資 料〕

1．当製作所の部門別製造間接費予算（年間）

第1製造部	第2製造部	修繕部	材料倉庫部	工場事務部
¥7,527,600	¥6,630,240	¥1,942,560	¥1,076,400	¥823,200

2．当製作所の予定直接作業時間（年間）
　　第1部門製造部：19,200時間，第2製造部：28,000時間

3．補助部門費の配賦資料

	配賦基準	合計	第1製造部	第2製造部	修繕部	材料倉庫部	工場事務部
修繕部費	修繕回数	200回	100回	90回	5回	5回	—
材料倉庫部費	材料出庫額	3,900千円	2,100千円	1,800千円	—	—	—
工場事務部費	従業員数	100人	48人	36人	6人	8人	2人

(1) 　　　　　　　　部門別配賦表

(単位：円)

費目	合計	製造部門		補助部門		
		第1製造部	第2製造部	修繕部	材料倉庫部	工場事務部
部門費	18,000,000	7,527,600	6,630,240	1,942,560	1,076,400	823,200
修繕部費		1,022,400	920,160			
材料倉庫部費		579,600	496,800			
工場事務部費		470,400	352,800			
製造部門費		9,600,000	8,400,000			

第1製造部の予定配賦率＝ 500 円／時間

第2製造部の予定配賦率＝ 300 円／時間

(2)

借　　方	貸　　方
第1製造部費　2,072,400 第2製造部費　1,769,760	修繕部費　　　1,942,560 材料倉庫部費　1,076,400 工場事務部費　　823,200

(1)	2,650	万円
(2)	9,500	万円
(3)	190	円／時間
(4)	103	万円
(5)	102.5	万円

問1

部 門 別 配 賦 表　　　　　　　　　　　（単位：円）

費　目	合　計	製造部門		補助部門		
		A製造部	B製造部	材料部	動力部	工場事務部
部　門　費	3,477,000	1,035,000	1,455,000	360,000	240,000	387,000
工場事務部費	387,000	225,750	161,250			
動　力　部　費	240,000	140,000	100,000			
材　料　部　費	360,000	180,000	180,000			
製造部門費	3,477,000	1,580,750	1,896,250			

問2

借方科目	金　額	貸方科目	金　額
A製造部費	545,750	工場事務部費	387,000
B製造部費	441,250	動力部費	240,000
		材料部費	360,000

第13回 個別原価計算

要点整理

1. **個別原価計算** 種類の異なる特定の製品を生産する場合に用いられる原価計算である。**特定製造指図書**によって製品の製造が行われ、原価計算表が個別に作成される。

2. 原価計算表と製造（仕掛品）勘定との関係を示すと、次のとおり。

原価計算表

製造指図書	#1	#2	#3	計
前月繰越	30	20	—	50
直接材料費	35	25	15	75
直接労務費	30	20	10	60
製造間接費	15	10	5	30
計	110	75	30	215

（完成）#1：110　（未完成 105）：#2 75, #3 30

仕掛品

前月繰越	50	製　品	110
直接材料費	75	次月繰越	105
直接労務費	60		
製造間接費	30		
	215		215

---

1 基礎問題 次の原価計算表を完成しなさい。ただし、製造間接費は直接労務費の65％を予定配賦している。

原 価 計 算 表　　　　　　　　（単位：円）

製造指図書番号　#11　着手日　平成〇年4月20日　命令数量　1,000個
品　　　　名　　椅子A型　完成日　平成〇年6月15日　完成数量　1,000個

直接材料費			直接労務費			製造間接費			集　　計	
日付	票数	金額	日付	票数	金額	日付	配賦率	金額	費目	金額
4/30	5	230,000	4/30	8	350,000	4/30	%		直接材料費	
5/31	8	340,000	5/31	12	550,000	5/31	%		直接労務費	
6/15	1	50,000	6/15	6	400,000	6/15	%		製造間接費	
									完成量	1,000個
									単位原価	円

— 60 —

2 練習問題　TOP製作所は実際個別原価計算を行っている。次に示した同社の原価記録にもとづき，仕掛品勘定と製品勘定の（　　）内に適当な金額を記入しなさい。なお，仕訳と元帳転記は月末にまとめて行っている。

原価記録

原　価　計　算　票	製造指図書 No.111
直接材料費　6/5	300,000 円
直接労務費　6/5～6/25	350,000 円
製造間接費　6/5～6/25	280,000 円
計	930,000 円
着工　6/5　完成　6/25　注文主引渡　7/4	

原　価　計　算　票	製造指図書 No.113
直接材料費　7/10	280,000 円
直接労務費　7/10～7/30	300,000 円
製造間接費　7/10～7/30	240,000 円
計	820,000 円
着工　7/10　完成　7/30　入庫　7/30	

原　価　計　算　票	製造指図書 No.112
直接材料費　6/18	370,000 円
直接労務費　6/18～6/30	250,000 円
7/1～7/15	200,000 円
製造間接費　6/18～6/30	200,000 円
7/1～7/15	160,000 円
計	1,180,000 円
着工　6/18　完成　7/15　注文主引渡　7/20	

原　価　計　算　票	製造指図書 No.114
直接材料費　7/20	430,000 円
直接労務費　7/20～7/31	150,000 円
製造間接費　7/20～7/31	120,000 円
計	700,000 円
着工　7/20　（7月末未完成）	

(単位：円)

仕　掛　品

7/1　期首有高	(820,000)	7/31　期中完成品	(2,000,000)
31　直接材料費	(710,000)	〃　期末有高	(700,000)
〃　直接労務費	(650,000)		
〃　製造間接費	(520,000)		
	(2,700,000)		(2,700,000)

製　品

7/1　期首有高	(930,000)	7/31　売上原価	(2,110,000)
31　期中完成品	(2,000,000)	〃　期末有高	(820,000)
	(2,930,000)		(2,930,000)

3 検定問題　当工場では，実際個別原価計算を行っている。次に示した同工場の資料にもとづき，下記の問に答えなさい。なお，仕訳と元帳転記は月末にまとめて行っている。

(第117回　類題)

〔資 料〕
10月末時点の原価計算票の要約　　　　　　　　（単位：円）

製造指図書番号	製造着手日	完成日	引渡日	直接材料費	直接労務費	製造間接費	合　計
201	9／7	9／27	10／3	1,300,000	1,600,000	3,100,000	6,000,000
202	9／11	10／8	10／11	800,000	1,600,000	3,200,000	5,600,000
203	9／24	10／17	10／19	1,600,000	1,200,000	2,000,000	4,800,000
204	10／9	10／31	11／5	900,000	1,200,000	2,400,000	4,500,000
205	10／17	11／2	11／6	700,000	500,000	800,000	2,000,000

9月末時点の原価計算票の要約　　　　　　　　（単位：円）

製造指図書番号	直接材料費	直接労務費	製造間接費	合　計
201	1,300,000	1,600,000	3,100,000	6,000,000
202	800,000	1,400,000	2,800,000	5,000,000
203	1,600,000	1,000,000	1,600,000	4,200,000

問1　9月末における仕掛品有高帳と製品有高を求めなさい。

問2　10月の直接材料費，直接労務費，製造間接費はそれぞれいくらか。

問3　10月末に行われる製品完成の仕訳を示しなさい。ただし，使用する勘定科目は次の中から選ぶこと。

売上原価，製品，仕掛品，売上高，製造間接費

問4　10月末における仕掛品有高と製品有高を求めなさい。

問5　10月の売上原価を求めなさい。

問1

9月末の仕掛品有高	円
9月末の製品有高	円

問2

直　接　材　料　費	円
直　接　労　務　費	円
製　造　間　接　費	円

問3

借　方　科　目	金　額	貸　方　科　目	金　額

問4

10月末の仕掛品有高	円
10月末の製品有高	円

問5

10月の売上原価	円

4 **検定問題** 当工場では，実際個別原価計算を採用している。次のデータにもとづいて，8月の仕掛品勘定および月次損益計算書を作成しなさい。 (第127回 類題)

(1)

製造指図書番号	直接材料費	直接労務費	備　　　考
No.103	650,000円	950,000円	7/23着手，7/29完成，8/8販売
No.104	400,000円（7月分） 200,000円（8月分）	200,000円（7月分） 400,000円（8月分）	7/26着手，8/5完成，8/10販売
No.105	700,000円	950,000円	8/3着手，8/9一部仕損，8/15完成，8/17販売
No.105-2	240,000円	70,000円	8/10補修開始，8/11補修完了
No.106	400,000円	640,000円	8/11着手，8/20完成，8/28在庫
No.107	250,000円	520,000円	8/22着手，8/28仕掛

なお，No.105-2は，一部仕損となったNo.105を合格品とするために発行した補修指図書であり，仕損は正常なものであった。

(2) 直接工賃金消費額である直接労務費の計算では，実際賃率である1時間当たり1,000円を適用しており，これは7，8月とも同じであった。

(3) 製品間接費は，直接作業時間を配賦基準として，1時間当たり2,000円の配賦率で各製造指図書に予定配賦している。なお，8月の製造間接費実際発生額は，5,210,000円であり，月次損益計算書においては，製造間接費の配賦差異は原価差異として売上原価に賦課する。

```
              仕  掛  品           (単位：円)
月 初 有 高 (       )  製      品 (       )
直 接 材 料 費 (       )  月 末 有 高 (       )
直 接 労 務 費 (       )
製 造 間 接 費 (       )
            (       )            (       )
```

月次損益計算書　　　　　　　　　　　　　　(単位：円)

売　上　高　　　　　　　　　　　　　　　　　15,600,000
売上原価
　月初製品有高　　　　　(　　　　　)
　当期製品製造原価　　　(　　　　　)
　　合　　　　計　　　　(　　　　　)
　月末製品有高　　　　　(　　　　　)
　　差　　　　引　　　　(　　　　　)
　原　価　差　異　　　　(　　　　　)　(　　　　　)
　　売 上 総 利 益　　　　　　　　　　(　　　　　)
販売費及び一般管理費　　　　　　　　　　2,225,000
　営　業　利　益　　　　　　　　　　　(　　　　　)

5 **検定問題** HT製作所では，実際個別原価計算を行っている。下記の資料にもとづいて，(1)答案用紙の仕掛品勘定の（ ）内に適切な数字を記入し，また(2)6月の売上原価と月末製品原価を計算しなさい。なお，勘定記入は月末にまとめて行っている。

(第109回 類題)

〔資 料〕
1．原価計算票の要約

製造指図書番号	日　付	直接材料費	直接労務費	製造間接費	備　考
♯1201	5/9～5/30	150,000円	122,000円	50,000円	5/9製造着手, 5/30完成，6/5引渡
♯1202	5/17～5/31	83,000円	30,000円	12,000円	5/17製造着手, 6/10完成，6/12引渡
	6/1～6/10	60,000円	55,000円	35,000円	
♯1203	5/20～5/31	70,000円	60,000円	15,000円	5/20製造着手, 6/27完成，7/2引渡
	6/1～6/27	210,000円	165,000円	75,000円	
♯1301	6/11～6/24	120,000円	50,000円	40,000円	6/11製造着手, 6/24完成，6/28引渡
♯1302	6/15～6/30	170,000円	45,000円	15,000円	6/15製造着手, 6/30未完成

2．5月の製品勘定記入

(単位：円)

	製　　品		
前 月 繰 越	200,000	当月売上原価	620,000
当 月 完 成 高	742,000	次 月 繰 越	322,000
	942,000		942,000

(1)　(単位：円)

仕　　掛　　品

前 月 繰 越	(270,000)	当 月 完 成 高	(1,080,000)
直 接 材 料 費	(560,000)	次 月 繰 越	(230,000)
直 接 労 務 費	(315,000)		
製 造 間 接 費	(165,000)		
	(1,310,000)		(1,310,000)

(2)

売 上 原 価 = 807,000 円

月末製品原価 = 595,000 円

6 **検定問題** 当工場では，実際個別原価計算を採用している。次のデータにもとづいて，10月の製造原価報告書と月次損益計算書を作成しなさい。　(第118回　類題)

(1)

製造指図書番号	直接材料費	直接作業時間	備　　　　考
No.101	400,000円	120時間	9/20製造着手，9/29完成，9/30在庫，10/5販売
No.102	500,000円	160時間	10/1製造着手，10/12一部仕損，10/18完成，10/20販売
No.102－2	100,000円	30時間	10/13補修開始，10/14補修完了
No.103	200,000円	50時間	10/18製造着手，10/29完成，10/31在庫
No.104	300,000円	100時間	10/21製造着手，10/31仕掛

　なお，No.102－2は，仕損品となったNo.102の一部を補修して合格品とするために発行した指図書であり，仕損は正常なものであった。

(2)　9月，10月とも直接工の消費賃金計算では，予定平均賃率である1時間当たり1,500円を用いている。

(3)　製造間接費は直接作業時間を配賦基準として予定配賦している。年間の正常直接作業時間は5,900時間，製造間接費予算（年額）は，変動費14,750,000円，固定費20,650,000円，合計35,400,000円であった。

(4)　10月の製造間接費の実際発生額は，2,080,000円であった。なお，月次損益計算においては，製造間接費の予定配賦から生じる差異は原価差異として金額記入し売上原価に賦課する。

製造原価報告書
（単位：円）

直　接　材　料　費	(1,100,000)
直　接　労　務　費	(510,000)
製　造　間　接　費	2,080,000
合　　　計	(3,690,000)
製造間接費配賦差異	(△40,000)
当　月　製　造　費　用	(3,650,000)
月　初　仕　掛　品　原　価	(0)
合　　　計	(3,650,000)
月　末　仕　掛　品　原　価	(1,050,000)
当　月　製　品　製　造　原　価	(2,600,000)

月次損益計算書
（単位：円）

売　　上　　高	8,500,000
売　上　原　価	(3,325,000)
原　価　差　異	(40,000)
合　　　計	(3,365,000)
売　上　総　利　益	(5,135,000)
販売費および一般管理費	1,550,000
営　業　利　益	(3,585,000)

第14回 仕損および作業屑の処理

要点整理

1. **仕損** 製造中に何らかの原因で不合格品が発生することを **仕損**（しそんじ）といい，その不合格品を **仕損品** という。仕損品の発生による損失を **仕損費** という。
2. 仕損費は，次のように計算する（2級の出題範囲は(1)だけ）。
   (1) 補修指図書を発行する場合：
      補修指図書に集計された製造原価を仕損費 とする。
   (2) 新製造指図書を発行する場合：
      ① 旧製造指図書の全部が仕損 → 旧指図書の製造原価を仕損費とする。
      ② 旧製造指図書の一部が仕損 → 新指図書の製造原価を仕損費とする。
   (3) 別個の製造指図書を発行しない場合：
      仕損の補修に要する製造原価を見積もって仕損費とする。
3. 仕損費は，次のように処理する（2級の出題範囲は(1)だけ）。
   (1) **仕損費を当該製造指図書に賦課** する。
   (2) 仕損費を製造間接費として，仕損の発生部門に賦課する。
      これは，正常な仕損の場合で，異常な仕損費は原価外項目として処理する。
4. **作業屑** 消費された材料の残り屑や切り屑をいう。
5. 作業屑は，次のように評価する。
   (1) そのまま外部に売却できる場合　**見積売却価額－販売費および一般管理費**
   (2) 加工のうえ売却できる場合　**見積売却価額－（加工費＋販売費および一般管理費）**
   (3) そのまま自家消費する場合　**再利用によって節約される材料の見積購入価額**
   (4) 製品原価に比べ軽微な場合　**評価せず，売却した時に売却価額を雑益として処理する。**
6. 作業屑を評価したときは，その評価額を発生した部門の部門費（製造間接費）または，発生した製造指図書から控除する。

---

1 **基礎問題** 次の仕訳をしなさい。

(1) 製造指図書#61の製造中に仕損が発生し，補修した。補修指図書に集計された原価は，材料 *17,000*円　賃金 *28,000*円　製造間接費配賦額 *20,000*円であった。

(2) 上記補修費用を製造指図書#61に賦課した。

(3) 製造指図書#62の製品が最終検査で全部仕損となり，代品を製造することにした。#62に集計された製造原価は*350,000*円で，評価額は0である。

	借方科目	金額	貸方科目	金額
(1)				
(2)				
(3)				

2 練習問題　次の仕訳をしなさい。

(1) A製品（製造指図書#63）の製造過程で作業屑が発生したので，これを16,000円と評価し，A製品の製造原価から差し引くことにした。

(2) 第1製造部門より作業屑20kgが発生した。この売却価額を8,900円，売却に要する費用を1,500円と見積もった。

(3) 第2製造部門より発生した作業屑10kgを第1製造部門でA材料の代替として消費した。これにより節約したA材料は5kgで，A材料の1kg購買価格は900円である。

(4) 無評価のまま保管していた作業屑を4,000円で売却し，代金は現金で受け取った。

	借方科目	金額	貸方科目	金額
(1)	作業屑	16,000	仕掛品	16,000
(2)	作業屑	7,400	第1製造部門費	7,400
(3)	第1製造部門費	4,500	第2製造部門費	4,500
(4)	現金	4,000	雑益	4,000

3 検定問題　次の勘定科目を用いて，下記の取引を仕訳しなさい。

当座預金　売掛金　買掛金　材料　プレス部門費
切削部門費　仕掛品　製品　売上原価

(1) 各種素材700,000円を掛で購入した。

(2) 製造指図書#64から#70の製造のため，合計550,000円の各種素材を庫出しした。

(3) 製造指図書#64は特別注文品で，特殊の引当材料を使用し，その加工がきわめて難しい製品である。その加工上，プレス部門で30,000円の作業屑が発生し，これを材料倉庫に戻した。この作業屑の処理は，注文主との契約により，他の製造指図書の製造原価に関係させないものとする。

(4) 製造指図書#64以外の指図書は，いずれも通常の注文品であって，特殊の引当材料を必要としない。これらの製品の加工上，切削部門で50,000円の作業屑が発生し，これを材料倉庫に戻した。この作業屑の処理は，当月加工したすべての製品の製造原価に関係させるため，発生した部門の部門費から控除するものとする。

(5) 製造指図書#64から#68までの製品が完成した。これらの製造原価合計額は，3,200,000円である。

	借方科目	金額	貸方科目	金額
(1)	材料	700,000	買掛金	700,000
(2)	仕掛品	550,000	材料	550,000
(3)	材料	30,000	仕掛品	30,000
(4)	材料	50,000	切削部門費	50,000
(5)	製品	3,200,000	仕掛品	3,200,000

第15回 個別原価計算と財務諸表

要点整理

1. 財務諸表作成の基本は,「第5回 工業簿記の財務諸表」で学習したとおりである。ここでは, 原価差異 (製造間接費配賦差異・製造部門費配賦差異・材料消費価格差異・賃率差異) の財務諸表表示について学習する。

2. 原価差異は,原則として 売上原価に賦課する (2級の出題範囲)。

3. 製造間接費配賦差異 (出題頻度高い)

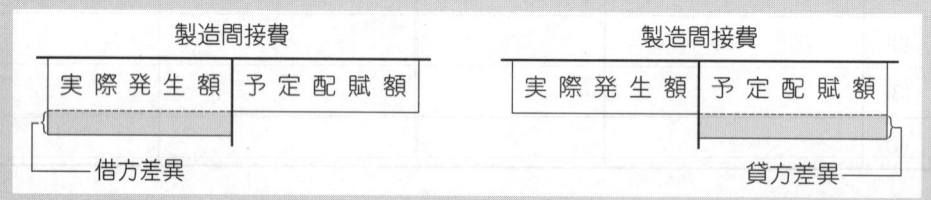

製造間接費	製造間接費
実際発生額 | 予定配賦額	実際発生額 | 予定配賦額
借方差異	貸方差異

① 借方差異 の場合:借方差異とは過少配賦(配賦不足)で,不利な差異である。この場合,製品(原価)から振り替えられる売上原価が実際額より少なく計上されるので,損益計算書で売上原価に加算する。

(借)売 上 原 価 ×××   (貸)製造間接費配賦差異 ×××

製造原価報告書では,製造間接費の予定配賦額を記載する。このとき,実際発生額を記載してから,予定配賦額にする場合には,原価差異の額を減算する。

② 貸方差異 の場合:貸方差異とは過大配賦(配賦超過)で,有利な差異である。この場合,製品(原価)から振り替えられる売上原価が実際額より多く計上されるので,損益計算書で売上原価から減算する。

(借)製造間接費配賦差異 ×××   (貸)売 上 原 価 ×××

製造原価報告書では,実際発生額を記載してから,予定配賦額にする場合には,原価差異の額を加算する。

4. 製造部門費配賦差異 (財務諸表問題としての出題はない)
   3 製造間接費配賦差異の場合と同じである。それぞれの原価差異を合算する。

5. 材料消費価格差異・賃率差異
   3 製造間接費配賦差異の場合と同じである。
   財務諸表問題では,材料・賃金とも実際消費額による出題が多い。

1 基礎問題 次の文の ( )の中の加算か減算を選んで,番号に○をつけなさい。

(1) 製造間接費の予定配賦額が実際額より多いとき,製造原価報告書では,製造間接費配賦差異は実際額 { 1 に加算 / 2 から減算 } し,損益計算書では売上原価 { 3 に加算 / 4 から減算 } する。

(2) 賃率差異が借方差異のとき,損益計算書では売上原価 { 1 に加算 / 2 から減算 } する。

2 検定問題

次の資料にもとづき，ＴＯＰ製作所の製造原価報告書を作成しなさい。なお，ＴＯＰ製作所は実際原価計算を採用し，製造間接費については直接労務費基準により配賦率110％で各指図書に予定配賦している。配賦差異は売上原価に賦課している。

(第82回 類題)

【資料】

1 棚卸資産有高

	原　料	補助材料	仕掛品
期首有高	250万円	60万円	380万円
期末有高	310万円	45万円	460万円

2 賃金・給料未払額

	直接工賃金	間接工賃金	給　料
期首未払額	350万円	130万円	60万円
期末未払額	300万円	120万円	40万円

3 原料当期仕入高 …………………… 1,700万円
4 補助材料当期仕入高 ……………… 300万円
5 直接工賃金当期支払額 …………… 1,450万円
6 間接工賃金当期支払額 …………… 380万円
7 給料当期支払額 …………………… 450万円
8 当期経費
   (1) 電力料 ………… 90万円　(2) 保険料 ………… 85万円
   (3) 減価償却費 …… 230万円
9 その他
   (1) 原料の消費額はすべて直接材料費，補助材料の消費額はすべて間接材料費とする。
   (2) 直接工労働力の消費額はすべて直接労務費，それ以外の労働力の消費額はすべて間接労務費とする。

製造原価報告書
(単位：万円)

Ⅰ　直接材料費		
期首原料棚卸高 …………………………	250	
当期原料仕入高 …………………………	1,700	
合　　　計 …………………………	1,950	
期末原料棚卸高 …………………………	310	1,640
Ⅱ　直接労務費 ………………………………		1,400
Ⅲ　製造間接費		
間接材料費 ………………………………	315	
間接労務費 ………………………………	800	
電　力　料 ………………………………	90	
保　険　料 ………………………………	85	
減価償却費 ………………………………	230	
合　　　計 …………………………	1,520	
製造間接費配賦差異 ……………………	20	1,540
当期総製造費用 …………………………		4,580
期首仕掛品棚卸高 ………………………		380
合　　　計 …………………………		4,960
期末仕掛品棚卸高 ………………………		460
当期製品製造原価 ………………………		4,500

3 **検定問題** ＡＢＣ工場の次の資料にもとづいて製造原価報告書を完成しなさい。なお，ＡＢＣ工場では，製造間接費は予定配賦している。予定配賦率は，直接労務費の150％である。

(第96回 類題)

【資 料】
1 棚卸資産有高

	期首有高	期末有高
主要材料	1,200,000円	1,350,000円
補助材料	430,000円	390,000円
仕掛品	2,500,000円	2,600,000円

2 賃金・給料未払額

	期首未払額	期末未払額
直接工賃金	1,700,000円	1,800,000円
間接工賃金	900,000円	850,000円
給 料	500,000円	500,000円

3 材料当期仕入高
　主要材料……………3,700,000円
　補助材料……………1,600,000円

4 賃金・給料当期支払額
　直接工賃金…………5,500,000円
　間接工賃金…………2,700,000円
　給　　料……………2,400,000円

5 当期経費
　電力費……………430,000円
　賃借料……………380,000円
　減価償却費………810,000円

6 直接材料費＝主要材料消費額，
　直接労務費＝直接工賃金消費額
　である。

製造原価報告書
(単位：円)

材 料 費		
主 要 材 料 費	(3,550,000)	
補 助 材 料 費	(1,640,000)	(5,190,000)
労 務 費		
直 接 工 賃 金	(5,600,000)	
間 接 工 賃 金	(2,650,000)	
給　　　　料	(2,400,000)	(10,650,000)
経 費		
電 力 料	(430,000)	
賃 借 料	(380,000)	
減 価 償 却 費	(810,000)	(1,620,000)
合　　計		(17,460,000)
製造間接費配賦差異	〔＋〕	(90,000)
当期製造費用		(17,550,000)
期首仕掛品原価		(2,500,000)
合　　計		(20,050,000)
期末仕掛品原価		(2,600,000)
当期製品製造原価		(17,450,000)

（注）製造間接費配賦差異は，加算するなら＋，控除するなら－の符号を金額の前の〔　〕内に記入すること。

4 検定問題

次の資料にもとづいて，製造原価報告書を完成させなさい。なお，当工場では，製造間接費は予定配賦しており，予定配賦率は直接労務費の160％である。また，材料消費額が直接材料費と，直接工賃金消費額が直接労務費と等しくなるものとする。　　　　　　　　　　　　　　　　　　　　　　　　　　(第102回　類題)

【資　料】

1．棚卸資産有高

	期首有高	期末有高
材　　料	650,000円	580,000円
仕 掛 品	1,700,000円	1,400,000円

2．賃金・給料未払額

	期首未払額	期末未払額
直接工賃金	840,000円	900,000円
間接工賃金	250,000円	300,000円
給　　料	400,000円	350,000円

3．材料当期仕入高　6,470,000円

4．賃金・給料当期支払
- 直接工賃金　2,740,000円
- 間接工賃金　　910,000円
- 給　　料　　1,550,000円

5．当期経費
- 水道光熱費　　490,000円
- 減価償却費　1,050,000円
- 保険料　　　　280,000円
- 賃借料　　　　360,000円

製造原価報告書
(単位：円)

Ⅰ 材　料　費		
1．期首材料有高	(650,000)	
2．当期材料仕入高	(6,470,000)	
合　　計	(7,120,000)	
3．期末材料有高	(580,000)	(6,540,000)
Ⅱ 労　務　費		
1．賃　　　金	(3,760,000)	
2．給　　　料	(1,500,000)	(5,260,000)
Ⅲ 経　　　費		
1．水道光熱費	(490,000)	
2．減価償却費	(1,050,000)	
3．保　険　料	(280,000)	
4．賃　借　料	(360,000)	(2,180,000)
合　　計		(13,980,000)
製造間接費配賦差異	〔 − 〕	(160,000)
当期製造費用		(13,820,000)
(期首仕掛品棚卸高)		(1,700,000)
合　　計		(15,520,000)
(期末仕掛品棚卸高)		(1,400,000)
(当期製品製造原価)		(14,120,000)

(注) 製造間接費配賦差異は，加算するなら＋，控除するなら−の符号を金額の前の〔　〕内に記入すること。

5 　検定問題　X社の資料にもとづき，同社の仕掛品勘定および損益計算書を作成しなさい。ただし，製造間接費の予定配賦から生ずる原価差異は，売上原価に課するものとする。

(第115回　類題)

〔資　料〕　　　　　　　　　　　　　　　　(単位：万円)
1．直接工賃金支払高　　　　　　　　　　1,500
2．直接工賃金期首未払高　　　　　　　　　　13
3．直接工賃金期末未払高　　　　　　　　　　14
4．製造関係の事務職員給料　当期要支払額　182
5．工場倉庫係の賃金　当期要支払額　　　　154
6．直接材料当期仕入高　　　　　　　　　3,700
7．製造用切削油などの当期消費額　　　　　　9
8．工場減価償却費　　　　　　　　　　　　340
9．工場電力料・ガス代・水道料　　　　　　215
10．製造間接費予定配賦額　　　　　　　　1,000
11．売上高　　　　　　　　　　　　　　　9,000
12．販売費および一般管理費　　　　　　　2,100
13．直接材料期首有高　　　　　　　　　　　250
14．直接材料期末有高　　　　　　　　　　　290

(単位：万円)　　　　　　　　　　　　　　　　　　　(単位：万円)

　　　　　　　仕　　　掛　　　品　　　　　　　　　　　　損　益　計　算　書
期首有高　　　　500　｜（　　　）（　　　　）　（　　　　　　）　　　　　（　　　）
直接材料費（　　　）｜期末有高　　　750　　（　　　　　　）
直接労務費（　　　）｜　　　　　　　　　　　期首製品有高　　　800
製造間接費（　　　）｜　　　　　　　　　　　（　　　　　　）（　　　）
（　　　　）　　　　｜（　　　　　　）　　　　合計　　　　　　（　　　）
　　　　　　　　　　　　　　　　　　　　　　期末製品有高　　　711
　　　　　　　　　　　　　　　　　　　　　　差引　　　　　　（　　　）
　　　　　　　　　　　　　　　　　　　　　　原価差異　　　　（□　　）（　　　）
　　　　　　　　　　　　　　　　　　　　　　売上総利益　　　　　　　（　　　）
　　　　　　　　　　　　　　　　　　　　　　販売費および一般管理費　（　　　）
　　　　　　　　　　　　　　　　　　　　　　営業利益　　　　　　　　（　　　）

(注)　原価差異については，差引欄で算出した売上原価に対し加算するなら＋，売上原価から控除するなら－の記号を，□内に記入しなさい。

6 検定問題
下記のBIG製作所の資料にもとづき，損益計算書を完成しなさい。なお，原価差異は，当期の売上原価に賦課すること。　　　　　　　　　　　　　（第89回　類題）

〔資　料〕

1．棚卸資産

	期首有高	当期仕入高	期末有高
素材（消費額はすべて直接材料費）	370万円	2,850万円	410万円
補助材料	40万円	300万円	30万円
仕掛品	850万円	—	890万円
製品	565万円	—	545万円

2．賃金

	期首未払高	当期支払高	期末未払高
直接工（消費額はすべて直接労務費）	1,100万円	3,650万円	1,250万円
間接工	160万円	540万円	180万円

3．工場建物の減価償却費　520万円　　4．工員募集費　　　　　　　45万円
5．工場消耗品費　　　　　　85万円
6．製造間接費予定配賦額（正常配賦額）　3,040万円
7．工場職員給料　　　　　 470万円　　8．本社企画部費　　　　　　65万円
9．重役室費　　　　　　　　50万円
10．工員用社宅など福利施設負担額　　120万円
11．広告費　　　　　　　　　80万円　12．消耗工具器具備品費　　 105万円
13．工場従業員厚生費　　　 130万円　14．本社役員給料　　　　　 140万円
15．掛売集金費　　　　　　　45万円　16．販売員手数料　　　　　 130万円
17．営業所職員給料　　　　 260万円　18．営業所建物の減価償却費　170万円
19．本社職員給料　　　　　 330万円　20．工場機械の減価償却費　 385万円
21．工場の光熱費　　　　　 150万円　22．工場固定資産税　　　　　55万円
23．工場の通信交通費　　　　35万円　24．本社建物の減価償却費　 220万円
25．その他の販売費　　　　　40万円　26．その他の一般管理費　　　40万円

損益計算書
（単位：万円）

Ⅰ　売上高			13,060
Ⅱ　売上原価			
1　期首製品棚卸高	(565)		
2　当期製品製造原価	(9,610)		
合　　計	(10,175)		
3　期末製品棚卸高	(545)		
差　　引	(9,630)		
4　原価差異	(70)	(9,560)	
売上総利益		(3,500)	
Ⅲ　販売費及び一般管理費			
1　販売費	(725)		
2　一般管理費	(845)	(1,570)	
営業利益		(1,930)	

製造原価報告書 (単位：円)

Ⅰ	直接材料費		
	月初棚卸高	(　1,000,000　)	
	当月仕入高	(　4,100,000　)	
	合　計	(　5,100,000　)	
	月末棚卸高	(　1,100,000　)	(　4,000,000　)
Ⅱ	直接労務費		(　1,800,000　)
Ⅲ	製造間接費		
	間接材料費	(　410,000　)	
	間接労務費	(　560,000　)	
	電力料金	(　140,000　)	
	保険料	(　220,000　)	
	減価償却費	(　480,000　)	
	水道料金	(　110,000　)	
	合　計	(　1,920,000　)	
	製造間接費配賦差異	(　80,000　)	(　2,000,000　)
	当月製造費用		(　7,800,000　)
	月初仕掛品原価		(　1,100,000　)
	合　計		(　8,900,000　)
	月末仕掛品原価		(　1,400,000　)
	当月製品製造原価		(　7,500,000　)

損益計算書 (単位：円)

Ⅰ	売上高		14,500,000
Ⅱ	売上原価		
	月初製品有高	(　700,000　)	
	当月製品製造原価	(　7,500,000　)	
	合　計	(　8,200,000　)	
	月末製品有高	(　500,000　)	
	原価差異	(　80,000　)	(　7,620,000　)
	売上総利益		6,880,000

第16回 総合原価計算と単純総合原価計算

要点整理

1. **総合原価計算** 同一種類・同一規格の製品を反復継続して製造する場合に用いられる原価計算である。一期間における総製造費用を算定し，これから期末仕掛品の評価額を差し引いて，完成品の製造原価を計算する。

   > 完成品の製造原価＝総製造費用－期末仕掛品評価額

2. **総合原価計算の種類** 生産形態の違いによって **単純総合原価計算** ・ **等級別総合原価計算** ・ **組別総合原価計算** ・ **工程別総合原価計算** などに分けられる。

3. **単純総合原価計算** は，総合原価計算のなかで，最も基本的な形態で，単一種類の製品を反復連続して生産する企業に適用される。

4. **期末仕掛品の評価** 直接材料費と加工費とに分けて計算する。

   直接材料費 製品の主要構成部分となる材料費である。加工によって化学変化するものを **原料費** という。また，あわせて原材料費という。直接材料（原材料）は，製造着手のときにその全部が投入される場合と作業の進行に応じて投入される場合とがある。

   加工費 直接材料費以外の製造費用，すなわち間接材料費・労務費・経費をいう。加工費は，いずれの場合にも，作業の進行に応じて消費される。

5. **期末仕掛品評価の方法** これには，平均法・先入先出法・後入先出法などがある。

A 直接材料（原材料）は製造着手のときに投入され，加工費は作業の進行に応じて消費されるものとする場合

(1) **平均法**：期首仕掛品原価と当期製造費用の合計を，完成品と期末仕掛品は同じ単価の割合で発生しているものとして，期末仕掛品を評価する方法

   > a. 期末仕掛品直接材料費＝(期首仕掛品直接材料費＋当期直接材料費)×$\dfrac{期末仕掛品数量}{完成品数量＋期末仕掛品数量}$
   >
   > b. 期末仕掛品加工費＝(期首仕掛品加工費＋当期加工費)×$\dfrac{期末仕掛品換算量}{完成品数量＋期末仕掛品換算量}$

   ☆ 期末仕掛品換算量（期末仕掛品完成品換算数量）とは，期末の仕掛品に消費された製造費用が完成品に換算して何個分に相当するかを示す。次の算式によって計算する。

   完成品換算数量＝仕掛品数量×進捗度（作業の進行割合）

(2) **先入先出法**：期首仕掛品は当期に完成し，期末仕掛品は当期投入分から発生するものとして，期末仕掛品を評価する方法

   > a. 期末仕掛品直接材料費＝当期直接材料費×$\dfrac{期末仕掛品数量}{完成品数量－期首仕掛品数量＋期末仕掛品数量}$
   >
   > b. 期末仕掛品加工費＝当期加工費×$\dfrac{期末仕掛品換算量}{完成品数量－期首仕掛品換算量＋期末仕掛品換算量}$

(3) **後入先出法**：当期投入分から完成品となり，期末仕掛品は期首仕掛品からなるものとして，期末仕掛品を評価する方法

① 期末仕掛品数量(換算量)＞期首仕掛品数量(換算量)の場合

a. 期末仕掛品 ＝ 期首仕掛品 ＋ 当期直接材料費 × 期末仕掛品数量－期首仕掛品数量/完成品数量－期首仕掛品数量＋期末仕掛品数量
直接材料費　直接材料費

b. 期末仕掛品 ＝ 期首仕掛品 ＋
加　工　費　加　工　費

当期加工費 ×

② 期末仕掛品数量(換算量)＜期首仕掛品数量(換算量)の場合

a. 期末仕掛品直接材料費＝期首仕掛品直接材料費 × 期末仕掛品数量/期首仕掛品数量

b. 期末仕掛品加工費＝期首仕掛品加工費 × 期末仕掛品換算量/期首仕掛品換算量

③ 期末仕掛品(換算量)＝期首仕掛品数量(換算量)の場合

a. 期末仕掛品直接材料費＝期首仕掛品直接材料費

b. 期末仕掛品加工費＝期首仕掛品加工費

B 直接材料(原材料)が作業の進行に応じて投入される場合

a. 期末仕掛品直接材料費は(1), (2), (3)のそれぞれの評価方法のb.（期末仕掛品加工費）の計算式と同様に計算する。

注意　原価計算期間は、ふつう、1か月である。したがって、期末仕掛品の評価は、実際には、月末仕掛品の評価として計算される。

1 **基礎問題** 次の資料から平均法によって下記の総合原価計算表を完成しなさい。

〔製品Aの生産データ〕

月初仕掛品	600個 (50%)
当月投入	7,400
合　計	8,000個
完成品	7,500個
月末仕掛品	500 (40%)
合　計	8,000個

なお、直接材料は工程の始点で投入される。左記仕掛品の（　）内は、加工費の進捗度を示す。

総合原価計算表　　　　　　　　(単位：円)

摘　　　要	直接材料費	加　工　費	合　　計
月初仕掛品原価	40,000	20,000	
当月製造費用	520,000	904,000	
合　　計			
差引：月末仕掛品原価			
完成品総合原価			
完成品単位原価			

2 練習問題
次の総合原価計算表を完成しなさい。ただし、
(1) 月末仕掛品数量は800個（加工進捗度50％）である。
(2) 原料はすべて製造着手のときに投入されている。
(3) 月末仕掛品の評価は平均法による。

総合原価計算表
（単位：円）

摘　　　　要	原　材　料	加　工　費	合　　　計
原　　料　　費	1,836,000		(　　　　)
労　　務　　費		1,810,000	(　　　　)
経　　　　費		413,000	(　　　　)
当 月 製 造 費 用	(　　　　)	(　　　　)	(　　　　)
月 初 仕 掛 品	84,000	57,000	(　　　　)
計	(　　　　)	(　　　　)	(　　　　)
月 末 仕 掛 品	(　　　　)	(　　　　)	(　　　　)
製 品 製 造 原 価	(　　　　)	(　　　　)	(　　　　)
完　成　数　量	5,600個	5,600個	5,600個
製　品　単　価	(　　　　)	(　　　　)	(　　　　)

3 練習問題
前問 2 において、(2)原料は、作業の進行に応じて投入されている、とした場合の月末仕掛品の評価額を計算しなさい。

円

4 練習問題
次の資料によって、単純総合原価計算における、下記の条件の計算を行いなさい。なお、
(1) 原料は工程の始点で投入されている。
(2) 完成品と月末仕掛品との原価配分は平均法・先入先出法によって、それぞれ計算すること。
(3) 完成品単価の円未満は四捨五入すること。

1．原価データ

	原　料　費	加　工　費	合　　　計
月 初 仕 掛 品	110,000円	49,450円	159,450円
当 月 製 造 費 用	770,000円	939,550円	1,709,550円
合　　　計	880,000円	989,000円	1,869,000円

2．生産データ

月初仕掛品数量	600個	（加工費進捗度 $\frac{1}{2}$）
当 月 投 入 量	4,400	
合　　　計	5,000個	
完 品 数 量	4,200	
月末仕掛品数量	800個	（加工費進捗度 $\frac{1}{2}$）

仕掛品および完成品原価計算表 （単位：円）

項　　　　　目	平　　均　　法	先　入　先　出　法
月末仕掛品：原　料　費		
加　工　費		
合　　　　　計		
当 月 完 成 品 原 価		
当 月 完 成 品 単 価		

5 **練習問題**　ＺＥＴ工場では製品Ｂを連続生産しており，当月完成高は2,000トンであった。次の資料を用いて，完成製品の製造原価を計算しなさい。なお，月末仕掛品の計算は，(1)先入先出法，(2)平均法によって計算すること。

【資　料】

1. 月初仕掛品　400トン（加工費進捗度　50％）
   月末仕掛品　600トン（加工費進捗度　50％）
2. 当月投入原料費　9,240千円，加工費　7,980千円
   原料はすべて加工開始時に投入されている。
3. 月初仕掛品の製造原価　2,930千円（うち原料費1,940千円，加工費990千円）

		(1)　先　入　先　出　法	(2)　平　　均　　法
完成品製造原価		千円	千円
内訳	原　料　費	千円	千円
	加　工　費	千円	千円

6 検定問題

製品Ｃを量産しているＴＯＰ製作所の下記資料にもとづき，(1)当月分の総合原価計算表と月次損益計算書を完成しなさい。ただし，完成品と月末仕掛品との原価配分は平均法による。(2)完成品と月末仕掛品の原価配分を先入先出法によった場合の期末仕掛品の原価を計算しなさい。

【資料】

1. この工場では材料ｃに加工したＣ製品を1台60千円で販売している。
2. 生産データ （ ）内は仕上り度をあらわす。

月初仕掛品	2,000台	($\frac{1}{2}$)
当月投入	13,000	
計	15,000台	
月末仕掛品	2,400	($\frac{1}{2}$)
完成品	12,600台	

3. 原価データ

	直接材料費	加工費
月初仕掛品	35,400千円	18,600千円
当月投入	249,600	326,400
	285,000千円	345,000千円

4. 製造に必要な材料ｃは加工の初めに全部投入される。売上原価の計算は先入先出法による。
5. 当月の製品出荷数量は13,000台であるが，出荷に当たり1台につき3千円の変動販売費を要した。その他に，固定販売費と一般管理費（すべて固定費）として月額50,000千円を計上した。月初製品の在庫は1,500台 @40千円であった。

(1)　　　　　　　　　　総合原価計算表　　　　　　　　（単位：千円）

	数　量		直接材料費	加工費	計
月初仕掛品	2,000台	($\frac{1}{2}$)	35,400	18,600	54,000
当月投入	13,000		249,600	326,400	576,000
計	15,000台		285,000	345,000	630,000
月末仕掛品	2,400	($\frac{1}{2}$)	(45,600)	(30,000)	(75,600)
差引完成品	12,600台		(239,400)	(315,000)	(554,400)
			@(19)	@(25)	@(44)

月次損益計算書

（単位：千円）

売　上　高		(780,000)
売　上　原　価		(566,000)
売上総利益		(214,000)
変動販売費	(39,000)	
固定販売費・一般管理費	(50,000)	(89,000)
営業利益		(125,000)

(2) 先入先出法によった場合の月末仕掛品原価 …… 　76,680　千円

7 【検定問題】 HIT製作所では，材料Aを工程の始点で投入し，材料Bを工程を通じて平均的に投入することで，製品Xを量産している。原価計算の方法としては，単純総合原価計算を採用している。次の〔資料〕にもとづいて，(1)答案用紙の総合原価計算表を完成し，(2)仕掛品勘定に記入しなさい。ただし，原価投入額合計を完成品総合原価と月末仕掛品原価とに配分する方法として平均法を用いなさい。

(第130回 類題)

〔資 料〕
1．当月の生産データ
　　月初仕掛品量　　50個（0.2）
　　当月完成品量　　100個
　　月末仕掛品量　　25個（0.8）
　　（注）（　）内は加工進捗度を示している。
2．当月の原価データ
　　月初仕掛品原価
　　　A直接材料費　　5,340円
　　　B直接材料費　　540円
　　　加　工　費　　1,080円
　　当月製造費用
　　　A直接材料費　　8,160円
　　　B直接材料費　　7,260円
　　　加　工　費　　14,520円

(1) 　　　　　総 合 原 価 計 算 表　　　　　（単位：円）

	材 料 A	材 料 B	加 工 費
月初仕掛品	5,340	( )	( )
当月投入	( )	( )	( )
合　　計	( )	( )	( )
月末仕掛品	( )	( )	( )
完　成　品	( )	( )	( )

(2) 　　　　　　　仕　　掛　　品　　　　　（単位：円）

前 月 繰 越	( )	製　　　品	( )
A 材 料 費	( )	次 月 繰 越	( )
B 材 料 費	( )		
加　工　費	( )		
	( )		( )

8 検定問題

製品Dを量産するBIG製作所では，実際単純総合原価計算制度を採用している。当月の次のデータにもとづき，下記の総合原価計算表と月次損益計算書を完成しなさい。

【資料】
1. Dの製造に使用される直接材料は全部が工程の始点で投入される。
2. 完成品と月末仕掛品への原価の配分は，平均法による。
3. 総合原価計算表の数量欄に付した（　）は加工の進捗度を示す。
4. 月初の製品有高は500個 @75円 37,500円で，月末の製品有高は500個であった。
5. 当月の製品の1個当たり売価は100円，販売量は4,400個であるが，売上原価の計算は先入先出法による。
6. 変動販売費は製品の販売手数料と発送運賃であり，1個当たり3円である。固定販売費・一般管理費（月額）は50,000円である。

総合原価計算表
(単位：円)

	数量		材料費	加工費	合計
月初仕掛品	300個	($\frac{1}{3}$)	9,300	4,200	13,500
当月投入	4,500		144,300	202,800	347,100
計	4,800個		153,600	207,000	360,600
月末仕掛品	400	($\frac{1}{2}$)	12,800	9,000	21,800
差引完成品	4,400個		140,800	198,000	338,800
単価			@32	@45	@77

月次損益計算書
(単位：円)

Ⅰ	売上高		440,000
Ⅱ	売上原価		
	月初製品棚卸高	37,500	
	当月製品製造原価	338,800	
	計	376,300	
	月末製品棚卸高	38,500	337,800
	売上総利益		102,200
Ⅲ	販売費および一般管理費		
	変動販売費	13,200	
	固定販売費・一般管理費	50,000	63,200
	営業利益		39,000

第17回 総合原価計算の仕損と減損

要点整理

1. 仕損 製造中に何らかの原因で不合格品が発生することを仕損という。
2. 減損 加工中に蒸発やガス化により原材料の数量が減少することを減損という。
3. 仕損・減損の処理 仕損・減損は経常的に発生する正常なものと，特別な事情による異常なものとに分けられる。
   (1) 正常仕損費・正常減損費 は，正常仕損（減損）度外視法により，良品（完成品または期末仕掛品と完成品）に負担させる。
   正常仕損（減損）非度外視法は，良品から分離する。その後，追加配賦する（1級範囲）。
   (2) 異常仕損費（減損費）は，良品の原価から分離して，原価外項目とする（1級範囲）。
4. 仕損・減損が期末仕掛品の加工進捗点より後に発生している場合 （工程の終点など）。
   仕損費・減損費を， 完成品だけ が負担する。
   (1) 平均法の場合

   a．期末仕掛品原価＝（期首仕掛品原価＋当期製造費用）
   $$\times \frac{\text{期末仕掛品（換算）数量}}{\text{完成品数量＋仕損・減損（換算）数量＋期末仕掛品（換算）数量}}$$

   b．完成品原価＝期首仕掛品原価＋当期製造費用－期末仕掛品原価

   (2) 先入先出法の場合

   a．期末仕掛品原価＝当期製造費用
   $$\times \frac{\text{期末仕掛品（換算）数量}}{\text{完成品数量＋仕損・減損（換算）数量－期首仕掛品（換算）数量＋期末仕掛品（換算）数量}}$$

   b．完成品原価　この計算式は，(1) b．と同じ。

5. 仕損・減損が期末仕掛品の加工進捗点以前に発生している場合
   仕損費・減損費を 期末仕掛品と完成品 が負担する（平均法の算式を示す）。

   a．期末仕掛品原価＝（期首仕掛品原価＋当期製造費用）
   $$\times \frac{\text{期末仕掛品（換算）数量}}{\text{完成品数量＋期末仕掛品（換算）数量}}$$

   b．完成品原価　この計算式は， 4 (1) b．と同じ。
   または，上記 a．の算式の分子を完成品数量とする。

1 基礎問題 単純総合原価計算制度を採用している場合，次の資料にもとづいて月末仕掛品評価額と完成品製造原価を計算しなさい。ただし，原料はすべて製造着手のときに投入されている。完成品と月末仕掛品への原価の配分は平均法によること。

【資料】

	数　　量	直接材料費	加 工 費	合　　計
月初仕掛品	300個	*207,500*円	*149,000*円	*356,500*円
当 月 投 入	3,700	*2,756,500*円	*3,366,000*円	*6,122,500*円
合　　　計	4,000個	*2,964,000*円	*3,515,000*円	*6,479,000*円
月末仕掛品	400個	（加工費進捗度 $\frac{1}{2}$）		
仕　　　損	100	（工程の終点で発生。通常発生する程度の正常仕損）		
完　成　品	3,500			
	4,000個			

	直 接 材 料 費	加 工 費
月末仕掛品評価額	円	円
完成品製造原価	円	円

2 (基礎問題) 前問 **1** において，原料の投入が作業の進行に応じて行われる場合の月末仕掛品評価額を計算しなさい。

	直 接 材 料 費	加 工 費
月末仕掛品評価額	円	円

3 (基礎問題) 問題 **1** において，仕損が工程の $\frac{1}{4}$ の時点で発生している場合（正常仕損）の月末仕掛品の評価額と完成品製造原価を計算しなさい。

	直 接 材 料 費	加 工 費
月末仕掛品評価額	円	円
完成品製造原価	円	円

4 (基礎問題) 問題 **1** において，原価投入額の配分を先入先出法にした場合の月末仕掛品の評価額を計算しなさい。ただし，月初仕掛品の加工費進捗度は $\frac{2}{3}$ である。

	直 接 材 料 費	加 工 費
月末仕掛品評価額	円	円

5 検定問題

A社は製品xを量産している。次のデータにもとづき，(1)先入先出法によって総合原価計算表を完成しなさい。(2)同じデータにもとづき，平均法によって月末仕掛品原価および完成品総合原価を計算しなさい。　　(第122回 類題)

〔当月の生産データ〕

月初仕掛品　　　　400kg（$\frac{1}{2}$）
当月投入　　　　2,800
投入合計　　　　3,200kg
減　　損　　　　　100
月末仕掛品　　　　600（$\frac{2}{3}$）
完　成　品　　　2,500kg

（注）原料は工程の始点で投入し，（　）内は加工の進捗度である。減損は工程の終点で発生した。それは通常発生する程度のもの（正常減損）であるので，減損費はすべて完成品に負担させる。

(1) 先入先出法

総合原価計算表　　（単位：円）

	原料費	加工費	合　計
月初仕掛品原価	41,200	45,000	86,200
当月製造費用	260,400	609,000	869,400
合　　計	301,600	654,000	955,600
差引：月末仕掛品原価	(55,800)	(87,000)	(142,800)
完成品総合原価	(245,800)	(567,000)	(812,800)

(2) 平均法

月末仕掛品原価 ＝ 143,750 円

完成品総合原価 ＝ 811,850 円

6 検定問題

総合原価計算表
(単位：円)

	M	T	加 工 費	合 計
月初仕掛品	(33,380)	—	6,900	40,280
当月投入	(185,020)	26,740	77,280	289,040
合 計	(218,400)	26,740	84,180	(329,320)
月末仕掛品	(42,000)	(0)	(7,320)	(49,320)
完 成 品	(176,400)	(26,740)	(76,860)	(280,000)

(2)

1個当たりの単位原価 ＝ **140** 円/個

1箱当たりの単位原価 ＝ **700** 円/箱

計算過程

素材M（平均法）
- 完成品換算量合計：2,000＋100＋500＝2,600個
- 単価：(33,380＋185,020) ÷ 2,600 ＝ 218,400 ÷ 2,600 ＝ 84円/個
- 月末仕掛品：500個 × 84 ＝ 42,000円
- 完成品（仕損品含む）：(2,000＋100) × 84 ＝ 176,400円

加工費（平均法）
- 完成品換算量：2,000＋100＋500×0.4 ＝ 2,300個
- 単価：(6,900＋77,280) ÷ 2,300 ＝ 84,180 ÷ 2,300 ＝ 36.6円/個
- 月末仕掛品：200 × 36.6 ＝ 7,320円
- 完成品：2,100 × 36.6 ＝ 76,860円

包装材T
- 合格品2,000個すべてに投入：26,740円

完成品総合原価：176,400 ＋ 26,740 ＋ 76,860 ＝ 280,000円

- 1個当たり：280,000 ÷ 2,000 ＝ 140円/個
- 1箱当たり：280,000 ÷ (2,000÷5) ＝ 280,000 ÷ 400 ＝ 700円/箱

7 検定問題

製品Ｓを量産する当工場では，実際単純総合原価計算を採用している。次の資料にもとづいて，(1)総合原価計算表の（　）内に適切な金額を記入し，(2)売上原価を計算しなさい。ただし，原価投入額を完成品総合原価と月末仕掛品原価に配分するためには先入先出法を用いており，製品の倉出単価（したがって売上原価）を計算するためには先入先出法を用いている。
(第105回　類題)

【資料】

1．当月の生産・販売実績データ

月初仕掛品量	360個（$\frac{3}{4}$）	月初製品在庫量	400個
当月仕込量	2,540	当月完成量	2,400
投入量合計	2,900個	合　　計	2,800個
正常減損量	100　（$\frac{1}{4}$）	当月販売量	2,700
月末仕掛品量	400　（$\frac{1}{2}$）	月末製品在庫量	100
当月完成量	2,400個	合　　計	2,800個

（　）内の数値は加工進捗度を示している。

2．原価データ

月初仕掛品原価：A材料費　　510,000円
　　　　　　　　加工費　　　690,000円
当月製造費用：A材料費　　3,538,000円
　　　　　　　B材料費　　2,160,000円
　　　　　　　加工費　　　6,058,000円
月初製品原価：　　　　　　1,960,000円

3．製品Ｓを製造するのに必要なA材料は工程の始点で投入し，B材料は工程の終点で投入する。

4．正常減損は進捗度$\frac{1}{4}$の時点で発生しているので，正常減損費は完成品と月末仕掛品に負担させる。この際，正常減損は最初から投入されなかったように考える，いわゆる度外視法による計算方法を用いる。なお，月初仕掛品から減損は発生しない。

(1) 　　　　　　　　　総合原価計算表　　　　　　　　　　　　（単位：円）

	数　　量	A材料費	B材料費	加　工　費	合　　計
月初仕掛品	360個（$\frac{3}{4}$）	510,000	－	690,000	1,200,000
当　月　仕　入	2,540	3,538,000	2,160,000	6,058,000	11,756,000
合　　　計	2,900個	4,048,000	2,160,000	6,748,000	12,956,000
正　常　減　損	100（$\frac{1}{4}$）	－	－	－	－
差　　引	2,800個	4,048,000	2,160,000	6,748,000	12,956,000
月末仕掛品	400（$\frac{1}{2}$）	(580,000)	(0)	(520,000)	(1,100,000)
完　成　品	2,400個	(3,468,000)	(2,160,000)	(6,228,000)	(11,856,000)
完成品単位原価		@(1,445)	@(900)	@(2,595)	@(4,940)

(2)　売上原価＝　13,322,000　円

第18回 等級別総合原価計算

要点整理

1. **等級別総合原価計算** 同一工程において同種製品を連続して生産するが，その製品を形状・大きさ・品位などによって等級に区別する場合に適用される原価計算である。
2. **等級別総合原価計算の方法** 次の手順で行われる。
   (1) **等価係数の決定** 重量・長さ・面積など，原価の発生に最も関係のあるものを等価係数として定める。
   (2) **積数の計算** 等価係数に各等級製品の生産量を乗じて積数を算出する。
   (3) **等級別製品原価の計算** 完成品の総合原価を積数の比によって各等級別製品にあん分してその製品原価を計算する。

   等価係数×各等級製品生産量＝積数
   完成品の総合原価×製品別積数／全製品の積数の合計＝等級別製品原価

   (4) **単位原価の計算** 各製品原価を完成数量で割って単位原価を計算する。
3. **記帳の方法** 各等級別に製品勘定を設ける方法と単一の製品勘定を設けて製品元帳に各等級製品勘定を設ける方法とがある。
   前者の場合，各製品原価が確定したときの仕訳は，次のとおりである。

（借）1 級 製 品	××	（貸）仕 掛 品	××
2 級 製 品	××		

---

1 〔基礎問題〕 下記の資料によって，次の問いに答えなさい。

(1) 等級別原価計算表を完成しなさい。
(2) この表の作成によって行われる仕訳をしなさい。

【資料】
1. 当月製造費用　材料費　308,000円　　労務費　465,000円
　　　　　　　　経　費　242,000円
2. 仕掛品評価額　月初仕掛品　196,000円　　月末仕掛品　223,000円
3. 当月完成品数量　1級品　2,700個　　2級品　2,000個
　　　　　　　　　3級品　1,500個
4. 各製品の単位重量　1級品　500kg　　2級品　400kg
　　　　　　　　　　3級品　300kg

(1)　　　　　　　　　　　等級別原価計算表

製　品	重　量	等価係数	完成品数量	積　数	等級別製品原価	単 位 原 価
1 級品						
2 級品						
3 級品						

(2)

借方科目	金　　額	貸方科目	金　　額

2 練習問題
次の資料によって，下記の製造原価報告書と等級別原価計算表を完成しなさい。

【資料】
(1) 材　　料：期首有高　106,000円　　当期仕入高　378,000円
　　　　　　　期末有高　115,000円
(2) 賃金給料：期首未払高　132,000円　　当期支払高　405,000円
　　　　　　　期末未払高　129,000円
(3) 経　　費：期首前払高　56,000円　　当期支払高　204,000円
　　　　　　　期末未払高　47,000円
(4) 仕掛品：期首有高　216,000円　　期末有高　238,000円

製 造 原 価 報 告 書

(単位：円)

Ⅰ　材　料　費　　　　　　　　　　　（　　　　　）
Ⅱ　労　務　費　　　　　　　　　　　（　　　　　）
Ⅲ　経　　　費　　　　　　　　　　　（　　　　　）
　　当期製造費用　　　　　　　　　　（　　　　　）
　　期首仕掛品棚卸高　　　　　　　　（　　　　　）
　　　合　　　計　　　　　　　　　　（　　　　　）
　　期末仕掛品棚卸高　　　　　　　　（　　　　　）
　　当期製品製造原価　　　　　　　　（　　　　　）

等級別原価計算表

製　　品	重　量	等価係数	完成品数量	積　　数	等級別製品原価	単 位 原 価
1 級 品	80 g		1,400個			
2 級 品	70 g		2,400個			
3 級 品	50 g		3,200個			

3 練習問題

(1) 単一製品を製造するA工場では，単純総合原価計算を行っている。次の当月データにもとづいて製品の完成品総合原価，完成品単位原価を計算しなさい。なお，原価投入額合計を完成品総合原価と月末仕掛品原価に配分する方法として平均法を用いること。
(第118回 類題)

[生産データ]
月 初 仕 掛 品　　　　800個（25%）
当 月 投 入　　　　5,200
　合　　計　　　　6,000個
月 末 仕 掛 品　　　1,000　（50%）
完　成　品　　　　5,000個

（注）材料は工程の始点で投入しており，（　）内は加工費の進捗度である。

[原価データ]
月初仕掛品原価
　直接材料費　　　200,000
　加 工 費　　　　60,000
　　小　計　　　260,000
当月製造費用
　直接材料費　　1,390,000
　加 工 費　　　792,500
　　小　計　　2,182,500
　　　　　　　2,442,500

(2) 上記データについて，単一製品の完成品を5,000個としていたが，実は同種の等級製品である製品X 2,000個，製品Y 3,000個とに区別できることが判明した。ここで，製品Xの等価係数を1，製品Yの等価係数を0.5としたとき，製品Xおよび製品Yの完成品総合原価，完成品単位原価を計算しなさい。なお，原価計算の方法は，等価係数を各等級製品の一期間における完成品数量に乗じた積数の比をもって，一期間の完成品の総合原価を一括的に各等級製品に按分して製品原価を計算する方法によること。

(1) 製品の完成品総合原価＝ 2,100,000 円

　　製品の完成品単位原価＝ 420 円／個

(2) 製品Xの完成品総合原価＝ 1,200,000 円

　　製品Xの完成品単位原価＝ 600 円／個

　　製品Yの完成品総合原価＝ 900,000 円

　　製品Yの完成品単位原価＝ 300 円／個

4 検定問題

TOP製作所では，等級製品A，BおよびCを同一工程で連続生産し販売している。製品原価の計算方法としては，1か月間の完成品の総合原価を，各等級製品の重量によって定められた等価係数に完成量を乗じた積数の比でもって各等級製品に按分する方法を採用している。下記の資料にもとづいて，(1)月末仕掛品原価とC製品の完成品単位原価を計算し，(2)損益計算書の（　）内に適切な金額を記入しなさい。なお，材料はすべて工程の始点で投入される。また，加工費に関しては，予定配賦率を用いた正常配賦を行っている。　　　　　　　　　　　（第111回　類題）

【資料】

1. 生産・販売実績データ
    - 月初仕掛品　　0個
    - 月末仕掛品　　2,000個（加工進捗度　0.6）
    - 当月完成量　20,000個
        - （内訳：A製品4,000個　B製品7,000個　C製品9,000個）
    - 当月販売量　20,400個
        - （内訳：A製品3,800個　B製品7,600個　C製品9,000個）

2. 原価データ
    - 当月製造費用：材料費　4,070,000円
    - 　　　　　　　加工費　4,558,000円

3. 等価係数
    - A製品　1　　　　　B製品　0.7　　　　C製品　0.4

4. 実際販売単価
    - A製品　900円／個　　B製品　600円／個　　C製品　350円／個

5. その他
    - 加工費配賦差異　270,000円（借方差異）については，全額を原価差異として当月の売上原価に賦課する。

(1) 月末仕掛品原価　　　　＝　　628,000　円

　　C製品の完成品単位原価＝　　256　円／個

(2)

損 益 計 算 書

（単位：円）

Ⅰ　売　上　高		(11,130,000)
Ⅱ　売　上　原　価		
1　月初製品棚卸高	1,560,000	
2　当月製品製造原価	(8,000,000)	
合　　計	(9,560,000)	
3　月末製品棚卸高	1,350,000	
差　　引	(8,210,000)	
4　原　価　差　異	270,000	(8,480,000)
売上総利益		(2,650,000)
Ⅲ　販売費および一般管理費		1,090,000
営　業　利　益		(1,560,000)

第19回 組別総合原価計算

要点整理

1. **組別総合原価計算** 異種製品を組別に連続して生産する場合に適用される原価計算である。
2. **組別総合原価計算の方法** 次の手順で行われる。
   (1) 当期製造費用を **組直接費** と **組間接費** とに分け，組直接費は各組の製品に賦課し，組間接費は適当な基準によって各組に配賦する。
   (2) 各組の当期製造費用と期首仕掛品とを，組別の **期末仕掛品** と **完成品** とに配分して，完成品総合原価を計算する。
   (3) 完成品総合原価を完成品数量で除して **単位原価** を計算する。
3. **記帳の方法** 各組別に製造勘定ならびに製品勘定を設けて処理する。

1 基礎問題

次の資料にもとづいて組製品AおよびBについて組別総合原価計算表を完成しなさい。なお，組間接費の組別配賦は直接労務費を基準として行う。また，直接材料はすべて製造着手の時点で投入されている。完成品と月末仕掛品との原価配分は平均法による。

(1) 月初仕掛品

	製品A	製品B
直接材料費	163,000円	259,000円
加工費	141,000円	135,000円

(2) 月末仕掛品

	製品A	製品B
数量	200個	250個
仕上がり程度	50%	40%

組別総合原価計算表

(単位：円)

摘要	製品A	製品B	合計
当月製造費用			
直接材料費	357,000	386,000	743,000
直接労務費	340,000	270,000	610,000
製造間接費	( )	( )	305,000
計	( )	( )	( )
月初仕掛品原価	304,000	394,000	( )
合計	( )	( )	( )
月末仕掛品原価	( )	( )	( )
完成品原価	( )	( )	( )
完成品数量	600個	500個	
単位原価	( )	( )	

2 基礎問題 前問 **1** について，次の仕訳をしなさい。

(1) 組間接費配賦の仕訳
(2) 製品完成の仕訳

	借 方 科 目	金　額	貸 方 科 目	金　額
(1)				
(2)				

3 練習問題 次の資料にもとづいて製品Aおよび製品Bについて組別総合原価計算表を完成しなさい。なお，原料はすべて工程の始点で投入される。また，完成品と月末仕掛品との原価の配分は，製品Aは平均法，製品Bは先入先出法による。

〔生産データ〕

	製 品 A	製 品 B
月 初 仕 掛 品	500個（50％）	450個（40％）
当 月 投 入	2,500	2,650
合　　　計	3,000個	3,100個
月 末 仕 掛 品	400　（60％）	300　（50％）
完　成　品	2,600個	2,800個

〔原価データ〕

	製 品 A	製 品 B
月 初 仕 掛 品		
原　料　費	151,000円	116,000円
加　工　費	105,000円	64,000円
合　　計	256,000円	180,000円

組別総合原価計算表

(単位：円)

摘　　　要	A　組	B　組	合　　計
当 月 製 造 費 用			
原　料　費	779,000	636,000	1,415,000
加　工　賃	1,173,000	1,108,000	2,281,000
計	(　　　)	(　　　)	(　　　)
月初仕掛品原価	256,000	180,000	436,000
計	(　　　)	(　　　)	(　　　)
月末仕掛品原価	(　　　)	(　　　)	(　　　)
完 成 品 原 価	(　　　)	(　　　)	(　　　)
完 成 品 数 量	2,600個	2,800個	
単　位　原　価	(　　　)	(　　　)	

4 検定問題

HT製作所では、XとYという異種製品を同一工程で連続生産し販売している。製品原価の計算方法としては、X製品とY製品を組別に計算する組別総合原価計算を採用している。原料費は各組に直課し、加工費は直接作業時間を配賦基準として各組に実際配賦している。原価投入額合計を完成品総合原価と月末仕掛品原価に配分するためには先入先出法を用いており、製品の倉出単価(したがって売上原価)を計算するためには先入先出法を用いている。下記の資料にもとづいて、(1)当月加工費、完成品総合原価および完成品単位原価を製品別に計算し、(2)答案用紙の損益計算書の( )内に適切な金額を記入しなさい。なお、原料はすべて工程の始点で投入され、月初仕掛品と月末仕掛品の加工進捗度はA製品とB製品ともに0.5であった。

（第113回 類題）

〔資料〕

1. 生産データ

	X製品	Y製品
月初仕掛品量	100個	40個
当月完成品量	1,600個	1,400個
月末仕掛品量	140個	80個

2. 原価データ

月初仕掛品原価：原料費 558,600円（内訳：X製品 425,000円、Y製品 133,600円）
　　　　　　　　加工費 469,000円（内訳：X製品 369,000円、Y製品 100,000円）
当月製造費用：原料費 12,587,600円（内訳：X製品 8,282,000円、Y製品 4,305,600円）
　　　　　　　加工費 18,580,000円

3. 直接作業時間データ

当月実際直接作業時間合計 9,290時間（内訳：X製品 6,237時間、Y製品 3,053時間）

4. 販売データ

	X製品	Y製品
月初製品在庫量	200個（@12,000）	100個（@7,000）
当月販売量	1,500個	1,350個
月末製品在庫量	300個	150個
当月実際販売単価	20,000円／個	10,000円／個

(1)

	X製品	Y製品
当月加工費：	12,474,000 円	6,106,000 円
完成品総合原価：	20,304,000 円	10,234,000 円
完成品単位原価：	12,690 円／個	7,310 円／個

(2)
損益計算書
(単位：円)

Ⅰ	売　上　高		(43,500,000)
Ⅱ	売　上　原　価		
	1　月初製品棚卸高	3,100,000	
	2　当月製品製造原価	(30,538,000)	
	合　　　計	(33,638,000)	
	3　月末製品棚卸高	(4,903,500)	(28,734,500)
	売上総利益		(14,765,500)
Ⅲ	販売費および一般管理費		10,596,500
	営　業　利　益		(4,169,000)

5 **検定問題** HT製作所は，A，B，Cの3種類の製品を製造しており，組別総合原価計算を行っている。原料費は，組製品A，B，Cに直課され，加工費は，直接作業時間を配賦基準として実際配賦されている。平成〇年6月の加工費実際発生額は，1,584,000円であった。

平成〇年6月の直接材料費のデータ，生産データ，月初仕掛品のデータ，直接作業時間のデータは，以下のとおり。

Ⅰ 原料種類別組製品別直接材料費

原料種類	組製品	実際消費量	実際消費単価	直接材料費
M11	A	100kg	2,000円	200,000円
M11	B	200kg	1,900円	380,000円
M11	C	150kg	2,000円	300,000円
M12	A	140kg	1,500円	210,000円
M13	B	300kg	1,400円	420,000円
M14	C	250kg	1,440円	360,000円
M15	A	200kg	1,030円	206,000円

（注）「組製品」の欄は，その組製品製造のための原料消費であることを示している。

Ⅱ 生産データ

	A	B	C
月初仕掛品量	60kg ($\frac{1}{2}$)	120kg ($\frac{1}{2}$)	80kg ($\frac{1}{2}$)
当月投入量	440	500	400
合計	500kg	620kg	480kg
月末仕掛品量	80 ($\frac{1}{2}$)	100 ($\frac{1}{2}$)	120 ($\frac{1}{2}$)
完成品量	420kg	520kg	360kg

（　）内は，加工費進捗度
なお，原料は，すべて工程の始点で投入される。

Ⅲ 組製品A，B，Cの月初仕掛品原価

	A	B	C	合計
原料費	82,800円	181,200円	88,800円	352,800円
加工費	41,400円	82,800円	55,200円	179,400円

Ⅳ 実際直接作業時間

A	B	C	合計
645時間	765時間	570時間	1,980時間

上記条件のもとで解答用紙の組別総合原価計算表を完成させなさい。ただし，原価投入額合計を完成品総合原価と月末仕掛品原価とに配分する方法は，先入先出法を用いること。

（第96回 類題）

組別総合原価計算表
平成〇年6月　　　　　　　　　　　（単位：円）

	A	B	C	合　計
当月原料費				
当月加工費				
計				
月初仕掛品原価				
合　計				
差引：月末仕掛品原価				
完成品原価				
完成品単位原価				

6 検定問題

HT製作所では，AとBの2種類の異種製品を同一工程で連続生産し販売している。製品原価の計算方法としてはA製品とB製品を組別に計算する組別総合原価計算を採用している。すなわち，製造費用を原料費，加工費に分け，原料費は各組に直課し，加工費は直接作業時間を配賦基準として各組に実際配賦している。原価投入額合計を完成品総合原価と月末仕掛品原価に配分するためには先入先出法を用いている。次の資料にもとづいて，答案用紙の組別総合原価計算表と仕掛品勘定の（　）内に適切な金額を記入しなさい。

(第121回　類題)

〔資　料〕

1. 生産データ

	A製品		B製品	
月初仕掛品量	200個	(0.5)	80個	(0.5)
当月投入量	3,280		2,880	
投入合計	3,480個		2,960個	
当月完成品量	3,200個		2,800個	
月末仕掛品量	280	(0.5)	160	(0.5)
産出合計	3,480個		2,960個	

(注) 原料はすべて工程の始点で投入される。仕掛品の（　）内の数値は，加工進捗度を示している。

2. 原価データ

(1) 月初仕掛品原価：原料費 1,117,200円（内訳：A製品 850,000円，B製品 267,200円）
　　　　　　　　　加工費 938,000円（内訳：A製品 738,000円，B製品 200,000円）

(2) 当月製造費用：原料費 25,175,200円（内訳：A製品 16,564,000円，B製品 8,611,200円）
　　　　　　　　　加工費 37,160,000円

(3) 直接作業時間データ
　　当月実際直接作業時間合計 18,580時間（内訳：A製品 12,474時間，B製品 6,106時間）

組別総合原価計算表

(単位：円)

	A 製 品		B 製 品	
	原 料 費	加 工 費	原 料 費	加 工 費
月初仕掛品原価	850,000	738,000	267,200	200,000
当月製造費用	(　)	(　)	(　)	(　)
合　　　　計	(　)	(　)	(　)	(　)
月末仕掛品原価	(　)	(　)	(　)	(　)
完成品総合原価	(　)	(　)	(　)	(　)
完成品単位原価	(　)	(　)	(　)	(　)

(単位：円)

仕 掛 品

月初有高	(　)	A 製 品	(　)
原 料 費	(　)	B 製 品	(　)
加 工 費	(　)	月末有高	(　)
	(　)		(　)

第20回 工程別総合原価計算

要点整理

1. **工程別総合原価計算** 製造工程が2つ以上の連続する工程に分けられ,工程ごとにその工程製品の総合原価を計算する原価計算である。

2. **工程別総合原価計算の方法** 次の手順で行われる。
   (1) 当期製造費用を **個別費**（工程個別費・補助部門個別費）と **共通費** とに分け,個別費を各工程と補助部門に賦課し,共通費を各工程と補助部門に配賦したのち,補助部門費を適当な基準により各工程に配賦する。
   (2) 総合原価計算の方法により,各工程の総合原価を **期末仕掛品** と **完成品** とに配分し,工程完成品原価を計算する。

3. **工程別総合原価計算の記帳**
   (1) **工程ごとに製造（仕掛品）勘定** を設け,工程完了品は次工程の製造勘定に振り替える。最終工程の完了品は製品勘定へ振り替える。
   (2) **前工程費** 前の工程（例えば第1工程）から振り替えられた前工程完了品の原価を前工程費という。期末仕掛品評価の場合は,工程の始点で投入された直接材料費（原料費）の場合と同様に計算する。
   (3) **半製品** 各工程の完了品のうち,次工程に引き渡さないで,倉庫に保管されたものを半製品という。工程別に半製品勘定が設けられる。これは,その後,次工程に引き渡たされるか,中間製品として販売される。
   (4) **累加法** 以上のように工程完了品原価を次工程（例えば第2工程）の原価に累積していく方法を累加法という。

---

1 〈基礎問題〉 工程別総合原価計算における第2工程に関する,下記の資料によって,次の問いに答えなさい。

1. 平均法によって,前工程費の月末仕掛品原価を求めなさい。
2. 先入先出法によって,前工程費の月末仕掛品原価を求めなさい。

【資料】
(1) 当月第2工程の生産実績（（ ）内の数値は,加工進捗度である。）

月初仕掛品	4,000kg ($\frac{1}{2}$)	完 成 品	19,000kg
当月投入	18,000kg	月末仕掛品	3,000kg ($\frac{1}{3}$)
合　　計	22,000kg	合　　計	22,000kg

(2) 前工程費
　　月初仕掛品原価　*171,000*円　当月製造費用（第1工程完成品原価）　*819,000*円

1	円	2	円

	借方科目	金額	貸方科目	金額
(1)	仕掛品－第1工程 仕掛品－第2工程 動力部門費 部門共通費	780,000 470,000 220,000 130,000	材　料 賃　金 経　費	410,000 840,000 350,000
(2)	仕掛品－第1工程 仕掛品－第2工程 動力部門費	60,000 50,000 20,000	部門共通費	130,000
(3)	仕掛品－第1工程 仕掛品－第2工程	144,000 96,000	動力部門費	240,000
(4)	仕掛品－第2工程	450,000	仕掛品－第1工程	450,000
(5)	製　品	800,000	仕掛品－第2工程	800,000
(6)	半製品－第1工程	200,000	仕掛品－第1工程	200,000
(7)	仕掛品－第2工程	150,000	半製品－第1工程	150,000

仕掛品－第2工程

前月繰越	210,000	製　品	800,000
諸　口	470,000		
部門共通費	50,000		
動力部門費	96,000		
仕掛品－第1工程	450,000		
半製品－第1工程	150,000		

3 **練習問題** ABC工場では，累加法による工程別総合原価計算を行っている。平成〇年9月の生産実績は次のとおりであったとして，下記の工程別総合原価計算表を完成しなさい。ただし，第1工程では平均法，第2工程では先入先出法を用いること。

〔9月の生産データ〕

	第 1 工程	第 2 工程
月初仕掛品量	2,000kg ($\frac{1}{2}$)	4,000kg ($\frac{1}{2}$)
当月投入量	19,000	18,000
合　　計	21,000kg	22,000kg
月末仕掛品量	3,000 ($\frac{2}{3}$)	3,000 ($\frac{1}{3}$)
完成品量	18,000kg	19,000kg

なお，原料はすべて第1工程の始点で投入される。上記（　）内の数値は，仕掛品の加工費進捗度を示している。

工程別総合原価計算表
平成〇年9月　　　　　　　　　　　　　（単位：円）

摘　要	第 1 工 程			第 2 工 程		
	原料費	加工費	合　計	前工程費	加工費	合　計
月初仕掛品原価	167,000	75,000	242,000	621,000	149,000	770,000
当月製造費用	1,597,000	1,445,000	3,042,000		1,170,000	
合　　計						
差引：月末仕掛品原価						
完成品総合原価						
完成品単位原価						

4 **練習問題** 前問 **3** の第1工程において仕損が1,000個発生し，第1工程の完成品数量が17,000個のとき，次の場合について，第1工程の月末仕掛品原価，完成品原価，完成品単位原価を計算しなさい。なお，仕損は正常仕損で良品に負担させるものとする。また，単位原価の円未満の端数は四捨五入すること。
(1) 第1工程の終点で仕損が発生した場合
(2) 第1工程の $\frac{1}{3}$ の時点で仕損が発生した場合

（単位：円）

摘　要	第　1　工　程					
	仕損が終点で発生した場合			仕損が$\frac{1}{3}$の時点で発生した場合		
	原料費	加工費	合　計	原料費	加工費	合　計
月末仕掛品原価						
完成品総合原価						
単位原価						

5 **練習問題** 次の資料により，工程別総合原価計算表を完成しなさい。ただし，月末仕掛品の計算は，第1工程，第2工程とも先入先出法によること。

なお，直接材料はすべて第1工程の始点で投入される。また，（　）内の数値は加工費進捗度を示す。

【生産データ】

	第 1 工程	第 2 工程
月初仕掛品量	3,000kg (50%)	2,000kg (40%)
当月投入量	8,000	9,000
投入量合計	11,000kg	11,000kg
月末仕掛品量	2,000 (50%)	3,000 (50%)
完成品数量	9,000kg	8,000kg

工程別総合原価計算表

摘　　要	第 1 工程			第 2 工程		
	直接材料費	加工費	合　計	前工程費	加工費	合　計
月初仕掛品原価	768,000	495,000	1,263,000	1,170,000	221,000	1,391,000
当月製造費用	2,096,000	2,907,000	5,003,000		2,436,000	
合　　　計	2,864,000	3,402,000	6,266,000		2,657,000	
月末仕掛品原価						
完成品原価						
完成品単位原価						

6 **検定問題** 当製作所は2つの工程を経て製品Hを連続生産しており，累加法による工程別総合原価計算を行っている。次の資料にもとづき，答案用紙の総合原価計算表と仕掛品勘定の（　）内に適切な金額を記入しなさい。ただし，原価投入額合計を完成品総合原価と月末仕掛品原価に配分する方法として，2つの工程とも，平均法を用いること。

(第123回　類題)

(注1)　原料はすべて第1工程の始点で投入される。
(注2)　（　）内の数値は，加工進捗度を示している。
(注3)　第1工程完成品のうち500個は製品T（半製品）として，外部販売のため倉庫に保管される。

〔資　料〕
　①　月初仕掛品
　　　　第　1　工　程　（原料費　108,000／加工費　113,000）
　　　　第　2　工　程　（前工程費　403,000／加工費　162,000）
　②　月末仕掛品
　　　　第　1　工　程　　200個（50％）
　　　　第　2　工　程　　100個（60％）
　③　完　成　品　　第1工程　2,000個
　　　　　　　　　　第2工程　1,600個

総 合 原 価 計 算 表　　　　　　　　　　　　(単位：円)

摘　要	第　1　工　程		第　2　工　程	
	原料費	加工費	前工程費	加工費
月初仕掛品	108,000	113,000	403,000	162,000
当月投入	1,806,000	2,470,000	(　　)	2,743,000
合　計	(　　)	(　　)	(　　)	(　　)
月末仕掛品	(　　)	(　　)	(　　)	(　　)
完　成　品	(　　)	(　　)	(　　)	(　　)
完成品単価	(　　)	(　　)	(　　)	(　　)

仕　　掛　　品　　　　(単位：円)

月初有高	786,000	製　品　H	(　　)
原　料　費	1,806,000	製　品　T	(　　)
加　工　費	(　　)	月末有高	(　　)
	(　　)		(　　)

7 **検定問題** 当社は2つの工程を経て製品Yを製造している。原価計算の方法は，累加法による工程別総合原価計算を採用している。次の資料にもとづき，答案用紙の工程別総合原価計算表を完成しなさい。ただし，原価投入額合計を完成品総合原価と月末仕掛品原価とに配分する方法として，第1工程では平均法，第2工程では先入先出法を用いること。

〔資料〕 生産データ

	第1工程		第2工程	
月初仕掛品	800kg	($\frac{1}{4}$)	500kg	($\frac{3}{5}$)
当月投入	5,200		5,000	
合　　計	6,000kg		5,500kg	
月末仕掛品	1,000	($\frac{2}{5}$)	1,000	($\frac{1}{2}$)
完成品	5,000kg		4,500kg	

（注）原料はすべて第1工程の始点で投入される。月初仕掛品と月末仕掛品の（　）内の数値は，加工費進捗度を示している。

工程別総合原価計算表
（単位：円）

	第1工程			第2工程		
	原料費	加工費	合計	前工程費	加工費	合計
月初仕掛品原価	31,800	11,900	43,700	44,600	19,500	64,100
当月製造費用	187,200	282,400	469,600		291,400	
合　　計	219,000	294,300	513,300		310,900	
差引：月末仕掛品原価						
完成品総合原価						
完成品単位原価	@	@	@	@	@	@

8 検定問題 ＡＢＣ工場では，２つの工程を経て製品Ａを連続生産しており，累加法による工程別総合原価計算を行っている。下記の資料にもとづいて，原価計算表を作成しなさい。ただし，原価投入額を完成品総合原価と月末仕掛品原価に配分するために，第１工程では平均法，第２工程では先入先出法を用いること。　（第91回　類題）

【資　料】
1. 当月の生産実績

	第１工程		第２工程	
月初仕掛品	500kg	($\frac{1}{2}$)	200kg	($\frac{1}{2}$)
当月投入	4,900		5,000	
合　計	5,400kg		5,200kg	
完成品	5,000kg		4,700kg	
月末仕掛品	400	($\frac{3}{4}$)	400	($\frac{1}{2}$)
減　損	—		100	
合　計	5,400kg		5,200kg	

2. 原料はすべて第１工程の始点で投入されている。
3. （　）内の数値は，加工費進捗度を示している。
4. 第２工程の途中で減損が発生している。減損は正常減損であり，いわゆる正常減損度外視法により，減損費はすべて良品に負担させる。なお，減損は工程の途中で発生しているので，完成品のみに負担させず，月末仕掛品にも負担させること。

工程別総合原価計算表
（単位：円）

摘　　要	第　１　工　程			第　２　工　程		
	原料費	加工費	合　計	前工程費	加工費	合　計
月初仕掛品原価	101,600	46,000	147,600	81,000	12,000	93,000
当月製造費用	1,000,000	950,400	1,950,400		600,000	
合　　計	1,101,600	996,400	2,098,000		612,000	
月末仕掛品原価						
完成品総合原価						

9 検定問題

ＺＥＴ工場は２つの工程を経て製品Ａを連続生産しており、累加法による工程別総合原価計算を行っている。下記の資料にもとづいて、工程別仕掛品勘定を完成させなさい。ただし、原価投入額を完成品総合原価と月末仕掛品原価とに配分する方法として、第１工程では平均法、第２工程では先入先出法を用いている。

(第104回 類題)

【当月の生産データ】

	第１工程		第２工程	
月初仕掛品	800台	($\frac{1}{2}$)	600台	($\frac{2}{3}$)
当月投入	4,100		4,000	
合　計	4,900台		4,600台	
月末仕掛品	900台	($\frac{1}{3}$)	800台	($\frac{1}{2}$)
仕　損	―		100	
完成品	4,000		3,700	
合　計	4,900台		4,600台	

(注１) 原料はすべて第１工程の始点で投入される。
(注２) 第２工程の終点で仕損が発生している。それは通常発生する程度のもの（正常仕損）であるので、仕損費はすべて完成品に負担させる。
(注３) （　）内の数値は加工費進捗度を示している。

仕掛品―第１工程　　　　　　　　　　（単位：千円）

月初有高		次工程振替高	
原　料　費	122,000	原　料　費	(600,000)
加　工　費	94,000	加　工　費	(960,000)
小　　計	216,000	小　　計	(1,560,000)
当月製造費用		月末有高	
原　料　費	613,000	原　料　費	(135,000)
加　工　費	938,000	加　工　費	(72,000)
小　　計	1,551,000	小　　計	(207,000)
	(1,767,000)		(1,767,000)

仕掛品―第２工程　　　　　　　　　　（単位：千円）

月初有高		当月完成高	
前工程費	225,000	前工程費	(1,473,000)
加　工　費	106,000	加　工　費	(1,024,000)
小　　計	331,000	小　　計	(2,497,000)
当月製造費用		月末有高	
前工程費	(1,560,000)	前工程費	(312,000)
加　工　費	1,026,000	加　工　費	(108,000)
小　　計	(2,586,000)	小　　計	(420,000)
	(2,917,000)		(2,917,000)

10 **検定問題** 当工場では，2つの工程を経て製品Aを連続生産している。工程別計算の方法は，累加法を採用している。次の〔資料〕にもとづいて，答案用紙の工程別総合原価計算表を完成しなさい。ただし，原価投入額合計を完成品総合原価と月末仕掛品原価とに配分する方法として，第1工程では平均法，第2工程では先入先出法を用いること。

(第131回 類題)

〔資料〕

生産データ

	第 1 工程	第 2 工程
月初仕掛品	1,000kg (50%)	4,000kg (50%)
当月投入	50,000	49,000
合　計	51,000kg	53,000kg
月末仕掛品	2,000 (25%)	4,000 (75%)
完成品	49,000kg	49,000kg

(注) 原料はすべて工程の始点で投入する。

工程別総合原価計算表　　　　　　　　　　　(単位：円)

摘　要	第 1 工程			第 2 工程		
	原料費	加工費	合　計	前工程費	加工費	合　計
月初仕掛品原価	5,800	950	6,750	36,900	11,900	48,800
当月製造費用	300,200	98,050	398,250		175,000	
合　計	306,000	99,000	405,000		186,900	
差引：月末仕掛品原価						
完成品総合原価						

11 検定問題

当工場では，2つの工程を経て製品Aを連続生産しており，累加法による工程別総合原価計算を行っている。下記の資料にもとづいて，工程別総合原価計算表を完成させなさい。なお，当工場では，2つの工程（第1工程および第2工程）とも，平均法を用いて原価投入額を完成品総合原価と月末仕掛品原価とに配分している。

（第102回　類題）

〔資料〕

1. 当月の生産実績

	第1工程	第2工程
月初仕掛品	0個	2,400個（$\frac{1}{4}$）
当月投入	7,000	5,800
合計	7,000個	8,200個
完成品	5,800個	6,600個
月末仕掛品	1,000（$\frac{1}{2}$）	1,600（$\frac{3}{4}$）
仕損	200	—
合計	7,000個	8,200個

2. （　）内の数値は，加工進捗度を示している。
3. 原料Xは第1工程の始点で投入される。原料Yは第2工程の加工進捗度50％の時点で投入される。
4. 第1工程の終点で仕損が発生している。それは通常発生する程度のもの（正常仕損）である。仕損費はすべて完成品に負担させる。なお，仕損品の処分価額は0である。

工程別総合原価計算表

（単位：円）

摘　要	第1工程 原料費	第1工程 加工費	第1工程 合計	第2工程 前工程費	第2工程 原料費	第2工程 加工費	第2工程 合計
月初仕掛品原価	0	0	0	676,000		46,000	722,000
当月製造費用	1,050,000	780,000	1,830,000	1,620,000	205,000	578,000	2,403,000
合　計	1,050,000	780,000	1,830,000	2,296,000	205,000	624,000	3,125,000
月末仕掛品原価	150,000	60,000	210,000	448,000	40,000	96,000	584,000
完成品総合原価	900,000	720,000	1,620,000	1,848,000	165,000	528,000	2,541,000

12 **検定問題** 当社は2つの工程を経て製品Aを製造している。原価計算の方法は，累加法による工程別総合原価計算を採用している。なお，原価投入額合計を完成品総合原価と月末仕掛品原価とに配分する方法として，2つの工程とも先入先出法を用い，正常仕損の処理は度外視法によっている。次の資料にもとづいて，答案用紙の（　）にあてはまるもっとも適切な用語または数字を記入しなさい。なお，用語の解答にあたっては，可能な限り以下の資料内にある語句を用いること。　　　（第119回　類題）

〔資料〕
Ⅰ　生産データ

	第1工程		第2工程	
月初仕掛品	30個	(60%)	50個	(50%)
当月投入	360		300	
合計	390個		350個	
月末仕掛品	60個	(70%)	20個	(25%)
正常仕損	30		60	
完成品	300		270	
合計	390個		350個	

原料はすべて第1工程の始点で投入している。（　）内は加工費の進捗度である。仕損は第1工程では工程の終点で，第2工程では工程の途中で発生している。なお，仕損品の処分価額はゼロである。

Ⅱ　原価データ

仕掛品－第1工程　　　　　　　　　（単位：円）

月初有高		次工程振替高	
原料費	58,000	原料費	(　　　)
加工費	27,500	加工費	(　　　)
小計	85,500	小計	(⑥)
当月製造費用		月末有高	
原料費	666,000	原料費	(　　　)
加工費	484,980	加工費	(　　　)
小計	1,150,980	小計	(⑤)
合計	(　　　)	合計	(　　　)

仕掛品－第2工程

月初有高			当月完成高		
前工程費		220,000	前工程費	(⑨	)
加工費		72,500	加工費	(⑩	)
小計		292,500	小計	(	)
当月製造費用			月末有高		
前工程費	(⑦	)	前工程費	(	)
加工費		724,500	加工費	(	)
小計	(	)	小計	(⑧	)
合計	(	)	合計	(	)

問1　通常不可避的に生ずる仕損は，（　①　）と呼ばれる。（　②　）は製品原価性をもつために良品が負担すべきであるが，それがいつ発生したかによって，その負担先が異なる。②は，第1工程では（　③　）のみが負担するが，第2工程では（　③　）と（　④　）とに負担させる。

問2　第1工程の月末仕掛品原価は（　⑤　），完成品総合原価は（　⑥　）である。

問3　第2工程の当月製造費用の前工程費は（　⑦　），第2工程の月末仕掛品原価は（　⑧　），完成品総合原価の内訳は前工程費が（　⑨　），加工費が（　⑩　）である。

①		②		③		④	
⑤	円	⑥	円	⑦	円	⑧	円
⑨	円	⑩	円				

第21回 副産物の処理

要点整理

1. 副産物　主産物の製造過程から必然的に派生する物品をいう。
2. 副産物の評価
   (1) そのまま売却できる場合
   　　見積売却価額－（見積販売費・一般管理費＋見積販売利益）
   (2) 加工のうえ売却できる場合
   　　見積売却価額－（分離後見積加工費＋見積販売費・一般管理費＋見積販売利益）
   (3) そのまま自家消費される場合
   　　これによって節約される物品の見積購入価額

   なお，軽微な副産物は評価しないで，これを売却して得た収入を 雑益 として処理することができる。
   　作業屑，仕損品（評価する場合）の処理および評価も，副産物に準じる。

3. 副産物の記帳　（売却時）
   (1) 相当な金額になる場合

   | （借）売　掛　金 | ×× | （貸）副産物売上 | ×× |
   | 　　　売上原価 | ×× | 　　　副　産　物 | ×× |

   (2) 軽微な場合

   | （借）売　掛　金 | ×× | （貸）雑　　　益 | ×× |

---

1 **基礎問題**　次の仕訳をしなさい。

(1) 工程別総合原価計算制度を採用している場合，第2工程の製造工程から副産物が発生し，これを170,000円と評価した。
(2) 上記(1)の副産物を200,000円で売却し，代金は現金で受け取った。
(3) 無評価のまま保管していた副産物を1,800円で売却し，代金は現金で受け取った。

	借方科目	金　　額	貸方科目	金　　額
(1)				
(2)				
(3)				

第22回 標準原価計算

要点整理

1. **標準原価計算** 原価管理を効果的にするために原価の標準として，標準原価を設定して行う原価計算である。実際原価と比較して，その差額（原価差異）を分析することによって，原価管理に役立てる。

2. **標準原価の算定** 各原価要素について，科学的，統計的調査により製品単位当たりの標準的な材料の消費量や価格，作業時間や賃率などを設定し，次のとおり算定する。
   (1) **標準直接材料費** 標準単価×標準直接材料消費量
   (2) **標準直接労務費** 標準賃率×標準直接作業時間
   (3) **標準製造間接費** 標準配賦率×許容（標準直接）作業時間

3. **原価差異（その1）** 標準原価と実際原価との差額である。
   (1) 直接材料費差異（総差異）＝実際直接材料費－標準直接材料費
      a．価格差異＝（実際単価－標準単価）×実際消費数量
      b．数量差異＝（実際消費数量－標準消費数量）×標準単価
   (2) 直接労務費差異（総差異）＝実際直接労務費－標準直接労務費
      a．賃率差異＝（実際賃率－標準賃率）×実際直接作業時間
      b．作業時間差異＝（実際直接作業時間－標準直接作業時間）×標準賃率
   (3) 製造間接費差異（変動予算による場合）
      製造間接費差異（総差異）＝実際製造間接費－標準配賦率×標準直接作業時間

4. **原価差異（その2）** 製造間接費差異の分析

   製造間接費差異の分析方法には，2分法，3分法および4分法がある。
   製造間接費差異を4分法で分析すると，次のようになる。
   a．予算差異＝実際製造間接費－実際作業時間における変動予算許容額
   b．変動費能率差異＝（実際作業時間－標準作業時間）×変動費（配賦）率
   c．固定費能率差異＝（実際作業時間－標準作業時間）×固定費（配賦）率
   d．操業度差異＝（基準操業度－実際作業時間）×固定費（配賦）率
      〃　　　＝実際作業時間における変動予算許容額－（標準配賦率×実際作業時間）

   3分法の場合は，能率差異を①標準配賦率で分析する方法と②変動費配賦率で分析する方法とがある。

   3分法 ①変動費配賦率で分析する場合（予算差異(a)と能率差異(b)は，上記と同じ）
      操業度差異＝（基準操業度－標準作業時間）×固定費配賦率　（上記c＋d）
   3分法 ②標準配賦率で分析する場合（予算差異(a)と操業度差異(d)は，上記と同じ）
      能率差異＝（実際作業時間－標準作業時間）×標準配賦率　（上記b＋c）

   差異分析で，「＋」は借方差異（不利な差異），「－」は貸方差異（有利な差異）である。
   原価分析の分析方法には，本書に示した(1)「実際－標準」による方法と，(2)「標準－実際」

による2通りがある。(2)による場合は，「－」が借方差異，「＋」が貸方差異になるが，本書による(1)の方法を正確に覚えて，(2)は応用と考えて処理すること。

製造間接費差異の各分析方法を比較すると，次のとおりである。

4 分 法	3分法（その1）	3分法（その2）	2 分 法
予算差異（a）	予算差異（a）	予算差異（a）	管理可能差異（a＋b）
変動費能率差異（b）	能率差異（b＋c）	能率差異（b）	
固定費能率差異（c）		操業度差異（c＋d）	管理不能差異（c＋d）
操業度差異（d）	操業度差異（d）		

5 原価差異の記帳方法　次の2種がある。

(1) パーシャル・プラン　仕掛品（製造）勘定の借方に実際発生額を，貸方に標準原価を記入する。なお，月末仕掛品は標準原価で計上されるので，月初仕掛品は標準原価で借方に記入されている。

(2) シングル・プラン　仕掛品勘定の借方に材料・賃金・製造間接費勘定から標準原価による消費額が振り替えられ，貸方には標準原価による製造勘定への振替額が記入される。また，月末仕掛品も標準原価で計上される（平成12年度から出題範囲に入った）。

製造間接費差異の分析関係を図示すると，次のとおりである。

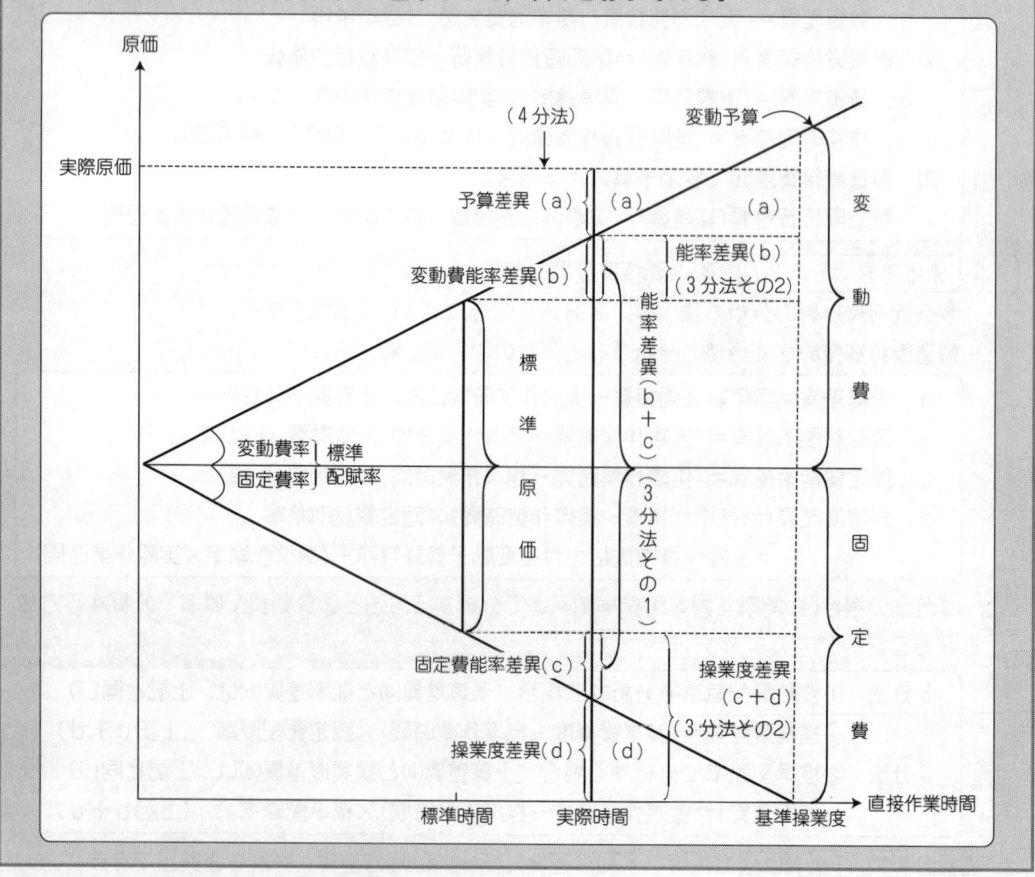

1 **基礎問題** 下記の資料によって，原価差額の差異分析をしなさい。なお，解答欄の（　）内には，借方差異（不利な差異）であれば「借」，貸方差異（有利な差異）であれば「貸」と記入しなさい。

(1) a　直接材料費差異（総差異）はいくらか。
　　b　材料価格差異はいくらか。
　　c　材料数量差異はいくらか。

【資料】

	単　価	消費量	金　額
標準直接材料費	200円	3,900個	780,000円
実際直接材料費	210円	4,000個	840,000円

a	円（　）	b	円（　）	c	円（　）

(2) a　直接労務費差異（総差異）はいくらか。
　　b　労働賃率差異はいくらか。
　　c　労働時間差異はいくらか。

【資料】

	賃　率	作業時間	金　額
標準直接労務費	600円／時	4,750時間	2,850,000円
実際直接労務費	620円／時	5,000時間	3,100,000円

a	円（　）	b	円（　）	c	円（　）

2 **基礎問題** 下記の資料によって，製造間接費の差異分析を4分法によって行いなさい。なお，解答欄の（　）には，借方差異であれば「借」，貸方差異であれば「貸」と記入しなさい。

　a　製造間接差異（総差異）はいくらか。　　d　固定費能率差異はいくらか。
　b　予算差異はいくらか。　　　　　　　　　e　操業度差異はいくらか。
　c　変動費能率差異はいくらか。

【資料】

	標準配賦率	直接作業時間	金　額
標準製造間接費	250円／時	5,000時間	1,250,000円
実際製造間接費		5,500時間	1,540,000円
製造間接費変動予算　変動費率　150円／時　固定費（月額）　600,000円			

a	円（　）	b	円（　）	c	円（　）
d	円（　）	e	円（　）		

—111—

3 **練習問題** 下記の資料によって，製造間接費の差異分析を3分法によって行いなさい。ただし，能率差異は標準配賦率を用いて計算する方法によること。なお，解答欄の（　）内には，借方差異であれば「借」，貸方差異であれば「貸」と記入しなさい。

　　a　製造間接費差異（総差異）はいくらか。
　　b　予算差異はいくらか。
　　c　能率差異はいくらか。
　　d　操業度差異はいくらか。

【資　料】

	標準配賦率	直接作業時間	金　　額
標準製造間接費	400円／時	3,000時間	1,200,000円
実際製造間接費		2,900時間	1,305,000円

　　製造間接費変動予算　変動費率　180円／時　固定費（月額）770,000円

a	円（　）	b	円（　）	c	円（　）	d	円（　）

4 **検定問題** 製品Aを製造するABC工場では標準原価計算制度を採用し，パーシャル・プランによって記帳している。そして，原価管理に役立てるべく，原価要素別に標準原価差額の差異分析を行っている。下記資料にもとづき，次の(1)～(8)の問いに答えなさい。なお，解答欄にある（　）内には，借方差異（不利な差異）であれば「借」，貸方差異（有利な差異）であれば「貸」と記入しなさい。　　　　　　　　　　　　　　　　　　　（第80回　類題）

(1)　直接材料費の総差異はいくらですか。
(2)　(1)で計算した総差異の内，価格差異はいくらですか。
(3)　(1)で計算した総差異の内，数量差異はいくらですか。
(4)　製造間接費の総差異はいくらですか。
(5)　製造間接費の差異分析は変動予算を用いて4分法で行っている。このとき，予算差異はいくらですか。
(6)　変動費能率差異はいくらですか。
(7)　固定費能率差異はいくらですか。
(8)　操業度差異はいくらですか。

【資　料】
1．製品A標準原価カード

	（標準単価）	（標準消費量）	
直接材料費	135円／kg	20kg	2,700円
	（標準賃率）	（標準作業時間）	
直接労務費	1,150円／時	2時間	2,300円
	（標準配賦率）	（標準作業時間）	
製造間接費	1,000円／時	2時間	2,000円
製品A1個当たりの標準製造原価			7,000円

2．製造間接費変動予算
　　変動費率　400円／時　　固定費（月額）　1,680,000円
3．当月生産実績

　　月 初 仕 掛 品　　　　300個（50％）
　　当 月 着 手　　　　1,200
　　　合　　　計　　　　1,500個
　　月 末 仕 掛 品　　　　400　（50％）
　　完　成　品　　　　1,100個

　なお，材料はすべて工程の始点で投入している。また，（　）内は加工進捗度である。

4．当月直接材料費実際発生額
　　140円／kg×23,500kg……………… 3,290,000円
5．当月製造間接費実際発生額……………2,650,000円
6．当月実際作業時間……………………… 2,400時間

(1)	円（　）	(5)	円（　）
(2)	円（　）	(6)	円（　）
(3)	円（　）	(7)	円（　）
(4)	円（　）	(8)	円（　）

5 検定問題

製品Hを量産するT工場では，パーシャル・プランによる標準原価計算を採用している。下記の1～3の資料にもとづいて，(1)原価標準（単位あたり標準原価），(2)直接材料費の消費量差異，(3)直接労務費の直接作業時間差異，(4)製造間接費の予算差異，(5)製造間接費能率差異，(6)製造間接費操業度差異を計算しなさい。

（第107回　類題）

1. 当月の生産に関する資料

    月初仕掛品　　300　（50％）
    当月投入　　　900
    合　計　　　1,200
    月末仕掛品　　100　（50％）
    完成品　　　1,100個

   （注1）直接材料費は工程の始点で投入される。
   （注2）（　）内の数値は加工進捗度を示している。

2. 当月の実際発生額に関する資料

    直接材料費：2,420,000円（実際消費量　22,000kg）
    直接労務費：2,520,000円（実際直接作業時間　2,100時間）
    製造間接費：3,250,000円

3. 製品A標準原価カード

    直接材料費　100円／kg×25kg　＝2,500円
    直接労務費　1,250円／時×2時間＝2,500円
    製造間接費　　?　×2時間＝　?
    　　　製品1個あたり標準原価　?

4. 製造間接費月間公式法変動予算

    基準操業度　2,200h　　変動費率　700円／h　　固定費　1,760,000

(1) 　8,000　円

(2) 　50,000　円（貸方）

(3) 　125,000　円（借方）

(4) 　20,000　円（借方）

(5) 　150,000　円（借方）

(6) 　80,000　円（借方）

（注）(2)～(4)の（　）内には，借方差異の場合は借方，貸方差異の場合は貸方と記入すること。

6 検定問題

当社では，予算の作成に信頼しうる基礎を提供し，かつ原価管理を効果的にするために，標準原価計算制度を採用している。　　　　（第110回　類題）

問1 下記の条件にもとづいて，答案用紙の月次予算損益計算書を完成しなさい。

〔条件〕
1. 製品の予算販売単価と予算販売量
　　予算販売単価　　　8,000円
　　予算生産・販売量　12,000個
2. 製品1個当たり標準製造原価
　　直接材料費　55円/kg×20kg　　1,100円
　　直接労務費　900円/時×3時間　2,700円
　　製造間接費　800円/時×3時間　2,400円
　　　　　　　　　　　　　　　　6,200円
3. 製造間接費変動予算
　　変動費率　500円/時　　固定費（月額）　10,800,000円
4. 販売費および一般管理費年間予算額　114,000,000円

予算損益計算書
（単位：円）

売　　上　　高	（　　　　　）
売　上　原　価	（　　　　　）
売　上　総　利　益	（　　　　　）
販売費および一般管理費	（　　　　　）
営　業　利　益	（　　　　　）

問2 当社の6月の実績データにもとづいて，答案用紙の標準製造原価差異分析表を完成しなさい。

　　生産・販売量　　11,400個
　　直接材料費　　57円/kg×226,000kg　　12,882,000円
　　直接労務費　　890円/時間×35,800時間　31,862,000円
　　製造間接費　　28,230,000円

標準製造原価差異分析表
（単位：円）

直 接 材 料 費 総 差 異		（　　　　　）
材 料 価 格 差 異	（　　　　　）	
材 料 数 量 差 異	110,000	
直 接 労 務 費 総 差 異		（　　　　　）
労 働 賃 率 差 異	（　　　　　）	
労 働 時 間 差 異	（　　　　　）	
製 造 間 接 費 総 差 異		（　　　　　）
予 　算 　差 　異	（　　　　　）	
能 　率 　差 　異	△1,280,000	
操 業 度 差 異	（　　　　　）	
標 準 製 造 原 価 差 異		（　　　　　）

ただし，不利な差異には△をつけること。

7 **練習問題** 製品Aを製造・販売する当社では，パーシャル・プランの標準原価計算制度を採用している。次の〔資料〕にもとづいて，当月の仕掛品勘定および月次損益計算書を完成しなさい。 (第126回 類題)

〔資 料〕
1．製品A1個当たりの標準原価
　　直接材料費　　@　100×2.0kg　　　200円
　　直接労務費　　@　600×0.5時間　　300円
　　製造間接費　　@1,000×0.5時間　　500円
　　　　　　　　　　　　　　　　　1,000円

2．当月の生産・販売実績
月初仕掛品	800個 ($\frac{1}{2}$)	月初製品	400個
当月投入量	7,200	完成品	7,000
合　計	8,000個	合　計	7,400個
月末仕掛品	1,000 ($\frac{4}{5}$)	月末製品	600
完　成　品	7,000個	販　売　品	6,800個

　材料はすべて工程の始点で投入している。
　（　）内は加工進捗度を示す。

3．当月の原価実績
　　直接材料費　　1,466,520円
　　直接労務費　　2,255,220円
　　製造間接費　　3,750,000円

4．その他の条件
　(1) 製品Aの販売単価は1,400円である。
　(2) 標準原価差異は月ごとに損益計算に反映させており，その全額を売上原価に賦課する。

```
              仕    掛    品              （単位：円）
月 初 有 高  (       )  完 成 高      (       )
直 接 材 料 費 (       )  月 末 有 高    (       )
直 接 労 務 費 (       )  標準原価差異  (       )
製 造 間 接 費 (       )
              (       )                (       )
```

月次損益計算書(一部)　　　　　　　　　　（単位：円）

Ⅰ　売　上　高　　　　　　　　　　　　　　　　（　　　　）
Ⅱ　売　上　原　価
　　　月初製品棚卸高　　　（　　　）
　　　当月製品製造原価　　（　　　）
　　　　合　　　計　　　　（　　　）
　　　月末製品棚卸高　　　（　　　）
　　　　差　　　引　　　　（　　　）
　　　標準原価差異　　　　（　　　）　　　（　　　　）
　　　売　上　総　利　益　　　　　　　　　　（　　　　）

8 練習問題

当社の大阪工場は、A製品を連続生産しており、標準原価計算を採用している。そこで、各問に答えなさい。

1．A製品1台当たりの標準原価
- 直接材料費　　12kg×@ 20 ＝　240
- 直接労務費　　0.2h×@900 ＝　180
- 製造間接費　　0.2h×@　？　＝　　？
- 製品1個あたりの標準原価　　　？

2．当月の生産データ

月初仕掛品	200 (50%)	なお、仕掛品の（　）内は加工進捗度を示す。また、材料は工程の始点で投入する。
当月投入量	3,100	
合　計	3,300	
当月完成量	3,000	
月末仕掛品	300 (50%)	

3．製造間接費月間公式法変動予算
- (1) 基準操業度　　　700h
- (2) 変動比率　　　　@250
- (3) 固定費予算額　　210,000

製造間接費差異の原因別分析については、公式法変動予算による3分法で行う。

4．当月の実際原価に関するデータ
- (1) 実際直接材料費　　　　783,300　（実際消費量　37,250kg）
- (2) 実際直接労務費　　　　558,620　（実際直接作業時間　620h）
- (3) 製造間接費実際発生額　355,500

問1　仕掛品勘定をパーシャルプランで記入しなさい。

仕　掛　品　　　　　　　　　　　（単位：円）

月初仕掛品原価	(77,000)	当月完成品原価	(1,590,000)
当月製造費用		原　価　差　異	(68,920)
直 接 材 料 費	(783,300)	月末仕掛品原価	(115,500)
直 接 労 務 費	(558,620)		
製 造 間 接 費	(355,500)		
	(1,774,420)		(1,774,420)

問2　原価差異の原因別分析

材料価格差異	(38,300　借方差異)
労働時間差異	(9,000　借方差異)
製造間接費	(20,000　借方差異)
予 算 差 異	(9,500　貸方差異)
能 率 差 異	(5,500　借方差異)
操業度差異	(24,000　借方差異)

＊（　）内には、借方差異または貸方差異を明示すること。

第23回 直接原価計算

要点整理

1 直接原価計算 原価（製造原価，販売費および一般管理費）を変動費と固定費とに分けて，変動費だけで製品原価（一定単位の製品に集計する原価）を計算する方法である。固定費は製品原価に算入せず，期間原価（当期の収益に対応させる期間費用）として処理する。

2 変動費 操業度の変動に比例して増減する原価。製造直接費と変動製造間接費が変動製造原価で製品原価を構成する。また，販売費も変動販売費（変動費）と固定販売費（固定費）とに分ける。

3 固定費 操業度が変動しても一定額が発生する原価。固定製造間接費，固定販売費が固定費である。また，一般管理費は固定費とする。

4 直接原価計算の損益計算

> 売上高－変動売上原価（販売された変動製造原価）＝変動製造マージン
> 変動製造マージン－変動販売費＝貢献利益
> 貢献利益－固定費（固定製造間接費・固定販売費および一般管理費）＝営業利益

5 固定費調整 直接原価計算の営業利益を全部原価計算の営業利益に直す手続。

> 直接原価計算の営業利益＋期末棚卸資産に含まれる固定製造間接費
>   －期首棚卸資産に含まれる固定製造間接費＝全部原価計算の営業利益

また，予定配賦（各期の予定配賦率が同一）を行っている場合，次のようにも計算できる。

> 直接原価計算の営業利益＋固定製造間接費予定配賦率
>   ×（期末製品在庫量－期首製品在庫量）＝全部原価計算の営業利益

---

1 **基礎問題** 直接原価計算を行っているTOP製作所の次の資料によって，(1)当期変動製造原価，(2)変動製造マージン，(3)貢献利益，(4)営業利益を計算しなさい。ただし，仕掛品はない。

直接材料費	750,000円	直接労務費	860,000円
売　上　高	3,250,000円	変動製造間接費	430,000円
固定製造間接費	390,000円	変動販売費	140,000円
期首製品変動製造原価	310,000円	期末製品変動製造原価	330,000円
固定販売費および一般管理費	270,000円		

(1)	当期変動製造原価	円	(2)	変動製造マージン	円
(3)	貢　献　利　益	円	(4)	営　業　利　益	円

2 練習問題

次の資料により月次損益計算書を(A)全部原価計算方式と，(B)直接原価計算方式により作成しなさい。

当月生産・販売データ

(1) 生産量　月初製品在庫高　　250個　　　　@800円
　　　　　　当月製品完成高　3,200個
　　　　　　月末製品在庫高　　350個

(2) 仕掛品　月初・月末とも仕掛品はなかった。

(3) 販売高　数量は推定すること。なお，売上戻り，棚卸減耗はなかった。

(4) 製造原価　直接材料費（1個当たり）　　　　300円
　　　　　　　変動加工費（1個当たり）　　　　500円
　　　　　　　固定加工費（月額）　　　　　800,000円

(5) 製品売価（1個当たり）　　　　　　　　　1,400円

(6) 倉出単価（売上原価）の計算は先入先出法による。

(7) 販売費および一般管理費
　　　　　　　変動販売費（1個当たり）　　　　　90円
　　　　　　　固定販売費・一般管理費（月額）　300,000円

(A) 全部原価計算方式　　　　　　　(B) 直接原価計算方式

　売　　上　　高　（　　　）　　　売　　上　　高　（　　　）
　売　上　原　価　（　　　）　　　変動売上原価　　（　　　）
　売　上　総　利　益　（　　　）　　変動製造マージン（　　　）
　販売費・一般管理費（　　　）　　　変　動　販　売　費（　　　）
　営　業　利　益　（　　　）　　　貢　献　利　益　（　　　）
　　　　　　　　　　　　　　　　　固　　定　　費　（　　　）
　　　　　　　　　　　　　　　　　営　業　利　益　（　　　）

3 練習問題

全部原価計算制度を採用しているBIG製作所では，固定製造間接費の期間総額が5,000,000円，正常生産量が2,500個，したがって，製品1単位当たり2,000円の固定製造間接費を予定配賦（正常配賦）している。製造間接費の配賦差異は，当期の売上原価に賦課している場合，次の各場合，売上原価にいくら加算するか，減算するか答えなさい。

(1) 当期の生産量が2,200個のとき
(2) 当期の生産量が2,700個のとき

(1) 売上原価 {に／から} 　　　円，　　　算する。
(2) 売上原価 {に／から} 　　　円，　　　算する。

4 検定問題　下記のTOP製作所の資料に基づき、全部原価計算による損益計算書と直接原価計算による損益計算書を完成しなさい。ただし、TOP製作所では、製造間接費を予定配賦（正常配賦）している。なお、製造間接費配賦差異は、当期の売上原価に賦課すること。

(第89回　類題)

【資　料】
1．販売単価 …………………………………………………… 8,000円
2．製造原価：変動製造原価（製品単位当たり）…………… 2,400円
　　　　　　固定製造間接費：
　　　　　　　　期間総額 ………………………………… 6,000,000円
　　　　　　　　製品単位当たり（正常生産量2,000単位）… 3,000円
3．販　売　費：変動販売費（製品単位当たり）……………… 400円
　　　　　　　　固定販売費（期間総額）………………… 700,000円
4．一般管理費：すべて固定費（期間総額）……………… 1,300,000円
5．生産・販売数量等：

	第　1　期	第　2　期	第　3　期
期首製品在庫量	0個	200個	800個
当期製品生産量	2,000個	2,200個	1,600個
当期製品販売量	1,800個	1,600個	2,000個
期末製品在庫量	200個	800個	400個

（注）各期首・期末に仕掛品は存在しない。

損益計算書（全部原価計算）　　　　　（単位：円）

	第　1　期	第　2　期	第　3　期
売　　上　　高	(　　　)	(　　　)	(　　　)
売　上　原　価	(　　　)	(　　　)	(　　　)
原　価　差　異	(　　　)	(　　　)	(　　　)
計	(　　　)	(　　　)	(　　　)
売　上　総　利　益	(　　　)	(　　　)	(　　　)
販売費・一般管理費	(　　　)	(　　　)	(　　　)
営　業　利　益	(　　　)	(　　　)	(　　　)

損益計算書（直接原価計算）　　　　　（単位：円）

	第　1　期	第　2　期	第　3　期
売　　上　　高	(　　　)	(　　　)	(　　　)
変　動　売　上　原　価	(　　　)	(　　　)	(　　　)
変動製造マージン	(　　　)	(　　　)	(　　　)
変　動　販　売　費	(　　　)	(　　　)	(　　　)
貢　献　利　益	(　　　)	(　　　)	(　　　)
固　　定　　費	(　　　)	(　　　)	(　　　)
営　業　利　益	(　　　)	(　　　)	(　　　)

5 検定問題　BIG製作所は，製品Aを製造販売している。下記の資料にもとづき，全部原価計算による損益計算書と直接原価計算による損益計算書を作成しなさい。ただし，当製作所では加工費を予定配賦（正常配賦）し，配賦差異は当期の売上原価に賦課している。
（第93回　改題）

【資　料】
1．製品Aの販売単価……………………………………　14,000 円
2．製品Aの単位当たり製造原価：
　　原　料　費……………………………………　3,000 円
　　加　工　費……………………………………　6,000 円
　　　　　　　　　　　　　　　　　　　　　　　　9,000 円

（注1）当製作所では，加工費発生額は，製品Aの期間生産量が1,200単位のとき6,400,000円，期間生産量が600単位のとき5,200,000円と予定されている。

（注2）製品単位当たり加工費6,000円は，基準操業度を1,000単位として，基準操業度における加工費予算6,000,000円を1,000単位で除して算出されている。

3．販売費および一般管理費：
　　変動販売費（製品単位当たり）……………………1,000 円
　　固定販売費（期間総額）……………………………1,200,000 円
　　一般管理費：すべて固定費（期間総額）………1,300,000 円

4．製品Aの生産・販売・在庫数量：

	第 1 期	第 2 期	第 3 期
期首製品在庫量	0単位	0単位	300単位
当期製品生産量	1,000単位	1,200単位	900単位
当期製品販売量	1,000単位	900単位	1,000単位
期末製品在庫量	0単位	300単位	200単位

（注）各期首・期末に仕掛品は存在しない。

損益計算書（全部原価計算）　　　　（単位：円）

	第 1 期	第 2 期	第 3 期
売　　上　　高	(　　　)	(　　　)	(　　　)
売　上　原　価	(　　　)	(　　　)	(　　　)
原　価　差　異	(　　　)	(　　　)	(　　　)
計	(　　　)	(　　　)	(　　　)
売　上　総　利　益	(　　　)	(　　　)	(　　　)
販売費・一般管理費	(　　　)	(　　　)	(　　　)
営　業　利　益	(　　　)	(　　　)	(　　　)

損益計算書（直接原価計算）　　　　（単位：円）

	第 1 期	第 2 期	第 3 期
売　　上　　高	(　　　)	(　　　)	(　　　)
変　動　売　上　原　価	(　　　)	(　　　)	(　　　)
変　動　製　造　マージン	(　　　)	(　　　)	(　　　)
変　動　販　売　費	(　　　)	(　　　)	(　　　)
貢　献　利　益	(　　　)	(　　　)	(　　　)
固　　定　　費	(　　　)	(　　　)	(　　　)
営　業　利　益	(　　　)	(　　　)	(　　　)

6 **検定問題** 次の資料にもとづき，各自，全部原価計算による損益計算書と直接原価計算による損益計算書を作成したうえで，以下の問いに答えなさい。なお，全部原価計算においては，製造間接費は生産量を配賦基準として実際配賦を行うものとする。また，製品の払出単価の計算は先入先出法による。 (第100回 類題)

【資 料】

第1期から第4期を通じて，販売単価，製品単位あたり変動費，固定費の実績に変化がなく，以下のようであったとする。

① 販売単価　　　　　@20,000円
② 製品単位あたり変動費（製造原価のみ）
　　　　　　　製造直接費　@4,000円　　　製造間接費　　@4,000円
③ 固 定 費 製造原価　8,000,000円　　販売費・一般管理費　6,000,000円
④ 生産・販売数量等

	第 1 期	第 2 期	第 3 期	第 4 期
期首製品在庫量	0個	0個	500個	500個
当期製品生産量	2,000個	2,500個	2,000個	1,500個
当期製品販売量	2,000個	2,000個	2,000個	2,000個
期末製品在庫量	0個	500個	500個	0個

なお，各期首，期末に仕掛品の在庫は存在しない。

問1　第1期から第4期における全部原価計算の営業利益と直接原価計算の営業利益を解答欄に記入しなさい。

問2　第2期期末における貸借対照表の製品有高は，全部原価計算の場合と直接原価計算の場合とでは，どちらがどれだけ多いか。なお，（　　　）内の正しい語句を◯で囲んだうえ，金額を記入しなさい。

問3　第4期期首における貸借対照表の製品有高は，全部原価計算の場合と直接原価計算の場合とでは，どちらがどれだけ多いか。なお，（　　　）内の正しい語句を◯で囲んだうえ，金額を記入しなさい。

問4　全部原価計算と直接原価計算の違いについての以下の文章から，適切な文章には◯印，不適切な文章には×印をつけなさい。

ア．全部原価計算の利益と直接原価計算の利益の差は常に，全部原価計算の場合と直接原価計算の場合の製品・仕掛品の期末有高の差と等しくなる。

イ．期末の製品・仕掛品の在庫量が減少する場合，全部原価計算によると過去に発生した固定費の一部が当期の売上原価の中に含まれてしまう。

ウ．期末の製品・仕掛品の在庫量が増加する場合，全部原価計算によると当期発生の固定費の一部が棚卸資産として繰り延べられている。

エ．全部原価計算の場合，販売単価，変動費率，固定費に変化がなく，生産量が同じであれば，営業利益は常に同じになる。

オ．直接原価計算の場合，販売単価，変動費率，固定費に変化がなければ，売上

高が増加すれば営業利益も増加し，売上高が減少すれば，営業利益も減少する。

問1 (単位：円)

	第 1 期	第 2 期	第 3 期	第 4 期
全部原価計算の営業利益				
直接原価計算の営業利益				

問2　第2期期末における貸借対照表の製品有高は，（全部原価計算の場合，直接原価計算の場合）のほうが，□□□□□円だけ多い。

問3　第4期期首における貸借対照表の製品有高は，（全部原価計算の場合，直接原価計算の場合）のほうが，□□□□□円だけ多い。

問4

ア	イ	ウ	エ	オ

7 **新範囲問題**　120ページ **4** の直接原価計算による営業利益から，全部原価計算の営業利益に直す固定費調整を，第1期，第2期，第3期について，計算式を示して行いなさい。

第 1 期	
第 2 期	
第 3 期	

第24回 損益分岐分析と原価予測の方法

要点整理

1. 原価・営業量・利益関係の分析　短期利益計画（1年間）を立てる際に，原価を変動費と固定費とに分解して，原価・営業量・利益関係の分析が行われる。これが 損益分岐分析 （ CVP分析 ＝cost-volume-profit analysis）である。

2. 損益分岐図表　売上高（営業量）が増減したとき，原価と利益の関係を示す図表
   売上高：1,000万円のとき　　変動費：400万円　　固定費：600万円の場合

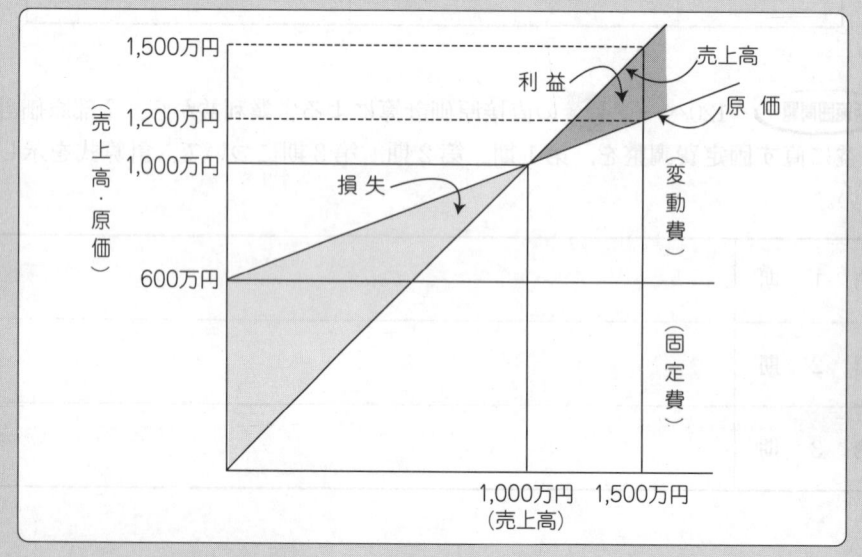

3. 損益分岐分析の計算式

$$損益分岐点の売上高 = \frac{固定費}{1 - \frac{変動費}{売上高}}$$

$$\frac{変動費}{売上高} = 変動費率$$

売上高 − 変動費 ＝ 貢献利益

$$\frac{貢献利益}{売上高} = 貢献利益率 = 1 - 変動費率$$

$$損益分岐点の売上数量 = \frac{固定費}{単位当たり貢献利益}$$

販売単価 − 単位当たり変動費 ＝ 単位当たり貢献利益

$$希望利益を得る売上高 = \frac{固定費 + 希望利益}{1 - \frac{変動費}{売上高}}$$

$$希望利益を得る売上数量 = \frac{固定費 + 希望利益}{単位当たり貢献利益}$$

4. 原価予測の方法
   (1) 費目別精査法　各費目の実績を精査し，変動費と固定費を計算する方法
   (2) 高低点法　各費目について，最高と最低の業務量のときの原価から，変動費と固定費を計算する方法

1 **基礎問題** 次の資料から，(1)損益分岐点の売上高を計算しなさい。(2)希望利益300,000円を得るための売上高を計算しなさい。(3)貢献利益率は何％か計算しなさい。

【資　料】

売上高1,200,000円の場合　　変動費　480,000円　　固定費　750,000円

(1)		(2)		(3)	

2 **練習問題** A製品の販売単価は4,000円で，この単位当たり変動費は1,400円，固定費が月額1,820,000円の場合，次の問いに答えなさい。

(1) 損益分岐点の売上高はいくらか。
(2) 1,300,000円の利益を得るための売上高はいくらか。
(3) 1,000個販売したときの利益はいくらか。
(4) 貢献利益率は何％か。
(5) 単位当たり変動費が10％上昇した場合，(2)と同じ1,300,000円の利益を得るためには，販売数量は何個以上増やさなければならないか。

(1)	円	(2)	円	(3)	円
(4)	％	(5)	個		

3 **検定問題** 次の（　）内に適当な語句または数字を入れなさい。　（第90回　類題）

(1) 原価は，原価態様にもとづいて，（　①　）と（　②　）に分類される。（　①　）は操業度の増減に比例して増減する原価であり，（　②　）は操業度が増減しても変化しない原価である。

(2) 売上高から（　①　）を差し引いて（　③　），（　③　）から（　②　）を差し引いて営業利益が計算される。このような損益計算を（　④　）方式の損益計算という。

(3) 甲社は，製品A（販売単価@4,000円）を製造・販売している。製品Aの単位当たり変動費は1,600円，固定費は月に1,500,000円である。したがって，甲社の損益分岐点における月間の販売数量は（　⑤　）個，同じく売上高は（　⑥　）円である。月に1,200,000円の営業利益を上げるためには，製品Aを月に（　⑦　）個販売しなければならない。

(4) 乙社は，製品Bを製造・販売している。乙社の変動費率は60％，固定費は月に600,000円である。したがって，乙社の損益分岐点における月間の売上高は（　⑧　）円である。製品Bの販売単価が@3,000円であれば，そのとき販売数量は（　⑨　）個である。また，製品Bの月間販売数量が800個であるなら，月間の営業利益は，（　⑩　）円となる。

①	②	③	④
⑤	⑥	⑦	⑧
⑨	⑩		

4 検定問題 X社の来月の予定損益計算書にもとづいて，答案用紙の（　）に，適切な用語または数字を埋めなさい。なお，使用する用語は次のものに限る。

(第114回　類題)

売上総利益	売上原価	間接費	貢献利益	固定費
全部原価計算	直接原価計算	標準原価	標準原価計算	変動費

予 定 損 益 計 算 書

```
売 上 高          @200,000円×30,000台‥‥‥‥‥‥‥‥  600,000万円
変動売上原価
  原 料 費        @90,000円×30,000台‥‥270,000万円
  加 工 費        @18,000円×30,000台‥‥ 54,000万円  324,000万円
    変動製造マージン  @92,000円×30,000台‥‥‥‥‥‥‥‥  276,000万円
  変動販売費      @12,000円×30,000台‥‥‥‥‥‥‥‥   36,000万円
    貢 献 利 益    @80,000円×30,000台‥‥‥‥‥‥‥‥  240,000万円
固 定 費
  製 造 原 価                          70,000万円
  販売費・一般管理費                    50,000万円  120,000万円
営 業 利 益                                         120,000万円
```

X社は（①　　　　　）方式の損益計算書を採用している。①方式の損益計算では，原価（製造原価，販売費および一般管理費）を（②　　　　　）と（③　　　　　）とに分解し，売上高からまず②を差し引いて（④　　　　　）を計算し，④から③を差し引いて営業利益を計算する。この方式の損益計算書は，正規の損益計算書上で，短期利益計画に役立つ原価・営業量・利益の関係を明示している。

X社の来月の貢献利益率は（⑤　　　　　）％，損益分岐点販売量は（⑥　　　　　）台である。損益分岐点の営業量と予定または実際の営業量との差を安全余裕度というが，X社の来月の安全余裕度は販売量でいえば（⑦　　　　　）台である。

X社の来月の売上高営業利益率は（⑧　　　　　）％である。売上高営業利益率28％の営業利益をあげる売上高は（⑨　　　　　）億円であり，そのときの④は（⑩　　　　　）億円である。

①	②	③	④
⑤	⑥	⑦	⑧
⑨	⑩		

5 練習問題 原価予測の方法として，高低点法を採用するとき，過去1年間の各月の間接材料費の最高月と最低月の資料は，次のとおりであった。よって，
(1) 直接作業時間が5,200時間のときの間接材料費を計算しなさい。
(2) 直接作業時間が4,500時間のときの間接材料費を計算しなさい。

—126—

【資料】

	直接作業時間	間接材料費
10月（最高月）	5,700時間	792,000円
2月（最低月）	3,900時間	684,000円

(1)	円	(2)	円

6 検定問題　当社の6月の販売記録は次のとおりであった。直接原価計算の損益計算書を作成していることを前提に問1から問4に答えなさい。　　（第117回 類題）

〔資　料〕　6月の販売記録

販売価格　　　　@10,600
販売量　　　　　5,000台
直接材料費　　　6,000,000（変動費）
直接工賃金　　　4,000,000（うち，固定費が3,000,000）
間接工賃金　　　1,400,000（うち，変動費が1,000,000）
製造経費　　　 23,000,000（うち，変動費が2,000,000）
販売費　　　　　 900,000（うち，変動費が 600,000）
一般管理費　　　1,800,000（固定費）

問1　損益計算書を完成させなさい。
問2　損益分岐点の販売量を計算しなさい。
問3　損益分岐点の売上高を計算しなさい。
問4　希望営業利益30％をあげるために必要な売上高を計算しなさい。

問1

損　益　計　算　書　　　　　　　　　（単位：円）

売　上　高		(　　　　)
変　動　費		
変動売上原価	(　　　　)	
変動販売費	(　　　　)	(　　　　)
貢　献　利　益		(　　　　)
固　定　費		
固定製造原価	(　　　　)	
固定販売費	(　　　　)	
固定一般管理費	(　　　　)	(　　　　)
営　業　利　益		(　　　　)

問2	
問3	
問4	

7 **検定問題** 当社は、A製品を製造・販売している。当月の業績は次のとおりであった。以下の設問の文章中（　）内の数字として適切なものを解答欄に記入しなさい。なお、月初および月末に仕掛品および製品の在庫はないものとする。

(第104回　類題)

売上高		@60,000円×800個
原価　変動費	変動製造原価	@27,000円×800個
	変動販売費	@ 3,000円×800個
固定費	固定製造原価	16,000,000円
	固定販売費・一般管理費	2,000,000円

問1　(1)　当社の月間貢献利益は（　①　）円である。
　　　(2)　当社の損益分岐点における月間販売数量は（　②　）個である。
問2　販売単価、製品単位当たりの変動費、月間固定費は次月以降も当月実績どおり予定される場合、次月以降、月間目標営業利益7,200,000円を獲得しようとするならば、月間貢献利益は（　③　）円、月間販売数量は（　④　）個でなければならない。
問3　（　④　）個の月間販売数量は達成が不可能であることが、利益計画策定中に明らかになった。販売数量は確保したいが、当社としては販売単価を引き下げたくないので、販売費を増やす案を検討した。製品単位当たり変動販売費を1,000円追加すれば、月間820個の販売が可能となる。しかし、この場合の月間貢献利益は（　⑤　）円、月間営業利益は（　⑥　）円になり、月間目標営業利益7,200,000円を獲得できない。

① 24,000,000	② 600
③ 25,200,000	④ 840
⑤ 23,780,000	⑥ 5,780,000

問1　最大の売上高　24,000,000円
　　　最小の売上高　14,000,000円
問2　単位当たり変動費　300円/単位
　　　月間固定費　5,900,000円
問3　14,750,000円
問4　21,000,000円

第25回 製品の受払いと営業費の計算

要点整理

1. 製品の受払いの記帳
   (1) 見込生産の場合 　製品は完成報告書とともに倉庫に入庫。仕訳例。

   | （借）製 品 | ×× | （貸）仕 掛 品 | ×× |

   注文によって出庫伝票が作成され出庫。

   | （借）売 上 原 価 | ×× | （貸）製 品 | ×× |
   | 売 掛 金 | ×× | 売 上 | ×× |

   製品元帳に，製品の受払いの記入をする。この記入方法に，先入先出法，後入先出法，移動平均法，総平均法などがある。

   (2) 受注生産の場合 　製品の完成報告書とともに，直ちに出荷される。原価計算表は売上帳にファイルする。この場合，製品勘定の記入は行わない。なお，一時倉庫に保管される場合は，見込生産の場合に準ずる。

   | （借）売 上 原 価 | ×× | （貸）仕 掛 品 | ×× |
   | 売 掛 金 | ×× | 売 上 | ×× |

   (3) 売上値引，割戻し，売上返品，売上割引の記帳
   売上値引，割戻し，売上返品の場合は，売上の反対仕訳を行う。

   | （借）売 上 | ×× | （貸）売 掛 金 | ×× |

   売上返品の場合は，製品に振り替える仕訳も行う。このとき，不完全品の場合は，返品の差損を計上する。

   | （借）製 品 | ×× | （貸）売 上 原 価 | ×× |
   | 返 品 差 損 | ×× | | |

   売上割引をした場合は，売上割引勘定を用いて営業外費用とする。

   | （借）現 金 預 金 | ×× | （貸）売 掛 金 | ×× |
   | 売 上 割 引 | ×× | | |

2. 営業費の計算
   営業費とは，販売費および一般管理費をいう。
   (1) 形態別分類と機能別分類 　形態別分類を基礎に，機能別分類を加味して分類される。
   形態別分類：給料，消耗品費，減価償却費，保険料など。
   機能別分類：広告宣伝費（広告宣伝員の給料・手当，見本費，広告料等を含む），倉庫費など。
   (2) 変動販売費と固定販売費 　販売費を変動費と固定費に分け，一般管理費をすべて固定費として集計する。経営管理に有益な情報を提供する。

1 **基礎問題** 次の一連の取引について仕訳しなさい。

(1) ＴＯＰ製作所は単純総合原価計算を採用し，Ａ製品を製造している。当月の次の資料によって，製品が800個完成した。

　　月初仕掛品　　　370,000円　　　　当月製造費用　　　3,080,000円
　　月末仕掛品　　　410,000円

(2) 得意先甲商店にＡ製品を，次のとおり発送した。同時に売上原価を計上した。
　　　Ａ製品　600個　　＠5,000円　　3,000,000円

(3) 甲商店に発送したＡ製品の一部に品質不良があり，20個が返品された。この評価額は＠1,500円である。

(4) 甲商店に対する売掛金の残額について，5％の割引を承認したうえで，当座預金に振り込まれた。

	借方科目	金　額	貸方科目	金　額
(1)				
(2)				
(3)				
(4)				

2 **練習問題** 次の勘定科目を用いて，下記の取引を仕訳しなさい。なお，当社は受注生産企業で，完成品は直ちに注文主に引き渡している。

材料，賃金，仕掛品，売掛金，未収金，売上原価，買掛金，製造間接費，売上，販売費

(1) 受注製品♯61が完成したので，注文主に引き渡した。納入価格は2,300,000円である。

(2) 受注製品♯61用に払い出した直接材料Ａのうち，未使用分40,000円が倉庫に返納された。なお，この製品の製造原価は1,800,000円（未使用分含む）であった。

(3) 工場設備の修理を行った。このため，賃金60,000円，材料30,000円を消費した。

(4) 月間に払い出し，消費した直接材料Ｂの1kg当たりの単価を500円をすべきところを間違って5,000円と仕訳していた。これを修正する。この材料の払出量は100kgであって，全量が月間に完成し，得意先に引き渡されている。

	借方科目	金　額	貸方科目	金　額
(1)				
(2)				
(3)				
(4)				

第26回 工場会計の独立

要点整理

1. 工場会計を本社会計から分けて，独立の会計単位とすることを，工場会計の独立という。
2. 工場会計を独立させた場合，各取引は次のように処理する。
   (1) 工場だけに関係のある取引は，工場の帳簿組織のなかで処理する。
   (2) 本社だけに関係のある取引は，本社の帳簿組織のなかで処理する。
   (3) 本社，工場の双方に関係のある取引は，双方の帳簿組織を連絡するために，本社に工場勘定（または工場元帳勘定），工場に本社勘定（または本社元帳勘定）を設ける。
3. 本社と工場がそれぞれ独立して決算を行い，それぞれの財務諸表を合併する。このとき，未達事項を整理し，内部利益を控除する。合併の手続きは，基本的には商業簿記の本支店会計の合併と同様である。

---

1 練習問題 工場会計が独立している場合の次の取引について，本社・工場双方の仕訳をしなさい。なお，仕訳を要しない場合は，その解答欄に「仕訳なし」と記入すること。

(1) 本社は材料830,000円を掛で仕入れ，これを工場に送付した。
(2) 本社は製造経費140,000円を現金で支払った。
(3) 材料250,000円を消費した。うち，210,000円は製造指図書#71用である。
(4) 当月の賃金消費額は460,000円で，うち直接費は290,000円であった。
(5) 本社では，当月の賃金支払額480,000円から，所得税・健康保険料などの従業員負担額（預り金勘定で処理している。）35,000円を差し引いて，正味支払額445,000円を小切手を振り出して工場に送金し，工場はこれを従業員に支払った。
(6) 本社は従業員の預り金のうち，所得税25,000円を現金で納付した。

	本　　　　社		工　　　　場	
	借方科目・金額	貸方科目・金額	借方科目・金額	貸方科目・金額
(1)				
(2)				
(3)				
(4)				
(5)				
(6)				

2 検定問題

TOP製作所（本社東京）は、上田市に工場をもっており、本社と工場は独立した会計をとっている。材料の倉庫および製品の倉庫は工場内にある。材料の支払および従業員への給与の支払は、本社で行っている。なお、工場元帳には、以下の勘定が設定されている。　　　　　　　　　　　　　　　　（第93回　類題）

　材料，賃金・給料，製造間接費，仕掛品，製品，本社

9月中の次の取引について工場で行われる仕訳を示しなさい。

〔9月中の取引〕
(1) 掛けで購入した材料3,700,000円を、検品のうえ工場の材料倉庫に受け入れた。
(2) 工場で材料3,500,000円を消費した。直接費2,700,000円，間接費800,000円であった。
(3) 工場で労働力4,600,000円を消費した。直接費3,200,000円，間接費1,400,000円であった。
(4) 製品8,500,000円が完成した。
(5) 本社の指示で、製品（原価6,000,000円）を得意先に発送した。

	借方科目	金額	貸方科目	金額
(1)				
(2)				
(3)				
(4)				
(5)				

3 **検定問題** A工業（本社東京都）は大阪工場をもち，本社と工場は独立した会計を行っている。材料と製品の倉庫は工場にある。材料の購入や従業員に対する給与の支払いは本社で行っている。なお，工場元帳には，次の勘定が設定されている。

　　材　料，賃金・給料，設備減価償却累計額，仕掛品，製造間接費，本　社

6月中の次の取引について工場で行われる仕訳を示しなさい。　　　（第119回　類題）

(1) 掛けで購入した素材2,000kg（購入代価1,000円／kg）を，検査したうえで倉庫に受け入れた。なお，購入にさいして，本社は200,000円の引取運賃を支払っている。
(2) 素材について，今月，1,800kgは製品製造に使用し，100kgは修繕のために使用したのでこれを計上した。なお，月初における素材の繰越高はなかった。
(3) 今月，工場での直接工および間接工による賃金・給料の消費額を計上する。直接工の作業時間について，総就業時間は2,160時間であり，その内訳は，直接作業時間2,000時間，間接作業時間120時間，手待時間40時間であった。大阪工場において適用する予定総平均賃率は900円である。また間接工については前月賃金未払高350,000円，当月賃金支払高1,350,000円，当月賃金未払高300,000円であった。
(4) 工場設備の減価償却費として700,000円を計上した。
(5) 直接作業時間を配賦基準として製造間接費を各製造指図書に予定配賦した。なお，大阪工場の年間の製造間接費予算は21,648,000円，年間の予定総直接作業時間は26,400時間である。

	借方科目	金　額	貸方科目	金　額
(1)	材料	2,200,000	本社	2,200,000
(2)	仕掛品 製造間接費	1,800,000 100,000	材料	1,900,000
(3)	仕掛品 製造間接費	1,800,000 1,444,000	賃金・給料	3,244,000
(4)	製造間接費	700,000	設備減価償却累計額	700,000
(5)	仕掛品	1,640,000	製造間接費	1,640,000

4 練習問題

品川製作所（本社東京都）は横浜市に工場をもっており，本社と工場はそれぞれ独立した会計をとっている。12月1日における横浜工場の元帳諸勘定残高は次のとおりである。　　　　　　　　　　　　　　　　　　　（第112回　類題）

残　高　試　算　表　　　　（単位：円）

材　　　料	107,000	給　　　与	160,000
仕　掛　品	198,000	本 社 元 帳	145,000
製造間接費	0		
	305,000		305,000

次の(1)～(5)は，本製作所の12月における取引の一部である。横浜工場において行われる仕訳を示しなさい（仕訳が不要の場合は「仕訳なし」と答案用紙に記入すること）。ただし，横浜工場で使用する勘定科目は上記残高試算表に示されているものに限るものとする。なお，材料の購入など支払い関係はすべて本社が行っており，本社工場間で内部利益は付加していない。

(1) 横浜工場は，素材950,000円をメッキ加工のため，無償で協力会社のH工業に引き渡した。このとき，この素材を通常の出庫票で出庫した。

(2) 協力会社に外注してあった(1)の素材がメッキ加工ののち納品されたので，横浜工場は，これを検査後ただちに製造現場に引き渡した。当月分の請求書金額は300,000円であり，来月末に支払う予定である。

(3) 横浜工場は当月の機械・設備関係の減価償却費を計上した。本社からの通知によれば減価償却費の年間見積額は3,000,000円である。

(4) 当月の福利施設関係の費用は1,295,000円であった。本社がその5分の2を負担し，残りを横浜工場の負担とする旨の連絡が本社からあったので，横浜工場は承認した。

(5) 製品3,400,000円が完成した。横浜工場はこれをただちに得意先のT商事へ4,200,000円で発送し，その旨を本社に連絡した。

取引	借方科目	金　額	貸方科目	金　額
(1)				
(2)				
(3)				
(4)				
(5)				

5 検定問題　当社（本社東京）は，小諸に工場をもっており，本社会計から工場会計を独立させている。材料倉庫は工場内にある。材料購入に要する支払いおよび従業員に対する給与の支払いは本社で行っている。材料の購入と製品の販売は本社が行う。本社から工場への材料の振り替えには，内部利益を付加していない。工場で製造された製品はすべて本社に納入されるが，工場にも製品倉庫があり，一度ここに保管される。工場から本社への製品の振り替えには，製造原価の10％の利益を加算している。

（第101回　類題）

問1　12月中の取引について，工場で行われる仕訳を解答欄に記入しなさい。ただし，使用する科目は次のものに限る。

| 材　　料 | 設備減価償却累計額 | 賃　　金 | 内部売上原価 | 仕　掛　品 |
| 製　　品 | 製造間接費 | 本　　社 | 内　部　売　上 | |

〔12月中の取引〕
(1) 本社が掛けで購入した材料1,700,000円を，検品のうえ工場の倉庫に受け入れた。
(2) 工場従業員に賃金1,850,000円，賞与手当300,000円が支給された。
(3) 工場の設備減価償却費として，370,000円を計上した。
(4) 工場で材料1,500,000円を消費した。直接費1,300,000円，間接費200,000円であった。
(5) 工場で労働力1,900,000円を消費した。直接費1,400,000円，間接費500,000円であった。
(6) 製造間接費を各製品に配賦した（直接労務費の90％）。
(7) 当月の完成品は3,000,000円であった。
(8) 工場は，本社からの指示により，当月完成品のうち75％を本社に納入した。ただし，完成品の単位原価は，等しかったものとする。なお，当社では工場における製品勘定の残高は，常に工場の製品倉庫の有高と一致させている。

問2　当月工場が本社に納入した製品のうち，8％が当月末に本社在庫として残った。その分に含まれる内部利益はいくらになるか。

問1

	借　方　科　目	金　　　額	貸　方　科　目	金　　　額
(1)				
(2)				
(3)				
(4)				
(5)				
(6)				
(7)				
(8)				

問2
　　内部利益は（　　　　　　　）円である。

実力テスト

実力テスト ●第1回●

1 当製作所では、直接作業時間を基準とした製造部門別の予定配賦率を用いて製造間接費を正常配賦している。製造部門には第1製造部門と第2製造部門があり、補助部門には動力部門、修繕部門および工場事務部門がある。次の〔資料〕にもとづいて、答案用紙の、(1)当月の補助部門費配賦表を完成し、(2)当月の製造間接費の正常配賦および原価差異への振替を示す仕訳の（　）内に適切な数値を記入しなさい。

(第129回　類題)

〔資　料〕

	第1製造部門	第2製造部門
予算額（補助部門費配賦後）	9,450,000 円	6,480,000 円
予定直接作業時間	12,600時間	10,800時間

1．製造部門別の製造間接費予算（年間）

	配賦基準	合　計	第1製造部門	第2製造部門	動力部門	修繕部門	工場事務部門
動力部門費	動力消費量	1,000kW-h	5,000kW-h	4,000kW-h	100kW-h	―	―
修繕部門費	修繕回数	15回	7回	6回	2回	―	―
工場事務部門費	従業員数	23人	12人	8人	3人	3人	2人

2．当月の実際補助部門費の配賦のためのデータ

3．当月の実際直接作業時間

　　第1製造部門：1,080時間、第2製造部門：850時間

4．その他の計算条件

　　補助部門費の配賦は直接配賦法による。

(1) **補助部門費配賦表**　　　　　　　（単位：円）

費　目	製造部門 第1製造部門	製造部門 第2製造部門	補助部門 動力部門	補助部門 修繕部門	補助部門 工場事務部門
部　門　費	598,000	331,000	180,000	130,000	90,000
動力部門費	100,000	80,000			
修繕部門費	70,000	60,000			
工場事務部門費	54,000	36,000			
製造部門費	822,000	507,000			

(2)

借方科目	金額	貸方科目	金額
仕　掛　品	(1,320,000)	製造間接費	1,329,000
予　算　差　異	(1,500)		
操　業　度　差　異	(7,500)		

2 A工業は，同一工程で等級製品X，YおよびZを連続生産している。製品原価の計算方法は，1か月の完成品総合原価を製品1個当たりの重量によって定められた等価係数に完成品を乗じた積数の比で各等級製品に按分する方法を採用している。次の〔資料〕にもとづいて，当月の月末仕掛品原価，完成品総合原価，等級製品X，YおよびZの完成品単位原価を計算しなさい。なお，原価投入額合計を完成品総合原価と月末仕掛品原価に配分する方法として先入先出法を用い，正常仕損の処理は度外視法によること。　　　　　　　　　　　　　　　　　　　　　　　　　　（第128回　類題）

〔資 料〕
1．生産データ
　　月初仕掛品　　　　　　100個　（40％）
　　当月投入　　　　　　1,180
　　　合　計　　　　　　1,280個
　　正常仕損　　　　　　　80
　　月末仕掛品　　　　　　200　　（50％）
　　完　成　品　　　　　1,000個

　（注）完成品は，Xが600個，Yが200個，Zが200個である。また，材料は工程の始点で投入し，（　）内は加工費の進捗度である。仕損は工程の途中で発生しており，仕損品の処分価額はゼロである。

2．原価データ
　月初仕掛品原価
　　直接材料費　　　　289,960円
　　加　工　費　　　　187,280
　　　小　計　　　　　477,240円
　当月製造費用
　　直接材料費　　　3,141,160円
　　加　工　費　　　4,883,420
　　　小　計　　　　8,024,580円
　　　合　計　　　　8,501,820円

3．製品1個当たりの重量（単位：g）
　　X　　　　Y　　　　Z
　　800　　　400　　　200

月 末 仕 掛 品 原 価 ＝ 　　1,031,820　　円

完 成 品 総 合 原 価 ＝ 　　7,470,000　　円

等級製品Xの完成品単位原価 ＝ 　　9,960　　円／個

等級製品Yの完成品単位原価 ＝ 　　4,980　　円／個

等級製品Zの完成品単位原価 ＝ 　　2,490　　円／個

実力テスト ●第2回●

1 A工業は，X，Yという2種類の異種製品を同一工程で連続生産している。製品原価の計算は，XとYを組別に計算する組別総合原価計算を採用している。すなわち，製造費用を原料費，直接労務費および製造間接費に分け，原料費と直接労務費は各組に直課し，製造間接費は直接作業時間を基準として実際配賦している。なお。当月実際直接作業時間はA製品が1,000時間，B製品が1,530時間であった。原価投入額合計を完成品総合原価と月末仕掛品原価に配分するためには先入先出法を用い，正常減損の処理は度外視法によること。次の〔資料〕にもとづいて，答案用紙の組別総合原価計算表を作成しなさい。

(第129回　類題)

〔資　料〕

1．生産データ

	X製品		Y製品	
月初仕掛品量	400kg	($\frac{1}{2}$)	400kg	($\frac{1}{2}$)
当月投入量	1,000		2,400	
投入合計	1,400kg		2,800kg	
当月完成品量	1,000kg		2,000kg	(40%)
減損量	100		200	
月末仕掛品量	300	($\frac{1}{3}$)	600	($\frac{2}{3}$)
産出合計	1,400kg		2,800kg	

(注)　原料はすべて工程の始点で投入される。仕掛品の（　）内の数値は加工費の進捗度を示している。なお，減損は工程の終点で発生し正常なものであった。

2．原価データ

(1) 月初仕掛品原価：
　原　料　費　760,000円（内訳：X製品460,000円，Y製品300,000円）
　加　工　費　1,132,000円（内訳：X製品696,000円，Y製品436,000円）

(2) 当月製造費用：
　原　料　費　3,120,000円（内訳：X製品1,200,000円，Y製品1,920,000円）
　直接労務費　3,789,940円（内訳：X製品1,498,000円，Y製品2,291,940円）
　製造間接費　4,710,860円

総合原価計算表
(単位：円)

	X 製品		Y 製品	
	原　料　費	加　工　費	原　料　費	加　工　費
月初仕掛品原価	460,000	696,000	300,000	436,000
当月製造費用	1,200,000	(　　　)	1,920,000	(　　　)
合　　　計	1,660,000	(　　　)	2,220,000	(　　　)
月末仕掛品原価	(　　　)	(　　　)	(　　　)	(　　　)
完成品総合原価	(　　　)	(　　　)	(　　　)	(　　　)
完成品単位原価	(　　　)	(　　　)	(　　　)	(　　　)

2 製品Ｈを量産するＴ工場では，標準原価計算を採用シングル・プランを用いて記帳している。次の〔資料〕にもとづいて，(1)答案用紙の標準原価カードを完成しなさい。また，(2)仕掛品勘定を完成させなさい。(3)原価要素別のそれぞれの差異を求めなさい。(4)製造間接費における予算差異，(5)製造間接費における操業度差異を求めなさい。

(第127回 類題)

〔資 料〕
1．標準と予算データ
　　　直接材料費の標準消費価格：　　　100円／kg
　　　直接材料費の標準消費量：　　　　　5 kg／個
　　　直接労務費の標準賃率：　　　　　200円／時間
　　　直接労務費の標準直接作業時間：　10時間／個
　　　製造間接費予算(年間)：　　　4,320,000円
　　　正常直接作業時間(年間)：　　　14,400 h
2．生産実績データ
　　　月初仕掛品　　　20個 (50％)
　　　当月投入　　　　120個
　　　　合　計　　　　140個
　　　月末仕掛品　　　40個 (50％)
　　　完 成 品　　　100個
　　　(注)　直接材料は工程の始点で投入されている。
　　　　　（　）内は加工の進捗度を示している。
3．当月の実際原価データ
　　　直接材料費：68,200円 (110円／kg×620kg)
　　　直接労務費：226,800円 (210円／時間×1,080時間)
　　　製造間接費：350,000円
4．製造間接費の予算額（月間）は次のとおりである。
　　　製造間接予算額　　　？円（変動費率　100円／時間，固定予算額　240,000円）
　　　基準操業度　　　　　？時間（月間）

(1) 標準原価カード

直接材料費	100 円／kg ×	5 kg／個 =(	)円／個
直接労務費	(　)円／時間×(	)時間／個=(	)円／個
製造間接費	(　)円／時間×(	)時間／個=(	)円／個
合　計		(	)円／個

(2)　　　　仕掛品（シングル・プラン）

前月繰越 60,000	製　　品（　　）
材　　料（　　）	次月繰越（　　）
直接労務費（　　）	
製造間接費（　　）	
（　　）	（　　）

(3) 材料価格差異　　□　円（　）
　　労務費賃率差異　□　円（　）
　　労務費作業時間差異　□　円（　）
　　（　）内には，借方差異ならば借方，貸方差異ならば貸方と記入すること。
(4) 製造間接費予算差異　□　円（　）
(5) 製造間接費操業度差異　□　円（　）

実力テスト ●第3回●

1 X製作所は工場会計を独立させている。材料と製品の倉庫は工場におき，材料仕入れ，給与支払いは本社が行っている。なお，工場元帳には，次の勘定が設定されている。

材　料，賃　金，設備減価償却累計額，仕掛品，製造間接費，予算差異，操業度差異，本　社

当月の次の取引について，工場での仕訳を示しなさい。　　　　　　（第131回　類題）

(1) 掛けで購入した部品4,500個（購入価額250円／個）を倉庫に搬入した。なお，購入に際し，本社は50,000円の引取運賃を支払っている。

(2) 当月，工場での直接工および間接工による賃金の消費額を計上した。直接工の作業時間について，総就業時間は，直接作業時間1,560時間，間接作業時間110時間，手待時間15時間であった。当工場で適用する予定総平均賃率は1,500円である。また間接工については，前月賃金未払高750,000円，当月賃金支払高2,600,000円，当月賃金未払高650,000円であった。

(3) 工場設備の減価償却費として1,400,000円を計上した。

(4) 直接作業時間を配賦基準として製造間接費を各製造指図書に予定配賦した。なお，当工場の月間の製造間接費変動予算は7,680,000円（うち変動費3,520,000円），月間の予定総直接作業時間は1,600時間である。

(5) 当月の製造間接費の実際発生額は7,617,000円であった。これにもとづき予算配賦で生じた差異を製造間接費勘定から予算差異勘定と操業度差異勘定に振り替えた。

	仕　　　　　訳			
	借方科目	金　額	貸方科目	金　額
(1)				
(2)				
(3)				
(4)				
(5)				

2 以下の資料にもとづいて，答案用紙の素材勘定，賃金・手当勘定，製造間接費勘定および仕掛品勘定を完成しなさい。　　　　　　　　　　　　　　（第113回　類題）

1. 素　材　当期購入代価3,450万円，当期引取費用45万円，期末帳簿棚卸高200万円，期末実地棚卸高195万円。素材は，すべて直接材料として使用された。なお，帳簿棚卸高と実地棚卸高との差額は正常な差額である。

2. 工場補修用鋼材　期首有高　13万円，当期仕入高　181万円，期末有高　17万円
3. 工場固定資産税　8万円
4. 機械工および組立工賃金　前期未払高580万円，当期賃金・手当支給総額2,500万円，当期直接賃金2,200万円，当期間接作業賃金360万円，当期手待賃金14万円，当期未払高620万円。なお，当期の消費賃金および期首，期末の未払高は，手当を含む予定平均賃率で計算されている。
5. 工場の修理工賃金　当期要支払額　210万円
6. 製造用切削油，機械油などの当期消費額　165万円
7. 工場倉庫係の賃金　当期要支払額　190万円
8. 製造間接費予算差異　8万円（貸方差異）
9. 製造関係の事務職員給料　当期要支払額　146万円
10. 耐用年数1年未満の製造用工具と測定器具　108万円
11. 工場用住宅　託児所など福利施設負担額　52万円
12. 工場の運動会費　8万円
13. 製造間接費操業度差異　35万円（借方差異）
14. 外注加工賃（材料は無償支給。納入加工品は直ちに消費した。）　220万円
15. 工場電力料・ガス代・水道料　115万円
16. 工場減価償却　612万円

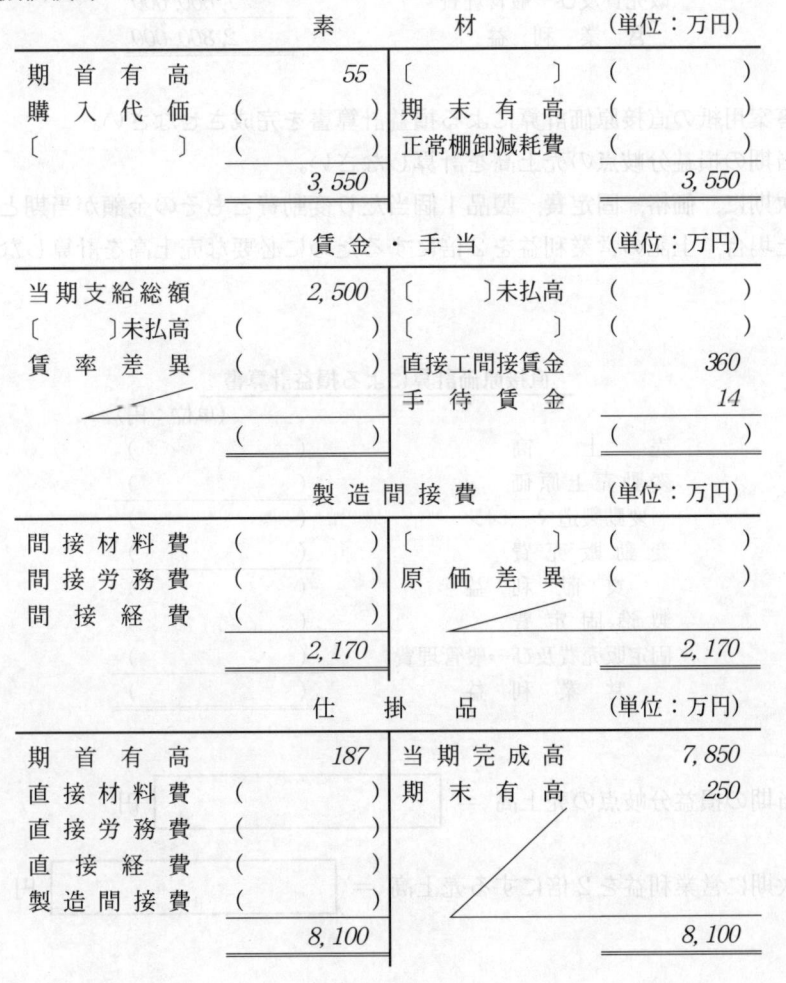

素　材　（単位：万円）

期 首 有 高	55	〔　　　〕	（　　　）
購 入 代 価	（　　　）	期 末 有 高	（　　　）
〔　　　〕	（　　　）	正常棚卸減耗費	（　　　）
	3,550		3,550

賃金・手当　（単位：万円）

当期支給総額	2,500	〔　　　〕未払高	（　　　）
〔　　　〕未払高	（　　　）	〔　　　〕	（　　　）
賃 率 差 異	（　　　）	直接工間接賃金	360
		手 待 賃 金	14
	（　　　）		（　　　）

製造間接費　（単位：万円）

間 接 材 料 費	（　　　）	〔　　　〕	（　　　）
間 接 労 務 費	（　　　）	原 価 差 異	（　　　）
間 接 経 費	（　　　）		
	2,170		2,170

仕　掛　品　（単位：万円）

期 首 有 高	187	当期完成高	7,850
直 接 材 料 費	（　　　）	期 末 有 高	250
直 接 労 務 費	（　　　）		
直 接 経 費	（　　　）		
製 造 間 接 費	（　　　）		
	8,100		8,100

実力テスト ●第4回●

1 A社は，当期に製品Xを36,000個製造し，価格250円にてそのすべてを販売した。そして，全部原価計算により，下記の損益計算書を作成した。次期の利益計画のため，製品Xを原価分析した結果，製品1個について，変動費は直接材料費35円，直接労務費15円，製造間接費15円，販売費10円であることが判明した。なお，直接材料費と直接労務費はすべて変動費であり，製造間接費と販売費及び一般管理費については，変動費以外は固定費である。また，期首と期末に仕掛品および製品の在庫はないものとする。

(第124回 類題)

損 益 計 算 書
(単位：円)

売　上　高	9,000,000
売　上　原　価	4,540,000
売 上 総 利 益	4,460,000
販売費及び一般管理費	1,660,000
営　業　利　益	2,800,000

問1　答案用紙の直接原価計算による損益計算書を完成させなさい。
問2　当期の損益分岐点の売上高を計算しなさい。
問3　次期に，価格，固定費，製品1個当たり変動費ともその金額が当期と同一と仮定した場合，上記の営業利益を2倍にするために必要な売上高を計算しなさい。

問1

直接原価計算による損益計算書
(単位：円)

売　　上　　高	(	)
変 動 売 上 原 価	(	)
変 動 製 造 マージン	(	)
変 動 販 売 費	(	)
貢　献　利　益	(	)
製 造 固 定 費	(	)
固定販売費及び一般管理費	(	)
営　業　利　益	(	)

問2
　　当期の損益分岐点の売上高　＝　☐　円

問3
　　次期に営業利益を2倍にする売上高　＝　☐　円

2 当工場では，第1工程と第2工程を経て，製品Zを連続生産している。原価部門には製造部門である第1工程と第2工程の他に，補助部門として動力部門がある。次の〔資料〕にもとづいて，答案用紙の各勘定に適切な金額を記入しなさい。（第130回 類題）

〔資　料〕
(1) 各部門に集計された製造間接費（補助部門費配賦前）は次のとおりである。
　　第1工程　84,000円　　第2工程　49,000円　　動力部門　65,000円
(2) 動力部門費は，第1工程60％，第2工程40％の割合で配賦する。
(3) 製造間接費は，直接作業時間を配賦基準として予定配賦している。各工程の予定配賦率は，第1工程400円／時間，第2工程320円／時間である。
(4) 実際直接作業時間は第1工程300時間，第2工程225時間であった。
(5) 製品Zの生産データは次のとおりである。第1工程・第2工程とも月初仕掛品は存在しない。なお，原料は第1工程の始点のみで投入され，第1工程完成品はすべて第2工程に振り替えられている。
　　第1工程　完成品　2,000個　　月末仕掛品は存在しない。
　　第2工程　完成品　1,800個　　月末仕掛品　200個（加工進捗度50％）
(6) 当月製造費用は次のとおりである。
　　第1工程　直接材料費　60,000円　直接労務費　40,000円　製造間接費　？円
　　第2工程　前工程費　　　　？円　直接労務費　118,000円　製造間接費　？円

製造間接費－第1工程

諸　　　　　口	84,000	仕掛品－第1工程	( )
製造間接費動力部門	( )	配　賦　差　異	( )
	( )		( )

製造間接費－第2工程

諸　　　　　口	49,000	仕掛品－第2工程	( )
製造間接費動力部門	( )	配　賦　差　異	( )
	( )		( )

仕掛品－第1工程

材　　　　　料	60,000	仕掛品－第2工程	( )
賃　　　　　金	( )		
製造間接費－第1工程	( )		
	( )		

仕掛品－第2工程

仕掛品－第1工程	( )	製　　　　品	( )
賃　　　　　金	118,000	月　末　有　高	( )
製造間接費－第2工程	( )		
	410,000		410,000

実力テスト ●第5回●

1 H製作所では，顧客からの注文に応じて素材を加工して完成品を製造する生産形態のため，実際個別原価計算を採用している。当月，製造指図書#11，製造指図書#12，製造指図書#13，製造指図書#14および製造指図書#15にかかわる作業が行われたが，このうち，製造指図書#11，製造指図書#12，製造指図書#13および製造指図書#14が完成し，製造指図書#15は月末に未完成であった。なお，製造指図書#11のみ先月製造に着手し，その他は当月着手した。次の〔資料〕にもとづいて，(1)答案用紙の仕掛品勘定を完成し，(2)当月売上原価のうち，製造指図書#13にかかわる売上原価を計算しなさい。

(第128回 類題)

〔資料〕

1．当月払い出された素材のうち，製造指図書#11向けの消費は46,000円，製造指図書#12向けの消費は70,000円，製造指図書#13向けの消費は64,000円，製造指図書#14向けの消費は37,000円，製造指図書#15向けの消費は28,000円であった。

2．製造指図書#13の製造は特殊加工が必要なため加工作業の一部を協力会社のT社に依頼している。当月5日に素材をT社に無償で引き渡し，20日にその作業が完了し納品された。T社に対する加工賃85,000円は翌月の5日に支払う予定である。

3．当月の直接工の実際直接作業時間は合計して185時間であり，そのうち，製造指図書#11向けは50時間，製造指図書#12向けは65時間，製造指図書#13向けは30時間，製造指図書#14向けは25時間，製造指図書#15向けは15時間であった。直接工賃金は，直接作業時間当たり1,800円の予定消費賃率を用いて消費額を計算している。

4．製造間接費は，直接作業時間にもとづく予定配賦率を用いて製品に正常配賦している。年間製造間接費予算額は5,280,000円，年間予定直接作業時間は2,200時間であった。

5．当月完成した製品はすべてそれぞれの顧客に引き渡された。

(1)

仕　掛　品　　　　　　（単位：円）

月初有高	53,000	完成品	( )
直接材料費	( )	月末有高	( )
直接労務費	( )		
直接経費	( )		
製造間接費	( )		
	( )		( )

(2)

製造指図書#13にかかわる売上原価＝ □ 円

2

次の資料にもとづき，全部原価計算による損益計算書と，直接原価計算による損益計算書をそれぞれ2期分作成しなさい。また，第2期の固定費調整を行いなさい。

〔資　料〕

① 販売単価　　　　　　　　　　　　　　　　　　　　　　　　@6,000
② 製造原価：製品単位当たり変動製造原価　　　　　　　　　　@1,500
　　　　　　　固定製造原価（期間総額）　　　　　　　　　　￥1,300,000
③ 販　売　費：製品単位当たり変動販売費　　　　　　　　　　@ 150
　　　　　　　固定販売費（期間総額）　　　　　　　　　　　￥450,000
④ 一般管理費：すべて固定費（期間総額）　　　　　　　　　￥550,000
⑤ 生産・販売・在庫数量

	第　1　期	第　2　期
期首在庫量	0単位	0単位
当期生産量	1,000単位	1,300単位
当期販売量	1,000単位	900単位
期末在庫量	0単位	400単位

（注）　各期首・期末仕掛品は存在しない。

損益計算書（全部原価計算）

（単位：円）

	第　1　期	第　2　期
売　上　高	(　　　　　)	(　　　　　)
売　上　原　価	(　　　　　)	(　　　　　)
売　上　総　利　益	(　　　　　)	(　　　　　)
販売費・一般管理費	(　　　　　)	(　　　　　)
営　業　利　益	(　　　　　)	(　　　　　)

損益計算書（直接原価計算）

（単位：円）

	第　1　期	第　2　期
売　上　高	(　　　　　)	(　　　　　)
変　動　売　上　原　価	(　　　　　)	(　　　　　)
変　動　製　造　マ　ー　ジ　ン	(　　　　　)	(　　　　　)
変　動　販　売　費	(　　　　　)	(　　　　　)
貢　献　利　益	(　　　　　)	(　　　　　)
固　　定　　費	(　　　　　)	(　　　　　)
営　業　利　益	(　　　　　)	(　　　　　)

（2期）

固定費調整

(単位：円)

直接原価計算方式の営業利益	(	)
期末棚卸資産固定加工費	(	)
小　　　　計	(	)
期首棚卸資産の固定加工費	(	)
全部原価計算方式の営業利益	(	)

解答・解説編

「別冊解答・解説編」は，色紙を残したまま，ていねいに抜き取って下さい。
　なお，抜取りの際の損傷についてのお取替えは，ご遠慮願います。

段階式
日商簿記ワークブック

2級工業簿記

解答・解説編

第1回　工業簿記の基礎

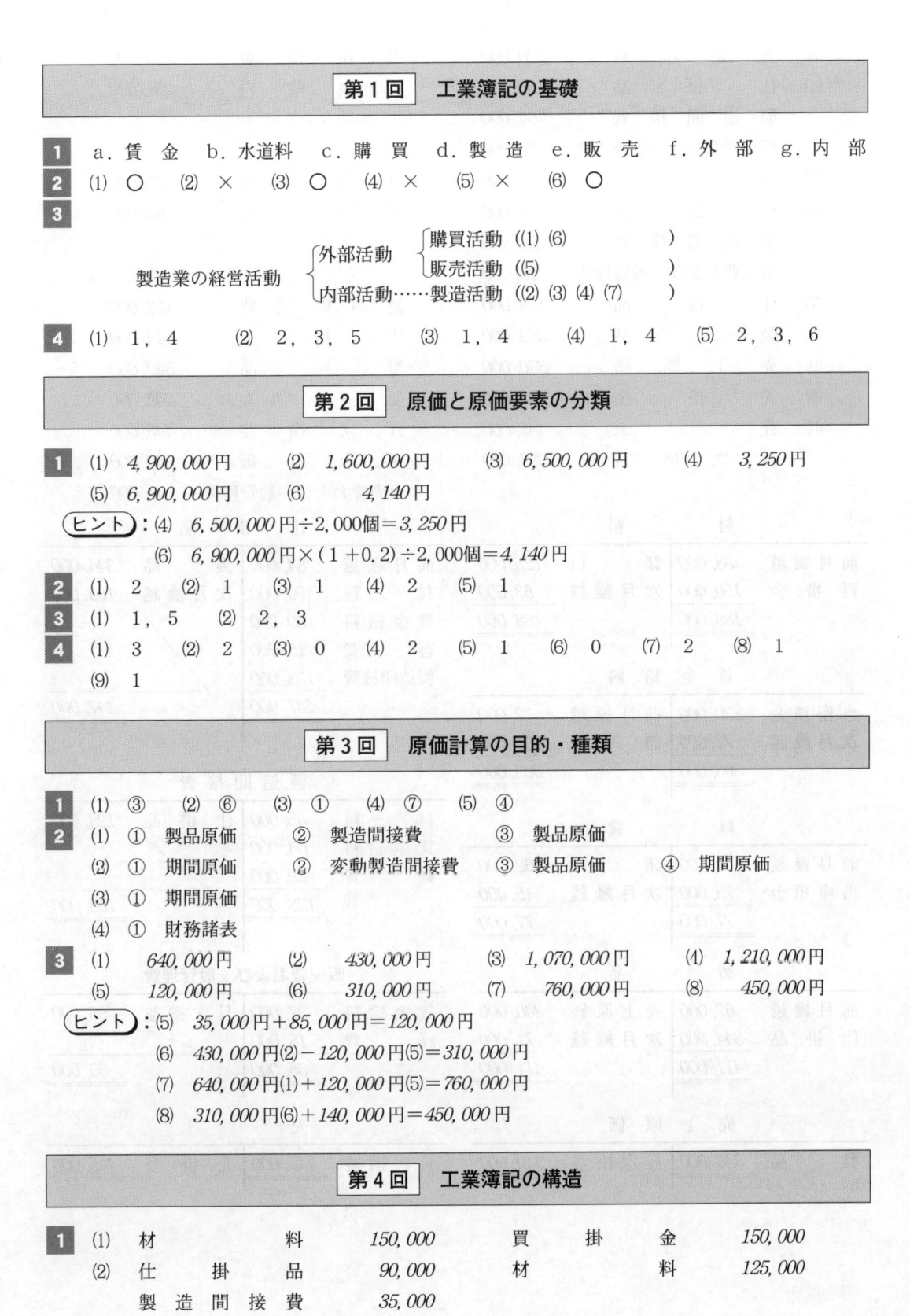

1 a.賃　金　b.水道料　c.購　買　d.製　造　e.販　売　f.外　部　g.内　部

2 (1) ○　(2) ×　(3) ○　(4) ×　(5) ×　(6) ○

3

製造業の経営活動 { 外部活動 { 購買活動（(1) (6)　　　　）
　　　　　　　　　　　　　　 販売活動（(5)　　　　　　　）
　　　　　　　　　 内部活動……製造活動（(2) (3) (4) (7)　）

4 (1) 1, 4　　(2) 2, 3, 5　　(3) 1, 4　　(4) 1, 4　　(5) 2, 3, 6

第2回　原価と原価要素の分類

1 (1) 4,900,000円　(2) 1,600,000円　(3) 6,500,000円　(4) 3,250円
　　(5) 6,900,000円　(6) 4,140円

ヒント：(4) 6,500,000円÷2,000個＝3,250円
　　　　(6) 6,900,000円×(1＋0.2)÷2,000個＝4,140円

2 (1) 2　(2) 1　(3) 1　(4) 2　(5) 1

3 (1) 1, 5　(2) 2, 3

4 (1) 3　(2) 2　(3) 0　(4) 2　(5) 1　(6) 0　(7) 2　(8) 1
　　(9) 1

第3回　原価計算の目的・種類

1 (1) ③　(2) ⑥　(3) ①　(4) ⑦　(5) ④

2 (1) ① 製品原価　② 製造間接費　③ 製品原価
　　(2) ① 期間原価　② 変動製造間接費　③ 製品原価　④ 期間原価
　　(3) ① 期間原価
　　(4) ① 財務諸表

3 (1) 640,000円　(2) 430,000円　(3) 1,070,000円　(4) 1,210,000円
　　(5) 120,000円　(6) 310,000円　(7) 760,000円　(8) 450,000円

ヒント：(5) 35,000円＋85,000円＝120,000円
　　　　(6) 430,000円(2)－120,000円(5)＝310,000円
　　　　(7) 640,000円(1)＋120,000円(5)＝760,000円
　　　　(8) 310,000円(6)＋140,000円＝450,000円

第4回　工業簿記の構造

1 (1) 材　　　　料　　150,000　　買　掛　金　　150,000
　　(2) 仕　掛　品　　　 90,000　　材　　　料　　125,000
　　　 製造間接費　　　 35,000

— 3 —

(3)	賃　金　給　料	230,000		当　座　預　金	230,000		
(4)	仕　　掛　　品	130,000		賃　金　給　料	231,000		
	製　造　間　接　費	64,000					
	販売費および一般管理費	37,000					
(5)	経　　　　　費	73,000		当　座　預　金	73,000		
(6)	仕　　掛　　品	15,000		経　　　　　費	62,000		
	製　造　間　接　費	29,000					
	販売費および一般管理費	18,000					
(7)	仕　　掛　　品	128,000		製　造　間　接　費	128,000		
(8)	製　　　　　品	344,000		仕　　掛　　品	344,000		
(9)	売　上　原　価	340,000		製　　　　　品	340,000		
(10)	売　　掛　　金	445,000		売　　　　　上	445,000		
(11)	売　　　　　上	445,000		月　次　損　益	445,000		
	月　次　損　益	395,000		売　上　原　価	340,000		
				販売費および一般管理費	55,000		

材　　　　料

前月繰越	38,000	諸　　口	125,000
買　掛　金	150,000	次月繰越	63,000
	188,000		188,000

賃　金　給　料

当座預金	230,000	前月繰越	72,000
次月繰越	73,000	諸　　口	231,000
	303,000		303,000

経　　　　費

前月繰越	4,000	諸　　口	62,000
当座預金	73,000	次月繰越	15,000
	77,000		77,000

製　　　　品

前月繰越	67,000	売上原価	340,000
仕　掛　品	344,000	次月繰越	71,000
	411,000		411,000

売　上　原　価

製　　品	340,000	月次損益	340,000

仕　　掛　　品

前月繰越	84,000	製　　品	344,000
材　　料	90,000	次月繰越	103,000
賃金給料	130,000		
経　　費	15,000		
製造間接費	128,000		
	447,000		447,000

製　造　間　接　費

材　　料	35,000	仕　掛　品	128,000
賃金給料	64,000		
経　　費	29,000		
	128,000		128,000

販売費および一般管理費

賃金給料	37,000	月次損益	55,000
経　　費	18,000		
	55,000		55,000

売　　　　上

月次損益	445,000	売　掛　金	445,000

2

材　　　　料			
前 月 繰 越	16,000	諸　　　口	89,000
買　掛　金	85,000	次 月 繰 越	12,000
	101,000		101,000

仕　掛　品			
前 月 繰 越	34,000	製　　　品	204,000
材　　　料	57,000	次 月 繰 越	36,000
賃 金 給 料	69,000		
製 造 間 接 費	80,000		
	240,000		240,000

賃　金　給　料			
現　　　金	107,000	前 月 繰 越	26,000
次 月 繰 越	31,000	諸　　　口	112,000
	138,000		138,000

製 造 間 接 費			
材　　　料	32,000	仕 掛 品	80,000
賃 金 給 料	25,000		
経　　　費	23,000		
	80,000		80,000

経　　　費			
前 月 繰 越	2,000	諸　　　口	32,500
現　　　金	28,000		
次 月 繰 越	2,500		
	32,500		32,500

製　　　品			
前 月 繰 越	21,000	売 上 原 価	207,000
仕　掛　品	204,000	次 月 繰 越	18,000
	225,000		225,000

3

仕　掛　品			
月 初 有 高	(451,000)	当 月 完 成 高	(4,553,000)
直 接 材 料 費	(1,740,000)	月 末 有 高	(458,000)
直 接 労 務 費	(1,344,000)		
製 造 間 接 費	(1,476,000)		
	(5,011,000)		(5,011,000)

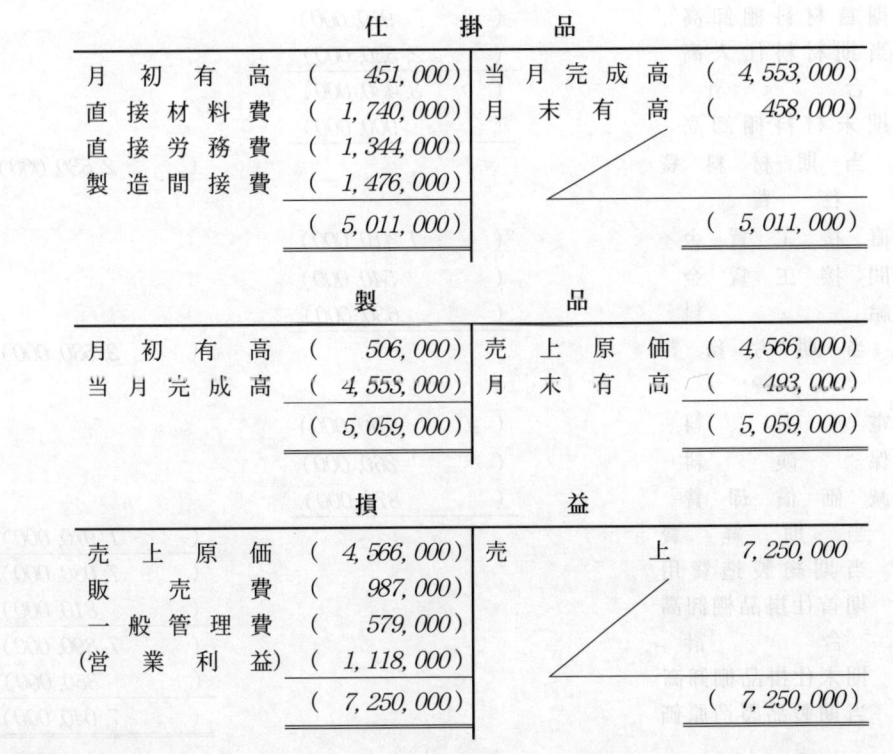

製　　　品			
月 初 有 高	(506,000)	売 上 原 価	(4,566,000)
当 月 完 成 高	(4,553,000)	月 末 有 高	(493,000)
	(5,059,000)		(5,059,000)

損　　　益			
売 上 原 価	(4,566,000)	売　　上	7,250,000
販　売　費	(987,000)		
一 般 管 理 費	(579,000)		
(営 業 利 益)	(1,118,000)		
	(7,250,000)		(7,250,000)

ヒント：直接材料費　320 + 1,690 − 270 = 1,740　　（単位　百万円　以下同じ）
　　　　　直接労務費　1,340 − 437 + 441 = 1,344

製造間接費			販売費		
1．補助材料費		235	4．広告費		252
2．間接工賃金		389	7．販売員給与手当		664
3．工場建物減価償却費		396	11．その他の販売費		71
5．消耗工具器具備品費		105			987
8．工場機械減価償却費		336			
9．工場の固定資産税		15			
		1,476			

一般管理費
　6．本社役員給与手当　　317
　10．本社建物減価償却費　238
　12．その他の一般管理費　 24
　　　　　　　　　　　　579

第5回　工業簿記の財務諸表

1

製造原価報告書　　　　　　　　　（単位：円）
自　平成○年1月1日　至　平成○年12月31日

```
Ⅰ  材　料　費
  1．期首材料棚卸高      (      910,000)
  2．当期材料仕入高      (    2,520,000)
       合　　計         (    3,430,000)
  3．期末材料棚卸高      (      900,000)
       当期材料費                        (    2,530,000)
Ⅱ  労　務　費
  1．直接工賃金         (    1,410,000)
  2．間接工賃金         (      540,000)
  3．給　　料          (      630,000)
       当期労務費                        (    2,580,000)
Ⅲ  経　　費
  1．電　力　料        (      740,000)
  2．保　険　料        (      360,000)
  3．減価償却費        (      870,000)
       当期経費                          (    1,970,000)
       当期総製造費用                    (    7,080,000)
       期首仕掛品棚卸高                  (      810,000)
       合　　計                          (    7,890,000)
       期末仕掛品棚卸高                  (      850,000)
       当期製品製造原価                  (    7,040,000)
```

ヒント：直接工賃金　1,400,000円－440,000円＋450,000円＝1,410,000円

製造間接費 (単位:万円)

間接材料費	(260)	予定配賦額	(1,120)
間接労務費	(270)	製造間接費差異	(10)
間接経費	(600)		
	(1,130)		(1,130)

仕掛品 (単位:万円)

期首有高	(190)	完成品原価	(3,400)
当期総製造費用		期末有高	(220)
直接材料費	(1,350)		
直接労務費	(960)		
製造間接費	(1,120)		
	(3,620)		(3,620)

製品 (単位:万円)

期首有高	(250)	売上原価	(3,330)
完成品原価	(3,400)	期末有高	(320)
	(3,650)		(3,650)

製造原価報告書 (単位:万円)

Ⅰ 直接材料費			(1,350)
Ⅱ 直接労務費			(960)
Ⅲ 製造間接費			
間接材料費		(260)	
間接労務費		(270)	
間接経費		(600)	
合計		(1,130)	
製造間接費差異	([－ 10)		(1,120)
当期総製造費用			(3,430)
期首仕掛品棚卸高			(190)
合計			(3,620)
期末仕掛品棚卸高			(220)
当期製品製造原価			(3,400)

損益計算書(一部) (単位:万円)

Ⅰ 売上高		7,000
Ⅱ 売上原価		
1. 期首製品棚卸高	(250)	
2. 当期製品製造原価	(3,400)	
合計	(3,650)	
3. 期末製品棚卸高	(320)	
差引	(3,330)	
4. 原価差異	([＋ 10)	(3,340)
売上総利益		(3,660)

Ⅲ　販売費および一般管理費
　　1．販　売　費　　　　　　　（　　　　630）
　　2．一 般 管 理 費　　　　　（　　　　370）　（　　　1,000）
　　　　　営　業　利　益　　　　　　　　　　　（　　　2,660）

(ヒント):

1　材料費の計算
　(1)　主要材料消費額（直接材料費）の計算
　　　　　期首有高　当期仕入高　期末有高
　　　　190万円＋1,500万円－340万円＝1,350万円
　(2)　補助材料消費額（間接材料費）の計算
　　　　　期首有高　当期仕入高　期末有高
　　　　20万円＋190万円－30万円＝180万円

主　要　材　料	
期首有高 190万円	主要材料消費額 （直接材料費） 1,350万円
当期仕入高 1,500万円	期末有高 340万円

補　助　材　料	
期首有高 20万円	補助材料消費額 （間接材料費） 180万円
当期仕入高 190万円	期末有高 30万円

2　労務費の計算
　(1)　直接工賃金消費額（直接労務費）の計算
　　　　　当期支払額　期首未払額　期末未払額
　　　　1,000万円－210万円＋170万円＝960万円
　(2)　間接工賃金消費額（間接労務費）の計算
　　　　　当期支払額　期首未払額　期末未払額
　　　　120万円－10万円＋40万円＝150万円

直　接　工	
当期支払額 1,000万円	期首未払額 210万円
	直接工賃金消費額 （直接労務費） 960万円
期末未払額 170万円	

間　接　工	
当期支払額 120万円	期首未払額 10万円
	間接工賃金消費額 （間接労務費） 150万円
期末未払額 40万円	

3　製造間接費の計算
　(1)　予定配賦率の算定

$$\frac{製造間接費予算\ 1,200万円}{年間予定直接作業時間\ 15,000時間}＝@0.08万円$$

　(2)　予定配賦額の計算
　　　　　実際直接作業時間　予定配賦率
　　　　14,000時間×@0.08万円＝1,120万円

(3) 実際発生額の計算

間接材料費
- 補助材料費　　　　180万円（前記1(2)より）⎫
- 消耗工具器具備品費　10　　（資料5(7)より）⎬ 合計　260万円
- 工場消耗品費　　　　70　　（資料5(8)より）⎭

間接労務費
- 間接工賃金　　　　150万円（前記2(2)より）⎫ 合計　270万円
- 工場職員給料　　　120　　（資料5(4)より）⎭

間接経費
- 固定資産税　　　　20万円（資料5(1)より）⎫
- 機械減価償却費　　200　　（資料5(2)より）⎪
- 光熱費　　　　　　60　　（資料5(3)より）⎬ 合計　600万円
- 工場従業員厚生費　30　　（資料5(5)より）⎪
- 建物減価償却費　　290　　（資料5(6)より）⎭

計：実際発生額　　　1,130万円

(4) 製造間接費差異の計算

予定配賦額　実際発生額
1,120万円 − 1,130万円 = 10万円（借方差異）

製造間接費

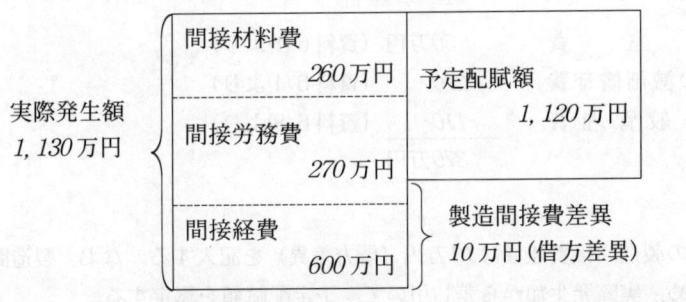

実際発生額 1,130万円	間接材料費 260万円	予定配賦額 1,120万円
	間接労務費 270万円	
	間接経費 600万円	製造間接費差異 10万円（借方差異）

4　完成品原価（当期製品製造原価）の計算

期首仕掛品　直接材料費　直接労務費　製造間接費　期末仕掛品
190万円 + 1,350万円 + 960万円 + 1,120万円 − 220万円 = 3,400万円
　　　　　　　　　　当期総製造費用

仕掛品

当期製造費用 3,430万円	期首有高 190万円	完成品原価（当期製品製造原価）3,400万円
	直接材料費 1,350万円	
	直接労務費 960万円	
	製造間接費 1,120万円	期末有高 220万円

5 売上原価の計算
期首製品　完成品原価　期末製品
$250万円+3,400万円-320万円=3,330万円$

製　　品	
期首有高　250万円	売上原価　3,330万円
完成品原価 （当期製品製造原価） 3,400万円	期末有高　320万円

6 販売費および一般管理費の計算

販　売　費
　　広　　告　　費　　　120万円　（資料6(2)より）
　　掛　売　集　金　費　　 55　　（資料6(3)より）
　　販　売　員　手　数　料　 80　　（資料6(5)より）
　　営業所建物の減価償却費　240　　（資料6(6)より）
　　そ　の　他　販　売　費　135　　（資料6(7)より）
　　　　　　　　　　　　　630万円

一般管理費
　　重　　役　　室　　費　　50万円　（資料6(1)より）
　　本社建物の減価償却費　　210　　（資料6(4)より）
　　そ　の　他　一　般　管　理　費　110　　（資料6(8)より）
　　　　　　　　　　　　　370万円

7 原価差異の調整
　　製造原価報告書の製造間接費差異は10万円（借方差異）を記入する。なお，製造間接費差異は借方差異であるため，実際発生額から差し引いて，予定配賦額を算定する。
　　損益計算書の原価差異は10万円（借方差異）を記入する。なお，原価差異は借方差異であるため，原価差異調整前の売上原価に加算して，原価差異調整後の売上原価を算定する。

第6回　材料費の計算

1 (1)　素　　　　　材　　150,000　　買　　掛　　金　　200,000
　　　　買　入　部　品　　 50,000
　　(2)　仕　　掛　　品　　 60,000　　材　　　　料　　 64,500
　　　　製　造　間　接　費　　4,500

2

材料仕入帳

平成○年		送状番号	仕入先	摘要	元丁	買掛金	諸口	内訳 素材	買入部品	工場消耗品	消耗工具器具備品
				4/1～4/24計		840,000	260,000	630,000	390,000	30,000	50,000
4	25		青森商店	素材A			180,000	180,000			
	27		岩手商店	部品K		175,000			175,000		
			〃	工場消耗品S		40,000				40,000	
						1,055,000	440,000	810,000	565,000	70,000	50,000

合計仕訳

素　　　　材	810,000	買　掛　金	1,055,000
買　入　部　品	565,000	諸　　　口	440,000
工　場　消　耗　品	70,000		
消耗工具器具備品	50,000		

材料仕訳帳

平成○年		出庫伝票	摘要		借方 仕掛品	製造間接費	貸方 素材	買入部品	工場消耗品	消耗工具器具備品
			4/1～4/24計		890,000	90,000	570,000	410,000		
4	26		素材A	#11	120,000		120,000			
	29		部品K	#12	80,000			80,000		
	30		工場消耗品			45,000			45,000	
			消耗工具器具備品			32,000				32,000
					1,090,000	167,000	690,000	490,000	45,000	32,000

合計仕訳

仕　掛　品	1,090,000	素　　　　材	690,000
製造間接費	167,000	買　入　部　品	490,000
		工　場　消　耗　品	45,000
		消耗工具器具備品	32,000

3

材 料 元 帳

（移動平均法）　　　　　素　材　B

平成 ○年		摘　要	受　入			払　出			残　高		
			数量	単価	金　額	数量	単価	金　額	数量	単価	金　額
4	1	前月繰越	100	500	50,000				100	500	50,000
	5	購　入	100	520	52,000				200	510	102,000
	10	払　出				150	510	76,500	50	510	25,500
	15	購　入	200	515	103,000				250	514	128,500
	20	払　出				170	514	87,380	80	514	41,120
	22	戻　入				20	514	10,280	100	514	51,400
	25	購　入	200	517	103,400				300	516	154,800
	28	払　出				180	516	92,880	120	516	61,920
	30	次月繰越				120	516	61,920			
			600		308,400	600		308,400			
								消費高			246,480 円

（注）　4／22戻入は，受入欄に黒記入でも良い。

4　　棚 卸 減 耗 損　　2,580　　　　素　　　材　　2,580

5　(1)　材　　料　　400,000　　　買　掛　金　　400,000
　　(2)　仕　掛　品　　320,000　　　材　料　費　　460,000
　　　　製 造 間 接 費　140,000
　　　　材　料　費　　460,000　　　材　　　料　　460,000

6　6日　材　　料　　189,000　　　買　掛　金　　187,200
　　　　　　　　　　　　　　　　　　未　払　金　　1,800
　　　8日　仕　掛　品　　141,750　　　材　　　料　　141,750
　　　18日　材　　料　　138,600　　　買　掛　金　　138,600
　　　21日　材　　料　　82,250　　　　買　掛　金　　81,250
　　　　　　　　　　　　　　　　　　現　　　金　　1,000
　　　25日　仕　掛　品　　173,250　　　材　　　料　　173,250
　　　31日　材　　料　　2,500　　　　材料消費価格差異　2,500
　　　31日　製 造 間 接 費　80,850　　　材　　　料　　80,850
　　　31日　製 造 間 接 費　3,080　　　材　　　料　　3,080

ヒント：

　　A　材料　　継続記録法，予定消費価格
　予定消費価格による材料費
　　直接材料費（8／8）　　450kg×@315＝141,750
　　直接材料費（8／25）　550kg×@315＝173,250

　　　　　　　　　　合　計　315,000
実際消費価格による材料費（先入先出法）
　　直接材料費（8/8）　150kg×　@310＝46,500
　　　　　　　　　　　　300kg×＊@315＝94,500　＊189,000÷600kg＝@315
　　直接材料費（8/25）　300kg×　@315＝94,500
　　　　　　　　　　　　250kg×＊@308＝77,000　＊138,600÷450kg＝@308
　　　　　　　　　　合　計　312,500
材料消費価格差異＝315,000－312,500＝2,500（貸方差異）
帳簿棚卸量＝150kg＋600kg＋450kg－450kg－550kg＝200kg
棚卸減耗損＝(200kg－190kg(実施棚卸量))×@308＝3,080
　　B　材料　　棚卸計算法，総平均法
実際消費量　50個＋500個－60個＝490個
実際消費価格　(8,500＋82,250)÷(50＋500)＝@165
間接材料費　8/31　490個×@165＝80,850

7 (1) 材料払出　仕　掛　品　　640,000　　材　　　料　　640,000
　　　　材料減耗　製造間接費　　　1,300　　材　　　料　　　1,300
　　(2) 材料払出　仕　掛　品　　　1,190　　材　　　料　　　1,195
　　　　（単位：千円）製造間接費　　　　5
　　(3) 材料払出　仕　掛　品　　360,000　　材　　　料　　400,000
　　　　　　　　　製造間接費　　 40,000

ヒント：(1)　600円×200トン＋650円×(1,000トン－200トン)＝640,000円
　　　　　　650円×(200トン－198トン)＝1,300円
　　　(2)　1.2千円×950トン＋1千円×50トン＝1,190千円
　　　　　　1千円×(50トン－45トン)＝5千円
　　　(3)　$\dfrac{350円×200＋410円×1,000}{200＋1,000}$＝400円
　　　　　　直接費　400円×900＝360,000円
　　　　　　間接費　400円×100＝40,000円

8 (1) 材　　　料　　39,000　　買　掛　金　　37,500
　　　　　　　　　　　　　　　　　現　　　金　　 1,500
　　(2) 材　　　料　　94,500　　買　掛　金　　90,000
　　　　　　　　　　　　　　　　　材　料　副　費　 4,500
　　　　材　料　副　費　3,200　　現　　　金　　 3,200
　　(3) 材　　　料　　62,600　　買　掛　金　　60,000
　　　　材　料　副　費　1,500　　現　　　金　　 4,100
　　　（または製造間接費）

9 (1) 材　　　料　　522,500　　買　掛　金　　500,000
　　　　　　　　　　　　　　　　　材　料　副　費　 22,500
　　(2) 材料副費差異　　5,500　　材　料　副　費　　5,500
　　(3) 仕　掛　品　　160,000　　賃　金・給　料　948,000
　　　　製　造　間　接　費　788,000

(4) 仕　掛　品　　1,780,000　　　製　造　間　接　費　　1,780,000
(5) 製造間接費配賦差異　　70,000　　　製　造　間　接　費　　70,000

10

材　料

6/ 1 月 初 有 高　1,000,000	6/30 消 費 高　(8,200,000)
6/30 仕 入 高　(7,920,000)	〃 原 価 差 異　(200,000)
	〃 月 末 有 高　520,000
(8,920,000)	(8,920,000)

製 造 間 接 費

6/30 間 接 材 料 費　(200,000)	6/30 予 定 配 賦 額　(3,000,000)
〃 間 接 労 務 費　1,850,000	〃 原 価 差 異　50,000
〃 間 接 経 費　1,000,000	
(3,050,000)	(3,050,000)

仕 掛 品

6/ 1 月 初 有 高　(2,000,000)	6/30 完 成 高　16,000,000
6/30 直 接 材 料 費　(8,000,000)	〃 月 末 有 高　4,000,000
〃 直 接 労 務 費　7,000,000	
〃 直 接 間 接 費　(3,000,000)	
(20,000,000)	(20,000,000)

買 掛 金

6/30 現 金 支 払　(5,580,000)	6/ 1 月 初 残 高　1,200,000
〃 月 末 残 高　800,000	6/30 材 料 仕 入 高　(5,180,000)
(6,380,000)	(6,380,000)

(ヒント):

1　各取引の仕訳

6／2	材　　　料	3,000,000	買　掛　金	3,000,000
3	材　　　料	1,100,000	買　掛　金	1,100,000
5	仕　掛　品	4,200,000	材　　　料	4,200,000
8	材　　　料	100,000	現　　　金	100,000
12	材　　　料	970,000	買　掛　金	970,000
15	仕　掛　品	600,000	材　　　料	600,000
20	材　　　料	110,000	買　掛　金	110,000
24	材　　　料	2,640,000	現　　　金	2,640,000
25	仕　掛　品	3,200,000	材　　　料	3,200,000
30	製造間接費	200,000	材　　　料	200,000

2　各勘定の計算

材　料　費　仕入高　3,000,000＋1,100,000＋100,000＋970,000＋110,000＋2,640,000
　　　　　　　消費高　4,200,000＋600,000＋3,200,000＋200,000

```
               原価差異   貸借差額
製造間接費  間接材料費  200,000
               予定配賦額  貸借差額
仕 掛 品  直接材料費  4,200,000＋600,000＋3,200,000
```

11

材 料			(単位：円)
月 初 有 高	(250,000)	当 月 消 費 高	
当 月 仕 入 高	(8,042,000)	［仕 掛 品］	(5,760,000)
		製 造 間 接 費	(850,000)
		材料消費価格差異	(198,000)
		月 末 有 高	(1,484,000)
	(8,292,000)		(8,292,000)

ヒント：材料仕入高 510円×4,200＋840円×3,500＋1,030円×2,000＋900,000円
　　　　　　　　　＝8,042,000円
　　　　当期消費高
　　　　〔仕 掛 品〕　500円×3,600＋800円×2,700＋1,000円×1,800＝5,760,000円
　　　　　製造間接費　250,000円＋900,000円－300,000円＝850,000円
　　　　　材料消費価額差異　(510円－500円)×3,600＋(840円－800円)×2,700＋(1,030円
　　　　　　　　　　－1,000円)×1,800＝198,000円
　　　　　月末有高　510円×600＋840円×800＋1,030円×200＋300,000円＝1,484,000円

第7回　労務費の計算

1 (1) 賃　　　　　金　2,530,000　　所得税預り金　　310,000
　　　　　　　　　　　　　　　　　　健康保険料(預り金)　115,000
　　　　　　　　　　　　　　　　　　(従業員)前 貸 金　290,000
　　　　　　　　　　　　　　　　　　当 座 預 金　1,815,000
　　　(2) 仕 掛 品　1,880,000　　賃　　　　　金　2,560,000
　　　　　製 造 間 接 費　680,000

賃		金	
諸　　　　　口	2,530,000	前 月 繰 越	820,000
次 月 繰 越	850,000	諸　　　　　口	2,560,000
	3,380,000		3,380,000

2 (1) 賃　　　　　金　2,040,000　　所得税預り金　　219,000
　　　　　　　　　　　　　　　　　　健 康 保 険 料　 73,000
　　　　　　　　　　　　　　　　　　(従業員)立 替 金　150,000
　　　　　　　　　　　　　　　　　　当 座 預 金　1,598,000
　　　(2) 仕 掛 品　1,340,000　　賃　　　　　金　2,190,000
　　　　　製 造 間 接 費　850,000

3

賃 金 仕 訳 帳

平成○年		作業時間票	摘　要		借　方		貸　方
					仕 掛 品	製造間接費	賃　金
6	30	126	A	＃21, ＃22	80,000		80,000
		127	B	＃23, 動力部	50,700	23,400	74,100
		128	C	工場事務部		79,800	79,800
					130,700	103,200	233,900

合計仕訳

	仕　掛　品	130,700	賃　　　金	233,900
	製 造 間 接 費	103,200		

4 (1)
	賃　　　　　金	2,700,000	所 得 税 預 り 金	470,000
	給　　　　　料	1,180,000	健 康 保 険 料	180,000
	従 業 員 諸 手 当	360,000	当 座 預 金	3,590,000
(2)	製 造 間 接 費	180,000	健 康 保 険 料	180,000
(3)	健 康 保 険 料	340,000	現　　　　金	340,000
(4)	製 造 間 接 費	345,000	従 業 員 諸 手 当	345,000

5
(1)	従業員賞与引当金繰入額	590,000	従業員賞与引当金	590,000
	製 造 間 接 費	590,000	従業員賞与引当金繰入額	590,000
(2)	従業員賞与引当金	3,350,000	預　り　金	400,000
			当 座 預 金	2,950,000
(3)	退職給与引当金繰入額	350,000	退職給与引当金	350,000
	製 造 間 接 費	350,000	退職給与引当金繰入額	350,000
(4)	退職給与引当金繰入額	200,000	退職給与引当金	200,000
	製 造 間 接 費	200,000	退職給与引当金繰入額	200,000

6
(1)	製 造 間 接 費	590,000	従業員賞与引当金	590,000
(3)	製 造 間 接 費	350,000	退職給与引当金	350,000

7
(1)	仕　掛　品	400,000	消 費 賃 金	400,000
(2)	消 費 賃 金	425,000	賃 金 給 料	425,000
(3)	賃 率 差 異	25,000	消 費 賃 金	25,000

（支払高）　（月初未払高）　（月末未払高）

ヒント：(2) 実際消費高　410,000円 − 120,000円 + 135,000円 = 425,000円

8
(1)	未 払 賃 金	305,000	賃　　　金	305,000
(2)	仕　掛　品	720,000	賃　　　金	930,000
	製 造 間 接 費	210,000		
(3)	賃　　　金	946,000	現　　　金	796,000
			預 り 金	120,000
			立 替 金	30,000

(4)	賃		金	314,000		未	払	賃	金		314,000
	賃	率 差 異		25,000		賃			金		25,000

> **ヒント**：賃金実際消費高　946,000円－305,000円＋314,000円＝955,000円（借方）
>   予定賃率消費高　930,000円（貸方），借方差異25,000円を賃率差異の借方へ振替。

9
(1)	賃		金	174,000		未	払	賃	金		174,000
(2)	賃	率 差 異		12,000		賃			金		12,000
(3)	賃		金	4,000		賃	率	差	異		4,000
(4)	賃		金	20,000		賃	率	差	異		20,000
(5)	売	上 原 価		8,500		賃	率	差	異		8,500

10 直接労務費計上

	仕	掛	品	420,000		賃	金 給 料		420,000

賃率差異計上

	賃	金 給 料		20,000		賃	率 差 異		20,000

> **ヒント**：賃金実際消費高　430,000円－150,000円＋120,000円＝400,000円（借方）
>   予定賃率消費高　420,000円（貸方），貸方差異20,000円を賃率差異の貸方へ振替。

11
1 (1)	材			料	4,830,000		買	掛	金		4,740,000
							当	座 預 金			90,000
(2)	仕	掛		品	4,100,000		材		料		4,756,000
	製 造 間 接 費				656,000						
(3)	材			料	84,500		原	価 差 異			84,500
2 (1)	仕	掛		品	4,500,000		賃	金 給 料			5,400,000
	製 造 間 接 費				900,000						
(2)	原	価 差 異			40,000		賃	金 給 料			40,000

> **ヒント**：1(3)　実際価格による消費高（先入先出法）
>   月末　$\dfrac{4,830,000円}{6,000}\times 700 = 563,500円$　　月初（500kg×@810）＋仕入高（4,830,000）
>   　　　　　　　　　　　　　　　　　　　　　－月末（563,500）＝4,671,500
>   予定価格による消費高（4,756,000円）の方が，実際価格による消費高より84,500円多い。貸方差異なので，原価差異の貸方へ振り替える。
>
>   2(2)　実際賃金消費高　5,390,000円－1,790,000円＋1,840,000円＝5,440,000円
>   実際賃金消費高の方が，予定賃率による消費高（5,400,000円）より40,000円多い借方差異なので，原価差異の借方へ振り替える。

12

賃　金　・　給　料

支 払 額	(3,700,000)	前 月 繰 越	(1,105,500)
次 月 繰 越	(793,200)	消 費 額	(3,386,000)
		原 価 差 異	(1,700)
	(4,493,200)		(4,493,200)

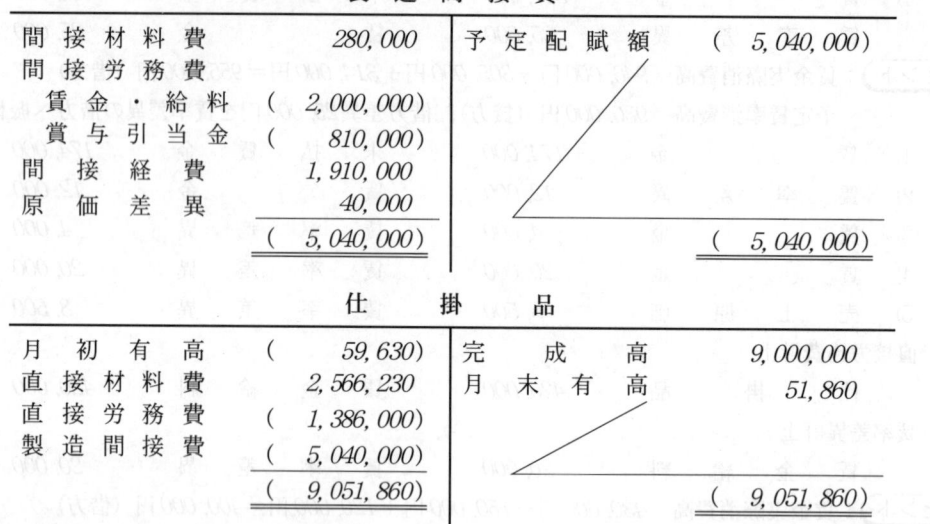

製造間接費

間接材料費	280,000	予定配賦額	(5,040,000)
間接労務費			
賃金・給料	(2,000,000)		
賞与引当金	(810,000)		
間接経費	1,910,000		
原価差異	40,000		
	(5,040,000)		(5,040,000)

仕　掛　品

月初有高	(59,630)	完成高	9,000,000
直接材料費	2,566,230	月末有高	51,860
直接労務費	(1,386,000)		
製造間接費	(5,040,000)		
	(9,051,860)		(9,051,860)

ヒント：

労務費の勘定記入の問題です。

勘定連絡図を書いて計算をすると間違いが少ないです。

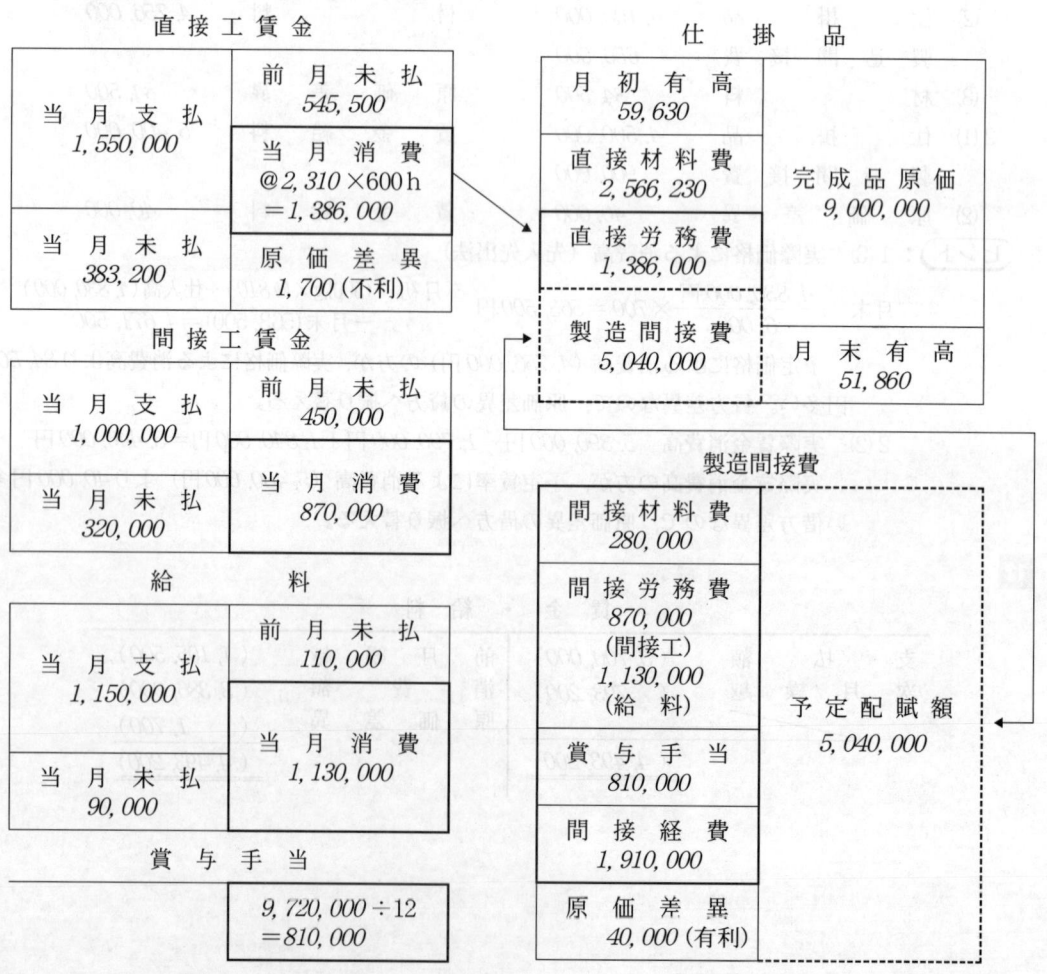

直接工賃金

当月支払 1,550,000	前月未払 545,500		
	当月消費 @2,310×600h =1,386,000		
当月未払 383,200	原価差異 1,700(不利)		

間接工賃金

当月支払 1,000,000	前月未払 450,000
当月未払 320,000	当月消費 870,000

給　料

当月支払 1,150,000	前月未払 110,000
当月未払 90,000	当月消費 1,130,000

賞与手当

9,720,000÷12 =810,000

仕　掛　品

月初有高 59,630	完成品原価 9,000,000
直接材料費 2,566,230	
直接労務費 1,386,000	
製造間接費 5,040,000	月末有高 51,860

製造間接費

間接材料費 280,000	予定配賦額 5,040,000
間接労務費 870,000 (間接工) 1,130,000 (給　料)	
賞与手当 810,000	
間接経費 1,910,000	
原価差異 40,000 (有利)	

* 賃金・給料勘定の記入は，(直接工賃金＋間接工賃金＋給料) である。
∴ 支 払 額＝1,550,0000 (直接工賃金)＋1,000,000 (間接工賃金)＋1,150,000 (給料)
前月繰越＝545,500 (直接工賃金)＋450,000 (間接工賃金)＋110,000 (給料)
次月繰越＝383,200 (直接工賃金)＋320,000 (間接工賃金)＋90,000 (給料)
消 費 額＝1,386,000 (直接工賃金)＋870,000 (間接工賃金)＋1,130,000 (給料)
原価差異＝1,700

第8回　経費の計算

1 支 払 経 費　2, 4, 6, 9, 10　　月割支払経費　3, 7, 12, 14
　 測 定 経 費　5, 11, 13　　　　　月割測定経費　1, 8
　 直接経費になるもの　10, 14

2 費 目　2　3　4　6　7

3 支 払 運 賃　27,000　　保　管　料　21,000　　福利厚生費　18,000
　 通 信 費　40,000　　外注加工賃　22,000

4 (1)① 電　力　料　55,100　　当 座 預 金　55,100
　　 ② 製 造 間 接 費　59,700　　電　力　料　59,700

電　力　料

当 座 預 金	55,100	前 月 繰 越	7,700
次 月 繰 越	12,300	製造間接費	59,700
	67,400		67,400

5 (1) 製 造 間 接 費　780,000　　減 価 償 却 費　780,000
　 (2) 減 価 償 却 費　780,000　　建物減価償却累計額　780,000

6 (1) 棚 卸 減 耗 費　17,000　　材　　　　料　17,000
　 (2) 製 造 間 接 費　17,000　　棚 卸 減 耗 費　17,000
　 (3) 製 造 間 接 費　16,000　　棚卸減耗引当金　16,000

7 (1) 製 造 間 接 費　60,200　　未 払 電 力 料　60,200
　 (2) 製 造 間 接 費　67,000　　建物減価償却累計額　67,000
　 (3) 製 造 間 接 費　16,000　　材　　　　料　16,000
　 (4) 製 造 間 接 費　15,000　　棚卸減耗引当金　15,000
　 (5) 仕　掛　品　170,000　　現　　　　金　170,000

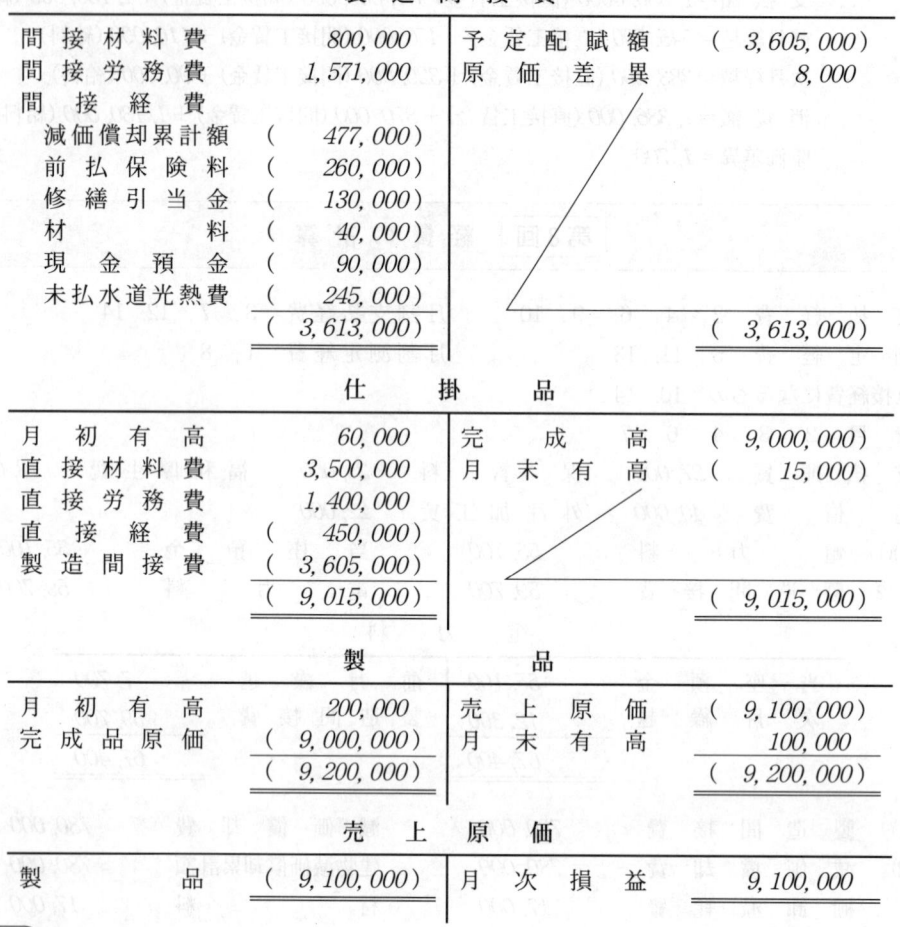

8

製 造 間 接 費

間 接 材 料 費	800,000	予 定 配 賦 額	(3,605,000)
間 接 労 務 費	1,571,000	原 価 差 異	8,000
間 接 経 費			
減価償却累計額	(477,000)		
前 払 保 険 料	(260,000)		
修 繕 引 当 金	(130,000)		
材　　　　料	(40,000)		
現 金 預 金	(90,000)		
未払水道光熱費	(245,000)		
	(3,613,000)		(3,613,000)

仕 掛 品

月 初 有 高	60,000	完 成 高	(9,000,000)
直 接 材 料 費	3,500,000	月 末 有 高	(15,000)
直 接 労 務 費	1,400,000		
直 接 経 費	(450,000)		
製 造 間 接 費	(3,605,000)		
	(9,015,000)		(9,015,000)

製　　品

月 初 有 高	200,000	売 上 原 価	(9,100,000)
完 成 品 原 価	(9,000,000)	月 末 有 高	100,000
	(9,200,000)		(9,200,000)

売 上 原 価

製　　品	(9,100,000)	月 次 損 益	9,100,000

ヒント：

経費に関する仕訳の問題です。

経費を直接経費と間接経費とに分類できるかがポイントです。

1　減価償却費（間接経費）に関する仕訳
　　$5,724,000 \div 12 \text{ヶ月} = 477,000$
　　　製 造 間 接 費　　477,000　　　減価償却累計額　　477,000
2　保険料（間接経費）に関する仕訳
　　$780,000 \div 3 \text{ヶ月} = 260,000$
　　　製 造 間 接 費　　260,000　　　前 払 保 険 料　　260,000
3　修繕引当金繰入額（間接経費）に関する仕訳
　　　製 造 間 接 費　　130,000　　　修 繕 引 当 金　　130,000
4　棚卸減耗損（間接経費）に関する仕訳
　　$860,000 - 820,000 = 40,000$
　　　製 造 間 接 費　　40,000　　　材　　　　料　　40,000
5　社員食堂赤字額（間接経費）に関する仕訳
　　　製 造 間 接 費　　90,000　　　現 金 預 金　　90,000

6 水道光熱費当月測定額（間接経費）に関する仕訳
　　製　造　間　接　費　　245,000　　　未　払　水　道　光　熱　費　　245,000
7 外注加工賃（直接経費）に関する仕訳
　　仕　　　掛　　　品　　180,000　　　現　　金　　預　　金　　180,000
8 特許権使用料（直接経費）に関する仕訳
　　仕　　　掛　　　品　　270,000　　　未　払　特　許　権　使　用　料　　270,000
9 製造間接費予定配賦額に関する仕訳
　製造間接費借方合計 3,613,000－8,000＝3,605,000
　　仕　　　掛　　　品　　3,605,000　　　製　造　間　接　費　　3,605,000
10 売上原価に関する仕訳
　売上原価勘定貸方金額から推測
　　売　　上　　原　　価　　9,100,000　　　製　　　　　品　　9,100,000
11 完成品原価に関する仕訳
　製品勘定貸借差額から
　　製　　　　　品　　9,000,000　　　仕　　　掛　　　品　　9,000,000
12 仕掛品月末有高の計算
　借方合計9,015,000－貸方(完成高)9,000,000＝15,000

9　1　材　　　　料　　6,400,000　　　買　　掛　　金　　6,200,000
　　　　　　　　　　　　　　　　　　　現　　　　金　　200,000
　2　仕　　　掛　　　品　　4,420,000　　　材　　　　料　　4,420,000
　3　仕　　　掛　　　品　　5,890,000　　　賃　　金　　給　　料　　6,650,000
　　　製　造　間　接　費　　760,000
　4　仕　　　掛　　　品　　9,270,000　　　製　造　間　接　費　　9,270,000
　5　製　　　　　品　　20,055,000　　　仕　　　掛　　　品　　20,055,000

第9回　製造間接費の計算（実際額による配賦）

1　(1)　仕　　　掛　　　品　　260,000　　　製　造　間　接　費　　260,000
　　(2)　製　　　　　品　　1,104,000　　　仕　　　掛　　　品　　1,104,000

2　(1)　直接材料費法：配賦率　$\dfrac{150,000円＋250,000円＋230,000円}{840,000円}＝\underline{75\%}$

　　　　　　　配賦額　350,000円×75％＝$\underline{262,500円}$

　　(2)　直接労務費法：配賦率　$\dfrac{150,000円＋250,000円＋230,000円}{1,260,000円}＝\underline{50\%}$

　　　　　　　配賦額　470,000円×50％＝$\underline{235,000円}$

　　(3)　直　接　費　法：配賦率　$\dfrac{150,000円＋250,000円＋230,000円}{840,000円＋1,260,000円}＝\underline{30\%}$

　　　　　　　配賦額　（350,000円＋470,000円）×30％＝$\underline{246,000円}$

　　(4)　#101の製造原価：350,000円＋470,000円＋235,000円＝$\underline{1,055,000円}$

3　直接作業時間法：配賦率　544,000円÷1,700時間＝$\underline{320円}$
　　　　　　　配賦額　320円×750時間＝$\underline{240,000円}$

機械時間法：配賦率　544,000円÷800時間＝_680_円
　　　　　　配賦額　680円×350時間＝_238,000_円

4

(1)

機械費計算月報
平成〇年6月分　　　　　　　　　　　　　　　　　　　　　　（単位：円）

費　　目	配賦基準	合　　計	A 機 械	B 機 械	C 機 械
機械個別費					
運転工賃金		(578,000)	180,000	206,000	192,000
機械減価償却費		(125,000)	48,600	35,000	41,400
機械共通費					
建　物　費	面　　積	90,000	(36,000)	(28,000)	(26,000)
保　険　料	価　　額	40,000	(16,000)	(11,000)	(13,000)
動　力　費	馬力数×運転時間	204,000	(70,400)	(60,000)	(73,600)
工場事務費	従業員数	150,000	(45,000)	(60,000)	(45,000)
		(1,187,000)	(396,000)	(400,000)	(391,000)
運転時間			220時間	250時間	230時間
機　械　率			(1,800)	(1,600)	(1,700)

(2)

甲製品への製造間接費配賦額	1,800円×45時間＋1,600円×55時間＋1,700円×40時間＝ 237,000円

ヒント：動力費配賦額の計算：$\dfrac{204,000円}{8\times220 + 6\times250 + 8\times230} = 40$円
　　　　　　　　　　　　　　　　　　(1,760)　(1,500)　(1,840)

　　　A 機 械　40円×1,760＝ _70,400_ 円
　　　B 機 械　40円×1,500＝ _60,000_ 円
　　　C 機 械　40円×1,840＝ _73,600_ 円
　　　　　　　　　　計 _204,000_ 円

5

(1) 直接労務費法による配賦率の計算

$$\dfrac{265,000円 + 487,000円 + 240,000円}{580,000円 + 650,000円 + 320,000円} = \underline{64\%}$$

(2)

製造間接費配賦表
平成〇年6月分

平成〇年		製造指図書番号	配賦率	配賦基準（直接労務費法）	配賦額	備　考
6	30	＃21	64％	580,000	371,200	
		＃22	64％	650,000	416,000	
		＃23	64％	320,000	204,800	
				1,550,000	992,000	

	(3)	仕　　掛　　品	992,000	製　造　間　接　費	992,000
6	(1)	製　造　間　接　費	195,000	減価償却累計額	195,000
	(2)	外　注　加　工　賃	470,000	当　座　預　金	470,000
		仕　　掛　　品	470,000	外　注　加　工　賃	470,000
	(3)	製　造　間　接　費	150,000	未　　払　　金	150,000
	(4)	製　造　間　接　費	180,000	修　繕　引　当　金	180,000
	(5)	製　造　間　接　費	76,000	未　　払　　金	76,000

第10回　製造間接費の計算（予定配賦率による配賦）

1	(1)	仕　　掛　　品	1,120,000	製　造　間　接　費	1,120,000
	(2)	製　造　間　接　費	1,126,000	材　　　　　料	260,000
				賃　　　　　金	585,000
				経　　　　　費	281,000
	(3)	製造間接費配賦差異	6,000	製　造　間　接　費	6,000
2	(1)	製　造　間　接　費	650,000	材　　　　　料	650,000
	(2)	製　造　間　接　費	840,000	賃　金　・　給　料	840,000
	(3)	製　造　間　接　費	160,000	減価償却累計額	160,000
	(4)	仕　　掛　　品	1,909,200	製　造　間　接　費	1,909,200
	(5)	製　造　間　接　費	19,200	原　　価　　差　　異	19,200

ヒント：(4)　予定配賦額　23,680,000円÷32,000H＝740円

740円×2,580H＝1,909,200円

(5)　実際発生額　1,890,000円　貸方差異　19,200円

3	(1)	仕　　掛　　品	935,000	製　造　間　接　費	935,000
	(2)	製造間接費配賦差異	23,000	製　造　間　接　費	23,000
	(3)	製造間接費配賦差異	8,000	売　　上　　原　　価	8,000

製造間接費配賦差異

1/1～11/30	158,000	1/1～11/30	189,000
12/31	23,000		
〃	8,000		
	189,000		189,000

4

（単位：千円）

製　造　間　接　費		仕　　掛　　品	
実際発生額（12,900）	配　賦　額（13,200）	月初有高（2,600）	当月完成高（40,320）
配賦差異（　300）	配賦差異（　　　）	直接材料費（14,970）	月末有高（2,450）
（13,200）	（13,200）	直接労務費（12,000）	
		製造間接費（13,200）	
		（42,770）	（42,770）

ヒント：予定配賦額　150,000千円÷25,000H＝6千円　　6千円×2,200H＝13,200千円

実際発生額 （x）貸方差異300千円なので，13,200千円－300千円＝12,900千円

5

(単位：万円)

加工費			
賃金・給料消費額	(505)	予定配賦額	(840)
間接材料費	(90)	配賦差異	(20)
間接経費	(265)		
	(860)		(860)

仕掛品			
月初有高	(240)	当月完成高	(1,780)
原料費	(960)	月末有高	(260)
加工費	(840)		
	(2,040)		(2,040)

6

賃金			
諸口	98,000	前月繰越	32,000
次月繰越	33,000	諸口	(99,000)

製造間接費			
材料	17,000	(仕掛品)	(48,000)
賃金	19,000	製造間接費配賦差異	(3,000)
諸口	15,000		

仕掛品			
前月繰越	38,000	(製品)	(179,000)
材料	54,000	次月繰越	41,000
賃金	(80,000)		
製造間接費	(48,000)		

製品			
前月繰越	50,000	(売上原価)	(164,000)
仕掛品	179,000	次月繰越	65,000

ヒント：(製品完成高) (期末仕掛品) (期首仕掛品) (直接材料費)
(179,000円＋41,000円)－(38,000円＋54,000円)
＝128,000円（直接賃金と製造間接費合計）

$128,000 円 \times \dfrac{1}{1+0.6} = 80,000$ 円（直接賃金）

$128,000 円 \times \dfrac{0.6}{1+0.6} = 48,000$ 円（製造間接費予定配賦額）

7 b．電力料

8 (1) a 750,000円　b 50円
(2) 予定配賦額　65,000円　配賦差異　1,500円

ヒント：(1) a．$\dfrac{810,000円－690,000円}{18,000H－12,000H} = 20$ 円（変動費率）

690,000円＋20円×(15,000H－12,000H)＝750,000円

b．750,000円÷15,000H＝50円

9

	実際的生産能力基準	期待実際操業度基準
予定配賦率	125円／時	150円／時
予定配賦額	1,500,000円	1,800,000円
配賦差異	180,000円（借）	120,000円（貸）

> **ヒント**：1 基準操業度としての実際的生産能力とは，理論的生産能力から，機械の故障・段取り・不良材料など，不可避的な生産量の減少分を差し引いてえられる実現可能な年間最大の操業水準である。
>
> 予定配賦率……$\dfrac{21,000,000円}{168,000H}=125円$
>
> 予定配賦額……$125円×12,000H=1,500,000円$
>
> 配賦差異……$1,680,000円-1,500,000円=180,000円（借）$
>
> 2 期待実際操業度とは，販売量を考慮して，次の1年間に予想される操業水準である。
>
> 予定配賦率……$\dfrac{18,900,000円}{126,000H}=150円$
>
> 予定配賦額……$150円×12,000H=1,800,000円$
>
> 配賦差異……$1,680,000円-1,800,000円=-120,000円（貸）$

10 (1) 予算差異　　70,000円（貸）　　操業度差異　　250,000円（借）
　　(2) 予算差異　　30,000円（借）　　操業度差異　　150,000円（借）
　　(3) 予算差異　　30,000　　　　　　製造間接費　　180,000
　　　　操業度差異　150,000

> **ヒント**：(1) 予定配賦率　$\dfrac{1,750,000円}{14,000H}=125円$
>
> 予定配賦額　$125円×12,000H=1,500,000円$
>
> 予算差異　（実際発生額）（固定予算額）
> $1,680,000円-1,750,000=-70,000円（貸）$
>
> 操業度差異　（固定予算額）（予定配賦額）
> $1,750,000円-1,500,000円=250,000円（借）$
>
> (2) 固　定　費　$1,750,000円-50円×14,000H=1,050,000円$
>
> 変動予算　$50円×12,000H+1,050,000円=1,650,000円$
>
> 予算差異　（実際発生額）（変動予算）
> $1,680,000円-1,650,000円=30,000円（借）$
>
> 操業度差異　（変動予算）（予定配賦額）
> $1,650,000円-1,500,000円=150,000円（借）$

11

問1

(1)	材　　　料	1,872,000	買　　掛　　金	1,872,000
(2)	仕　　掛　　品	1,542,000	材　　　料	1,542,000
(3)	仕　　掛　　品	963,600	賃　金・給　料	993,600
	製　造　間　接　費	30,000		
(4)	製　造　間　接　費	930,000	賃　金・給　料	930,000
(5)	仕　　掛　　品	3,212,000	製　造　間　接　費	3,212,000
(6)	製造間接費配賦差異	188,000	製　造　間　接　費	188,000

問2

予　算　差　異	操　業　度　差　異
54,500円（ 借方・㊥貸方㊥ ）	252,500円（㊥借方㊥・貸方 ）

> **ヒント**：
> 問1
> (1) 素材および補修用材料の購入に関する仕訳
> $1,800,000+72,000=1,872,000$

(2) 素材の消費に関する仕訳（先入先出法）

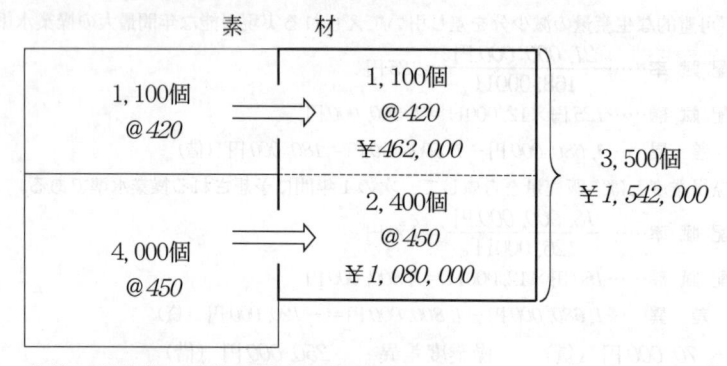

素　材

| 1,100個 @420 | → | 1,100個 @420 ¥462,000 | } 3,500個 ¥1,542,000 |
| 4,000個 @450 | → | 2,400個 @450 ¥1,080,000 | |

(3) 直接工労務費の消費に関する仕訳
直接労務費　　803時間×@1,200＝963,600
間接労務費　　 25時間×@1,200＝ 30,000

(4) 間接工労務の消費に関する仕訳
950,000－160,000＋140,000＝930,000

(5) 製造間接費の予定配賦に関する仕訳

変動費率　$\frac{16,200,000}{10,800時間}$＝@1,500　　　固定費率　$\frac{27,000,000}{10,800時間}$＝@2,500

803時間×（@1,500＋@2,500）＝3,212,000

(6) 製造間接費配賦差異に関する仕訳

製造間接費

| 実際配賦額 3,400,000 | 予定配賦額 3,212,000 |
| | 188,000 |

（借）製造間接費配賦差異　　188,000　　（貸）製　造　間　接　費　　188,000

問2　製造間接費配賦差異の原因別分析
(1) 月間固定費予算額　　27,000,000÷12ヶ月＝2,250,000
(2) 月間基準操業度　　　10,800ｈ÷12ヶ月＝900ｈ
(3) 実際操業度の予算額　803ｈ×@1,500＋2,250,000＝3,454,500
(4) 予　算　差　異　　　3,454,500－3,400,000＝54,500（貸方差異）
(5) 操　業　度　差　異　（803ｈ－900ｈ）×@2,500＝242,500（借方差異）

12

製 造 間 接 費 総 差 異	188,000 円 (借)
予 算 差 異	4,000 円 (借)
能 率 差 異	100,000 円 (借)
操 業 度 差 異	84,000 円 (借)

(注) ( )内には，借方差異ならば借，貸方差異ならば貸と記入すること。

ヒント：
(標準原価計算の問題)

1 生産データのまとめ

生産データ

	数量	換算量		数量	換算量
月初	200	100	完成	2,400	2,400
当月	2,600	2,500	月末	400	200

2 製品A1個あたりの標準製造間接費
  標準配賦率　19,680,000÷98,400＝@200
  変動費率　　7,872,000÷98,400＝@80
  固定費率　　11,808,000÷98,400＝@120
  　標準直接作業時間2.8h×標準配賦率@200＝@560

3 製造間接費総差異の計算
  標準製造間接費＝当月の換算量2,500個×@560＝1,400,000
  　製造間接費総差異＝標準製造間接費1,400,000－実際製造間接費1,588,000
  　　　　　　　　　＝188,000（借方差異）

4 製造間接費総差異の原因別分析
  標準操業度　　　　2,500個×2.8h＝7,000時間
  月間固定製造間接費　11,808,000÷12＝984,000
  月間正常直接作業時間　98,400時間÷12＝8,200時間
  実際操業度の予算額　984,000＋7,500h×@80＝1,584,000
  予算差異＝実際操業度の予算額1,584,000－実際発生額1,588,000＝4,000（借方差異）
  能率差異＝(標準操業度7,000h－実際操業度7,500h)×標準配賦率@200＝100,000（借方差異）
  操業度差異＝(実際操業度7,500h－基準操業度8,200h)×固定費率@120＝84,000（借方差異）

第11回 部門費の計算（実際額による配賦）

1

部門費集計表

平成〇年6月分

費目	配賦基準	金額	製造部門		補助部門		
			第1部門	第2部門	動力部門	修繕部門	事務部門
部門個別費							
間接材料費	－	330,000	150,000	130,000	20,000	30,000	－
間接賃金	－	243,000	108,100	96,000	15,700	12,200	11,000
部門共通費							
間接賃金	従業員数	72,000	28,800	27,000	8,100	4,500	3,600
減価償却費	床面積	34,000	15,000	12,000	3,000	2,000	2,000
電力料	電力消費量	91,000	37,100	35,000	11,200	6,300	1,400
計		770,000	339,000	300,000	58,000	55,000	18,000

2

部門費振替表

費目	配賦基準	金額	製造部門		補助部門		
			第1部門	第2部門	動力部門	修繕部門	工場事務部門
部門費合計		1,444,000	600,000	500,000	152,000	120,000	72,000
工場事務部門費	作業時間数	72,000	39,000	33,000			
修繕部門費	修繕金額	120,000	72,000	48,000			
動力部門費	機械運転時間	152,000	80,000	72,000			
配賦額合計		344,000	191,000	153,000			
製造部門費合計		1,444,000	791,000	653,000			

（仕訳）

第1製造部門費	191,000	動力部門費	152,000
第2製造部門費	153,000	修繕部門費	120,000
		工場事務部門費	72,000

3

部門費振替表

費　目	合　計	製造部門		補助部門		
		切削部	組立部	材料倉庫部	動力部	工場事務部
部　門　費	1,170,000	476,000	394,000	120,000	130,000	50,000
第1次配賦						
工場事務部費	50,000	20,000	17,000	4,000	9,000	―
動　力　部　費	130,000	80,000	40,000	10,000	―	―
材料倉庫部費	120,000	60,000	45,000	―	15,000	―
第2次配賦				14,000	24,000	―
動　力　部　費	24,000	16,000	8,000			
材料倉庫部費	14,000	8,000	6,000			
製造部門費	1,170,000	660,000	510,000			

4

(1)

製造間接費部門別配賦表

(単位：円)

費　目	配賦基準	合　計	製造部門		補助部門		
			機械部	組立部	材料部	保全部	事務部
部門個別費		998,000	451,000	262,000	77,600	79,400	128,000
部門共通費	従業員数	256,000	128,000	64,000	22,400	16,000	25,600
部　門　費		1,254,000	579,000	326,000	100,000	95,400	153,600
事　務　部　費	従業員数	153,600	102,400	51,200			
保　全　部　費	保全作業時間	95,400	63,600	31,800			
材　料　部　費	材料出庫額	100,000	60,000	40,000			
製造部門費		1,254,000	805,000	449,000			
直接作業時間			7,000(時間)	4,490(時間)			
製造部門別配賦率			115	100			

(2)① 機械部門費　　579,000　　　製造間接費　1,254,000
　　組立部門費　　326,000
　　材料部門費　　100,000
　　保全部門費　　 95,400
　　事務部門費　　153,600
　② 機械部門費　　226,000　　　材料部門費　　100,000
　　組立部門費　　123,000　　　保全部門費　　 95,400
　　　　　　　　　　　　　　　　事務部門費　　153,600

5

(1)	2,000万円	(2)	5,920万円
(3)	740円／時間	(4)	283万円
(5)	279万円		

(ヒント)：任意の形で製造間接費部門別配賦表を作成する。

製造間接費部門別配賦表
(単位：万円)

費　目	配賦基準	合　計	第1製造部	第2製造部	材料倉庫部	工場事務部
部 門 個 別 費		7,400	2,820	3,680	600	300
部 門 共 通 費						
工場建物減価償却費	専有面積	3,200	(1) 1,400	1,000	600	200
福利施設負担額	従業員数	1,800	600	800	200	200
合　　計		12,400	4,820	5,480	1,400	700
材料倉庫部費	材料出庫額	1,400	800	600		
工場事務部費	従業員数	700	300	400		
製造部門費		12,400	(2) 5,920	6,480		
直接作業時間			8万時間	12万時間		
製造部門費配賦率			(3) 740円	540円		

(4)　$740 \times 2{,}000\text{h} + 540 \times 2{,}500\text{h} = 2{,}830{,}000 \to 283$万円

(5)　$\dfrac{12{,}400\text{万円}}{20\text{万時間}} = 620$円

　　620円 $\times (2{,}000\text{h} + 2{,}500\text{h}) = 279$万円

6

製造間接費予算部門別配賦表
(単位：千円)

費　目	合　計	製 造 部 門		補 助 部 門	
		切 削 部	組 立 部	修 繕 部	工場事務部
部門個別費	156,900	42,250	34,650	48,000	32,000
部門共通費：					
建物減価償却費	75,000	33,000	27,000	9,000	6,000
機械保険料	10,000	5,000	3,000	1,200	800
福　利　費	80,000	24,000	40,000	12,000	4,000
部　門　費	321,900	104,250	104,650	70,200	42,800
修繕部費	70,200	11,700	58,500		
工場事務部費	42,800	16,050	26,750		
製造部門費	321,900	132,000	189,900		

(ヒント)：補助部門費の配賦では，自部門には配賦しない。第2次配賦における工場事務部門費は，分母を800（人）として，自部門以外に配賦する。

第12回　部門費の計算（予定配賦率による配賦）

1
(1)	仕　　掛　　品	717,000	第1製造部門費	350,000
			第2製造部門費	367,000
(2)	第1製造部門費	275,000	材　　　　料	205,000
	第2製造部門費	310,000	賃　　　　金	345,000
	A補助部門費	60,000	経　　　　費	160,000
	B補助部門費	65,000		
(3)	第1製造部門費	59,000	A補助部門費	60,000
	第2製造部門費	66,000	B補助部門費	65,000
(4)	第1製造部門費	16,000	製造部門費配賦差異	16,000
	製造部門費配賦差異	9,000	第2製造部門費	9,000

2
(1) 1,270円／時間　(2) 584,200円　(3) 685,800円
(4) 588,000円　(5) 697,200円

ヒント：(1) $\dfrac{10,780万円 + 4,460万円}{12万時間} = 1,270円$

(2) $1,270円 \times (200H + 260H) = 584,200円$

(3) $1,270円 \times (250H + 290H) = 685,800円$

(4)(5)は，製造間接費部門別配賦表を任意の形で作り，部門別の配賦率を計算する。

製造間接費部門別配賦表
（単位：万円）

費　目	合　計	切削部	組立部	工場管理部
部門個別費	10,780	4,540	3,470	2,770
部門共通費				
減価償却費	2,340	900	1,260	180
保険料	520	200	280	40
厚生費	1,600	640	800	160
	15,240	6,280	5,810	3,150
工場管理部費	3,150	1,400	1,750	
	15,240	7,680	7,560	
直接作業時間		5万時間	7万時間	
部門別配賦率		1,536円	1,080円	

(4) $1,536円 \times 200H + 1,080円 \times 260H = 588,000円$

(5) $1,536円 \times 250H + 1,080円 \times 290H = 697,200円$

3

問1

部門別配賦表

(単位:円)

費目	合計	製造部門		補助部門		
		切削部	組立部	動力部	修繕部	工場事務部
部門費	1,117,000	584,000	294,000	108,000	77,000	54,000
動力部費	108,000	81,000	27,000			
修繕部費	77,000	55,000	22,000			
工場事務部費	54,000	36,000	18,000			
製造部門費	1,117,000	756,000	361,000			

	借方		貸方	
問2	仕掛品	1,116,000	加工部費	752,000
			組立部費	364,000
問3	製造部門費配賦差異	4,000	加工部費	4,000
	組立部費	3,000	製造部門費配賦差異	3,000

ヒント:

問2 製造部別予定配賦率・予定配賦額の計算
  加工部費 配賦率 $9,000,000 \div 22,500\text{h} = @400$
       配賦額 $1,880\text{h} \times @400 = 752,000$
  組立部費 配賦率 $4,410,000 \div 12,600\text{h} = @350$
       配賦額 $1,040\text{h} \times @350 = 364,000$

問3 製造部門費配賦差異の計算
  加工部費 $752,000$(予定配賦額)$- 756,000$(実際配賦額)$= 4,000$(借)
  組立部費 $364,000$(予定配賦額)$- 361,000$(実際配賦額)$= 3,000$(貸)

4

(1)

部門別配賦表

(単位:円)

費目	合計	製造部門		補助部門		
		第1製造部	第2製造部	修繕部	材料倉庫部	工場事務部
部門費	18,000,000	7,527,600	6,630,240	1,942,560	1,076,400	823,200
修繕部費		1,022,400	920,160			
材料倉庫部費		579,600	496,800			
工場事務部費		470,400	352,800			
製造部門費	18,000,000	9,600,000	8,400,000			

第1製造部の予定配賦率= 500 円/時間

第2製造部の予定配賦率= 300 円/時間

(2) 第2次集計の仕訳

第 1 製 造 部 費	2,072,400	修 繕 部 費	1,942,560
第 2 製 造 部 費	1,769,760	材 料 倉 庫 部 費	1,076,400
		工 場 事 務 部 費	823,200

5 (1)　2,650万円　　(2)　9,500万円　　(3)　190円／時間
　　(4)　103万円　　(5)　102.5万円

ヒント：任意の形で，製造間接費部門別配賦表を作成する。

製造間接費部門別配賦表　　　　　　　　　　（単位：万円）

費　目	合　計	第1製造部	第2製造部	材料倉庫部	工場事務部
部 門 個 別 費	10,900	5,030	4,070	1,050	750
部 門 共 通 費					
減 価 償 却 費	3,500	(1) 1,750	1,200	400	150
福 利 施 設 費	2,000	900	600	200	300
合　　計	16,400	7,680	5,870	1,650	1,200
材 料 倉 庫 部 費	1,650	1,100	550		
工 場 事 務 部 費	1,200	720	480		
製 造 部 門 費	16,400	(2) 9,500	6,900		
直 接 作 業 時 間		50万時間	30万時間		
部 門 別 配 賦 率		(3)190円／時間	230円／時間		

(4)　190円×3,000H＋230円×2,000H＝103万円

(5)　$\dfrac{10,900万円＋3,500万円＋2,000万円}{80万時間}＝205$円／時間

　　205円×(3,000H＋2,000H)＝102.5万円

6
問1

部門別配賦表　　　　　　　　　　（単位：円）

| 費　目 | 合　計 | 製造部門 | | 補助部門 | | |
		A製造部	B製造部	材料部	動力部	工場事務部
部 門 費	3,477,000	1,035,000	1,455,000	360,000	240,000	387,000
工 場 事 務 部 費	387,000	225,750	161,250			
動 力 部 費	240,000	140,000	100,000			
材 料 部 費	360,000	180,000	180,000			
製 造 部 門 費	3,477,000	1,580,750	1,896,250			

問2

A 製 造 部 費	545,750	材 料 部 費	360,000
B 製 造 部 費	441,250	動 力 部 費	240,000
		工 場 事 務 部 費	387,000

第13回　個別原価計算

1

原 価 計 算 表　　　　　（単位：円）

製造指図書番号	#11	着手日	平成〇年4月20日	命令数量	1,000個
品　　　名	椅子A型	完成日	平成〇年6月15日	完成数量	1,000個

直接材料費			直接労務費			製造間接費			集　　計	
日付	票数	金額	日付	票数	金額	日付	配賦率	金額	費　目	金額
4/30	5	230,000	4/30	8	350,000	4/30	65%	227,500	直接材料費	620,000
5/31	8	340,000	5/31	12	550,000	5/31	65%	357,500	直接労務費	1,300,000
6/15	1	50,000	6/15	6	400,000	6/15	65%	260,000	製造間接費	845,000
		620,000			1,300,000			845,000		2,765,000
									完成量	1,000個
									単位原価	2,765円

2

（単位：円）

仕　掛　品

7/1	期首有高	(820,000)	7/31	期中完成品	(2,000,000)
31	直接材料費	(710,000)	〃	期末有高	(700,000)
〃	直接労務費	(650,000)			
〃	製造間接費	(520,000)			
		(2,700,000)			(2,700,000)

製　　品

7/1	期首有高	(930,000)	7/31	売上原価	(2,110,000)
31	期中完成品	(2,000,000)	〃	期末有高	(820,000)
		(2,930,000)			(2,930,000)

3

問1

9月末の仕掛品有高	9,200,000 円
9月末の製品有高	6,000,000 円

問2

直 接 材 料 費	1,600,000 円
直 接 労 務 費	2,100,000 円
製 造 間 接 費	4,000,000 円

問3

借 方 科 目	金 額	貸 方 科 目	金 額
製 品	14,900,000	仕 掛 品	14,900,000

問4

10月末の仕掛品有高	2,000,000 円
10月末の製品有高	4,500,000 円

問5

10月の売上原価	16,400,000 円

ヒント：

9月　　　　　　　　　指図書別原価計算表の作成

摘 要	No.201	No.202	No.203
直接材料費	1,300,000	800,000	1,600,000
直接労務費	1,600,000	1,400,000	1,000,000
製造間接費	3,100,000	2,800,000	1,600,000
合　　計	6,000,000	5,000,000	4,200,000
備　　考	完　成	未 完 成	未 完 成

4

仕　掛　品　　　　　　　　　（単位：円）

月 初 有 高	(1,000,000)	製　　品	(8,720,000)
直 接 材 料 費	(1,790,000)	月 末 有 高	(1,810,000)
直 接 労 務 費	(2,580,000)		
製 造 間 接 費	(5,160,000)		
	(10,530,000)		(10,530,000)

月次損益計算書　　　　　　　　（単位：円）

売　上　高		15,600,000
売　上　原　価		
月初製品有高	(3,500,000)	
当期製品製造原価	(8,720,000)	
合　　計	(12,220,000)	
月末製品有高	(2,320,000)	
差　　引	(9,900,000)	
原　価　差　異	(50,000)	(9,950,000)
売　上　総　利　益		(5,650,000)
販売費及び一般管理費		2,225,000
営　業　利　益		(3,425,000)

ヒント：

1 直接作業時間の計算
  (1) 前月（7月）の直接作業時間の計算
      No.103   950,000÷@1,000＝950h
      No.104   200,000÷@1,000＝200h
  (2) 当月（8月）の直接作業時間の計算
      No.104   400,000÷@1,000＝400h
      No.105   950,000÷@1,000＝950h
      No.105-2   70,000÷@1,000＝ 70h
      No.106   640,000÷@1,000＝640h
      No.107   520,000÷@1,000＝520h

2 前月（7月）の指図書別原価計算表の作成

摘　　要	No.103	No.104	合　　計
直接材料費	650,000	400,000	1,050,000
直接労務費	950,000	200,000	1,150,000
製造間接費	1,900,000	400,000	2,300,000
製造原価	3,500,000	1,000,000	4,500,000
備　　考	完成・未引渡	仕　掛　中	

製造間接費の計算
  No.105 950h×@2,000＝ 1,900,000
  No.106 200h×@2,000＝   400,000
                        2,300,000

3 仕掛品勘定の作成
  当月（8月）の指図書別原価計算表の作成

　　　　　　　　　　　　　　　　　　　　　　　　　　　　　　　仕掛品勘定
　　　　　　　　　　　　　　　　　　　　　　　　　　　　　　　借　方　へ
　　　　　　　　　　　　　　　　　　　　　　　　　　　　　　　　　⇑

摘　　要	No.104	No.105	No.105-2	No.106	No.107	合　　計
月初仕掛品原価	1,000,000	－	－	－	－	1,000,000
直接材料費	200,000	700,000	240,000	400,000	250,000	1,790,000
直接労務費	400,000	950,000	70,000	640,000	520,000	2,580,000
製造間接費	800,000	1,900,000	140,000	1,280,000	1,040,000	5,160,000
合　　計	2,400,000	3,550,000	450,000	2,320,000	1,810,000	10,530,000
仕　損　費	－	450,000	△450,000	－	－	0
製造原価	2,400,000	4,000,000	0	2,320,000	1,810,000	10,530,000
備　　考	完成・引渡	完成・引渡	No.105へ振替	完成・未引渡	仕　掛　中	

　　　　　　　　　　　　　仕掛品勘定　貸方（製品）　　　　　　　⇓
　　　　　　　　　　　　　　　　　　　　　　　　　　　　　仕掛品勘定
　　　　　　　　　　　　　　　　　　　　　　　　　　　　　貸方（月末有高）

月初仕掛品原価　　No.104　　1,000,000
製造間接費の計算
  No.104 400h×@2,000＝   800,000
  No.105 950h×@2,000＝ 1,900,000

  No. 105-2 70h×@2,000＝ 140,000
  No. 106 640h×@2,000＝1,280,000
  No. 107 520h×@2,000＝1,040,000
 完成品原価（製品）
  No. 104(2,400,000)＋No. 105(4,000,000)＋No. 106(2,320,000)＝8,720,000
 月末仕掛品原価（月末有高）
  No. 107＝1,810,000

4 月次損益計算書の作成
 売上原価の計算
  ① 月初製品原価
   No. 103 3,500,000
  ② 当月製品製造原価
   No. 104(2,400,000)＋No. 105(4,000,000)＋No. 106(2,320,000)＝8,720,000
  ③ 月末製品有高
   No. 106 2,320,000
  ④ 原価差異（製造間接費配賦差異）

製　造　間　接　費	
実際発生額　　5,210,000	予定配賦額　　5,160,000

 仕　訳
  （借）製造間接費配賦差異 50,000 （貸）製造間接費 50,000
  ∴ 50,000（借方差異）
 売上原価
  ①3,500,000＋②8,720,000－③2,320,000＋④50,000＝9,950,000

5

(1)   （単位：円）

仕　掛　品			
前　月　繰　越	（　270,000）	当 月 完 成 高	（1,080,000）
直　接　材　料　費	（　560,000）	次　月　繰　越	（　230,000）
直　接　労　務　費	（　315,000）		
製　造　間　接　費	（　165,000）		
	（1,310,000）		（1,310,000）

(2) 売　上　原　価＝　807,000　円

  月末製品原価＝　595,000　円

ヒント：指図書別原価計算表の作成

6月

摘　　　要	＃1202	＃1203	＃1301	＃1302	合　　　計
月 初 仕 掛 品	125,000	145,000	—	—	270,000
直 接 材 料 費	60,000	210,000	120,000	170,000	560,000
直 接 労 務 費	55,000	165,000	50,000	45,000	315,000
製 造 間 接 費	35,000	75,000	40,000	15,000	165,000
合　　　計	275,000	595,000	210,000	230,000	1,310,000
備　　　考	完成・販売	完成・未販売	完成・販売	仕掛中	

6

　　　　　　　　　製造原価報告書
　　　　　　　　　　　　　　　　　　　　　　（単位：円）
　　直 接 材 料 費　　　　　　　（　　1,100,000）
　　直 接 労 務 費　　　　　　　（　　　510,000）
　　製 造 間 接 費　　　　　　　　　　2,080,000
　　　　合　　　計　　　　　　　（　　3,690,000）
　　製造間接費配賦差異　　　　　（　　　 40,000）
　　当 月 製 造 費 用　　　　　 （　　3,650,000）
　　月 初 仕 掛 品 原 価　　　　（　　　　　 0）
　　　　合　　　計　　　　　　　（　　3,650,000）
　　月 末 仕 掛 品 原 価　　　　（　　1,050,000）
　　当 月 製 造 製 造 原 価　　　（　　2,600,000）

　　　　　　　　　月次損益計算書
　　　　　　　　　　　　　　　　　　　　　　（単位：円）
　　売　　上　　高　　　　　　　　　　8,500,000
　　売　　上　　原　　価　　　　（　　3,325,000）
　　原　　価　　差　　異　　　　（　　　 40,000）
　　　　合　　　計　　　　　　　（　　3,365,000）
　　売　上　総　利　益　　　　　（　　5,135,000）
　　販売費および一般管理費　　　　　　1,550,000
　　営　　業　　利　　益　　　　（　　3,585,000）

第14回　仕損および作業屑の処理

1　(1)　仕　損　費　　65,000　　材　　　料　　17,000
　　　　　　　　　　　　　　　　　　賃　　　金　　28,000
　　　　　　　　　　　　　　　　　　製 造 間 接 費　20,000
　　(2)　仕　掛　品　　65,000　　仕　損　費　　65,000
　　(3)　仕　損　費　　350,000　　仕　掛　品　　350,000

2
(1)	作　業　　　屑	16,000	仕　掛　　　品	16,000
(2)	作　業　　　屑	7,400	第１製造部門費	7,400
(3)	第１製造部門費	4,500	第２製造部門費	4,500
(4)	現　　　　　金	4,000	雑　　　　　益	4,000

3
(1)	材　　　　　料	700,000	買　掛　　　金	700,000
(2)	仕　掛　　　品	550,000	材　　　　　料	550,000
(3)	材　　　　　料	30,000	仕　掛　　　品	30,000
(4)	材　　　　　料	50,000	切　削　部門費	50,000
(5)	製　　　　　品	3,200,000	仕　掛　　　品	3,200,000

第15回　個別原価計算と財務諸表

1　(1)　1，4　　(2)　1

2

製造原価報告書

(単位：万円)

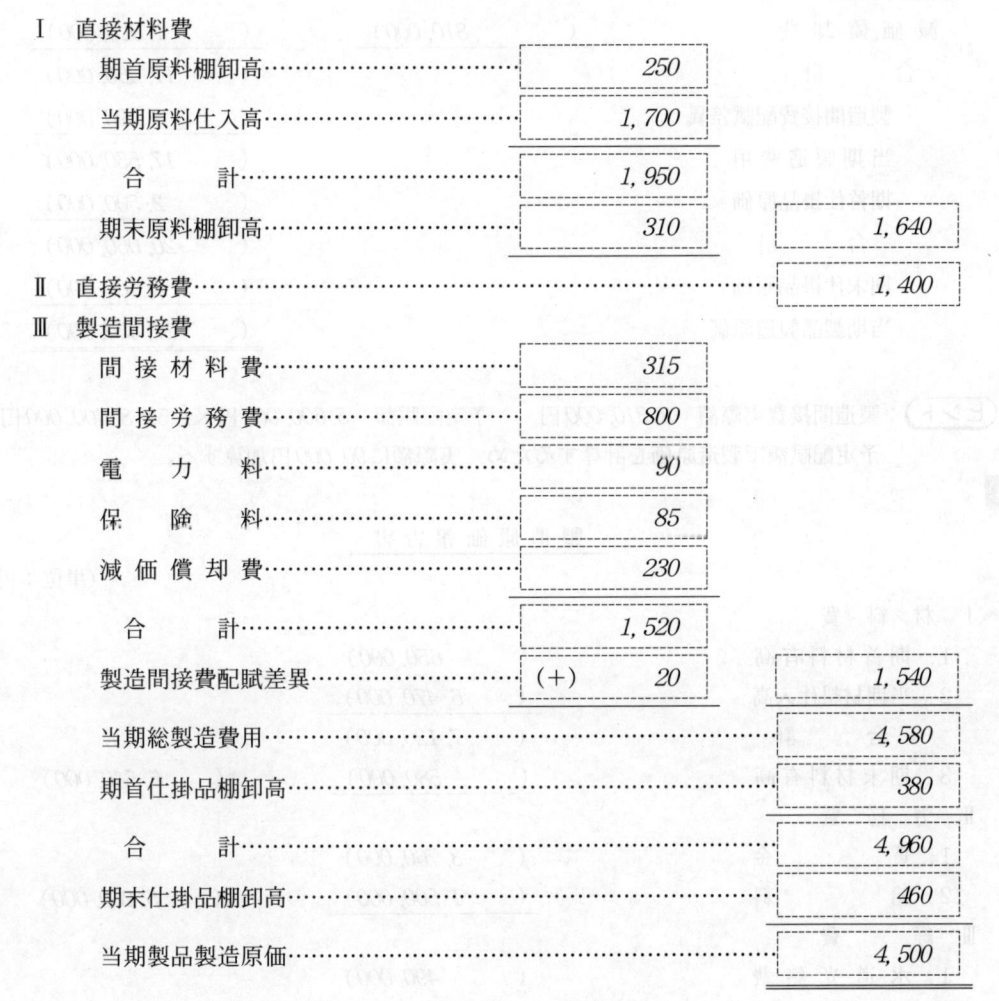

Ⅰ　直接材料費		
期首原料棚卸高	250	
当期原料仕入高	1,700	
合　　計	1,950	
期末原料棚卸高	310	1,640
Ⅱ　直接労務費		1,400
Ⅲ　製造間接費		
間接材料費	315	
間接労務費	800	
電　力　料	90	
保　険　料	85	
減価償却費	230	
合　　計	1,520	
製造間接費配賦差異	(+)　20	1,540
当期総製造費用		4,580
期首仕掛品棚卸高		380
合　　計		4,960
期末仕掛品棚卸高		460
当期製品製造原価		4,500

ヒント：間接労務費：間接工賃金　$380 - 130 + 120 = 370$
（単位：万円）　給　料　$450 - 60 + 40 = \underline{430}$
　　　　　　　　　　　計　$\underline{800}$

3

製 造 原 価 報 告 書

(単位：円)

材　料　費			
主 要 材 料 費	（	3,550,000）	
補 助 材 料 費	（	1,640,000）	（　5,190,000）
労　務　費			
直 接 工 賃 金	（	5,600,000）	
間 接 工 賃 金	（	2,650,000）	
給　　　料	（	2,400,000）	（　10,650,000）
経　費			
電　力　料	（	430,000）	
賃　借　料	（	380,000）	
減 価 償 却 費	（	810,000）	（　1,620,000）
合　　計			（　17,460,000）
製造間接費配賦差異	〔＋〕		（　90,000）
当 期 製 造 費 用			（　17,550,000）
期首仕掛品原価			（　2,500,000）
合　　計			（　20,050,000）
期末仕掛品原価			（　2,600,000）
当期製品製造原価			（　17,450,000）

ヒント：製造間接費実際額　8,310,000円　予定配賦額　5,600,000円×1.5＝8,400,000円
予定配賦額で製造原価を計算するため，実際額に90,000円加算する。

4

製 造 原 価 報 告 書

(単位：円)

Ⅰ　材　料　費			
1．期首材料有高	（	650,000）	
2．当期材料仕入高	（	6,470,000）	
合　　計	（	7,120,000）	
3．期末材料有高	（	580,000）	（　6,540,000）
Ⅱ　労　務　費			
1．賃　　　金	（	3,760,000）	
2．給　　　料	（	1,500,000）	（　5,260,000）
Ⅲ　経　費			
1．水 道 光 熱 費	（	490,000）	

2．減価償却費	(	1,050,000)		
3．保　険　料	(	280,000)		
4．賃　借　料	(	360,000)	(	2,180,000)
合　　計			(	13,980,000)
製造間接費配賦差異	〔－〕	(		160,000)
当 期 製 造 費 用			(	13,820,000)
（期首仕掛品棚卸高）			(	1,700,000)
合　　計			(	15,520,000)
（期末仕掛品棚卸高）			(	1,400,000)
（当期製品製造原価）			(	14,120,000)

（注）製造間接費配賦差異は，加算するなら＋，控除するなら－の符号を金額の前の〔　〕内に記入すること。

ヒント：直接労務費（＝直接工賃金）……2,740,000円－840,000円＋900,000円＝2,800,000円
　　　　　製造間接費：間接工賃金……910,000円－250,000円＋300,000円＝960,000円
　　　　　　　　　　　給　　　料……1,550,000円－400,000円＋350,000円＝1,500,000円
　　　　　　　　　　　当期経費計……2,180,000円
　　　　　実際発生額……960,000円＋1,500,000円＋2,180,000円＝4,640,000円
　　　　　製造間接費予定配賦額：2,800,000円×1.6＝4,480,000円
　　　　　製造間接費配賦差異：配賦差異（借方差異）160,000円。製造原価は，予定配賦額で集計するので，実際発生額から減算する。これは，損益計算書で売上原価に加算する。

5

仕　　掛　　品　　　　　（単位：万円）

期 首 有 高	500	（製　　　品）	(5,911)
直 接 材 料 費	(3,660)	期 末 有 高	750
直 接 労 務 費	(1,501)		
製 造 間 接 費	(1,000)		
	(6,661)		(6,661)

損　益　計　算　書　　　　（単位：万円）

（売　　上　　高）			(9,000)
（売　上　原　価）			
期首製品有高		800	
（当期製品製造原価）	(	5,911)	
合　計	(	6,711)	
期末製品有高		711	
差引	(	6,000)	
原価差異	（－）	100)	(5,900)
売上総利益			(3,100)
販売費および一般管理費			(2,100)
営業利益			(1,000)

(注) 原価差異については，差引欄で算出した売上原価に対し加算するなら＋，売上原価から控除するなら−の記号を□内に記入しなさい。

原価差異の調整

製造間接費は予定配賦しているので，実際発生額との差異が生じる。

製造間接費の実際発生額を製造間接費勘定に記入する。

実際発生額の明細		製造間接費勘定	
4．製造関係事務職員給料	182	実際発生額 900	予定配賦 1,000
5．工場倉庫関係の賃金	154		
7．製造用切削油など	9		
8．工場減価償却費	340		
9．工場電力料・ガス代・水道料	215		
		(製造間接費差異100)	

実際発生額900万円＞予定配賦1,000万円となり，100万円の過大配賦であるから，売上原価から差し引く。したがって，損益計算書の原価差異の□には−（マイナス）を入れる。

損益計算書を作成する。

売上高8,500万円から売上原価5,900万円を差し引いて売上総利益2,600万円を算出する。

売上総利益から販売費および一般管理費1,600万円を差し引いた額1,000万円が営業利益となる。

6

損　益　計　算　書　　　　　　　　　　（単位：万円）

Ⅰ　売　上　高				13,060
Ⅱ　売　上　原　価				
1　期首製品棚卸高		(565)		
2　当期製品製造原価		(9,610)		
合　　　計		(10,175)		
3　期末製品有高		(545)		
差　　　引		(9,630)		
4　原　価　差　異		(70)	(	9,560)
売　上　総　利　益			(	3,500)
Ⅲ　販売費および一般管理費				
1　販　売　費		(725)		
2　一　般　管　理　費		(845)	(	1,570)
営　業　利　益			(	1,930)

(ヒント)：(1) 次の製造原価報告書を作成して，当期製品製造原価を計算する。（単位：万円）

製造原価報告書			製造間接費の計算（資料番号による）			
直接材料費		2,810	1．補助材料	310		
直接労務費		3,800	2．間接工賃金	560		
製造間接費	2,970		3．	520	13．	130
原価差異	(+) 70	3,040	4．	45	20．	385
当期製造費用		9,650	5．	85	21．	150
期首仕掛品		(+) 850	7．	470	22．	55

— 42 —

期末仕掛品	(−) 890	10.	120	23.	35
当期製品製造原価	9,610	12.	105		
		実 際 額 合 計	2,970
		予定配賦額	3,040

原価差異の貸方差異70は，製造原価報告書で加算し，損益計算書で減算する。

(2) 販売費と一般管理費の計算（資料番号による。）

販　売　費：	11.	80		一般管理費：	8.	65	
	15.	45			9.	50	
	16.	130			14.	140	
	17.	260			19.	330	
	18.	170			24.	220	
	25.	40	725		26.	40	845

7

(単位：円)

製 造 原 価 報 告 書

I　直 接 材 料 費			
月 初 棚 卸 高	(1,000,000)		
当 月 仕 入 高	(4,100,000)		
合　　　計	(5,100,000)		
月 末 棚 卸 高	(1,100,000)	(4,000,000)	
II　直 接 労 務 費		(1,800,000)	
III　製 造 間 接 費			
間 接 材 料 費	(410,000)		
間 接 労 務 費	(560,000)		
電 力 料 金	(140,000)		
保 険 料	(220,000)		
減 価 償 却 費	(480,000)		
水 道 料 金	(110,000)		
合　　　計	(1,920,000)		
製造間接費配賦差異	(80,000)	(2,000,000)	
当 月 製 造 費 用		(7,800,000)	
月 初 仕 掛 品 原 価		(1,100,000)	
合　　　計		(8,900,000)	
月 末 仕 掛 品 原 価		(1,400,000)	
当 月 製 品 製 造 原 価		(7,500,000)	

(単位:円)

損 益 計 算 書

I 売 上 高				14,500,000
II 売 上 原 価				
月初製品有高	(	700,000)		
当月製品製造原価	(	7,500,000)		
合　　計	(	8,200,000)		
月末製品有高	(	500,000)		
原 価 差 異	(	80,000)	(	7,620,000)
売上総利益				6,880,000

(以下略)

ヒント：製造間接費の計算

(1) 予定配賦額の計算
　予定配賦額は実際操業度（直接材料費）に予定配賦率を乗じて計算する。
　実際直接材料費 (3,000,000＋1,000,000)×予定配賦率50％＝2,000,000

(2) 実際発生額の計算

間接材料費	補修用材料費	120,000
	燃 料 費	290,000
間接労務費	間接工賃金	560,000
間 接 経 費	電 力 料 金	140,000
	保 険 料	220,000　(*2,640,000÷12＝220,000)
	減価償却費	480,000
	水 道 料 金	110,000
合　計		1,920,000

(3) 製造間接費差異の計算　予定配賦額2,000,000－実際発生額1,920,000＝80,000（貸方差異）

＊ 貸方差異のため，製造原価報告書の製造間接費に加算し，損益計算書の売上原価に減算する。

第16回 総合原価計算と単純総合原価計算

1

総合原価計算表 (単位:円)

摘要	直接材料費	加工費	合計
月初仕掛品原価	40,000	20,000	60,000
当月製造費用	520,000	904,000	1,424,000
合計	560,000	924,000	1,484,000
差引:月末仕掛品原価	35,000	24,000	59,000
完成品総合原価	525,000	900,000	1,425,000
完成品単位原価	70	120	190

ヒント:月末仕掛品の計算:

直接材料費　$560,000 円 \times \dfrac{500}{7,500+500} = 35,000 円$

加工費　$924,000 円 \times \dfrac{500 \times 0.4}{7,500+500 \times 0.4} = 24,000 円$

2

総合原価計算表 (単位:円)

摘要	原材料	加工費	合計
原料費	1,836,000		(1,836,000)
労務費		1,810,000	(1,810,000)
経費		413,000	(413,000)
当月製造費用	(1,836,000)	(2,223,000)	(4,059,000)
月初仕掛品	84,000	57,000	(141,000)
計	(1,920,000)	2,280,000)	(4,200,000)
月末仕掛品	(240,000)	152,000	(392,000)
製品製造原価	(1,680,000)	(2,128,000)	3,808,000
完成数量	5,600個	5,600個	5,600個
製品単価	(300)	(380)	(680)

ヒント:月末仕掛品の計算:

原料費　$1,920,000 円 \times \dfrac{800}{5,600+800} = 240,000 円$

加工費　$2,280,000 円 \times \dfrac{800 \times 0.5}{5,600+800 \times 0.5} = 152,000 円$

3 月末仕掛品評価額　　280,000円

(ヒント)：原　料　費　　1,920,000円 × $\dfrac{800 \times 0.5}{5,600 + 800 \times 0.5}$ = 128,000円

　　　　　加　工　費　　**2** と同じ　　　　　　　　　　　= 152,000円

　　　　　月末評価額　　128,000円 + 152,000円 = 280,000円

　　　別　解　(1,920,000円 + 2,280,000) × $\dfrac{800 \times 0.5}{5,600 + 800 \times 0.5}$ = 280,000円

4

仕掛品および完成品原価計算表　　　　　　(単位：円)

項　　　　　目	平　　均　　法	先　入　先　出　法
月末仕掛品：原料費	140,800	140,000
加工費	86,000	87,400
合　　　　　計	226,800	227,400
当月完成品原価	1,642,200	1,641,600
当月完成品単価	391	391

(ヒント)：月末仕掛品の計算

　平　均　法：

　　直接材料費　880,000円 × $\dfrac{800}{4,200 + 800}$ = 140,800円

　　加　工　費　989,000円 × $\dfrac{800 \times 0.5}{4,200 + 800 \times 0.5}$ = 86,000円

　先入先出法：

　　直接材料費　770,000円 × $\dfrac{800}{4,200 - 600 + 800}$ = 140,000円

　　加　工　費　939,550円 × $\dfrac{800 \times 0.5}{4,200 - 600 \times 0.5 + 800 \times 0.5}$ = 87,400円

　　完成品単価　1,641,600円 ÷ 4,200 = 390.857 → 391円

5

		(1) 先　入　先　出　法	(2) 平　　均　　法
完成品製造原価		16,490千円	16,400千円
内訳	原料費	8,660千円	8,600千円
	加工費	7,830千円	7,800千円

(ヒント)：完成品製造原価の計算 (単位：千円)

　先入先出法：

　　原　料　費　月末仕掛品　9,240 × $\dfrac{600}{2,000 - 400 + 600}$ = 2,520

　　　　　　　　完　成　品　9,240 + 1,940 - 2,520 = 8,660

　　加　工　費　月末仕掛品　7,980 × $\dfrac{600 \times 0.5}{2,000 - 400 \times 0.5 + 600 \times 0.5}$ = 1,140

　　　　　　　　完　成　品　7,980 + 990 - 1,140 = 7,830

　　完成品製造原価　8,660 + 7,830 = 16,490

平　均　法：
　　原　料　費　月末仕掛品　$\dfrac{(1,940+9,240)}{2,600} \times 600 = 2,580$

　　　　　　　　完　成　品　$9,240 + 1,940 - 2,580 = 8,600$

　　加　工　費　月末仕掛品　$\dfrac{(990+7,980)}{2,300} \times 300 = 1,170$

　　　　　　　　完　成　品　$7,980 + 990 - 1,170 = 7,800$

　　完成品製造原価　　　　　$8,600 + 7,800 = 16,400$

6

(1) 　　　　　　　　　**総合原価計算表**　　　　　　　　　　（単位：千円）

	数　量	直接材料費	加工費	計
月初仕掛品	2,000台 ($\frac{1}{2}$)	35,400	18,600	54,000
当月投入	13,000	249,600	326,400	576,000
計	15,000台	285,000	345,000	630,000
月末仕掛品	2,400 ($\frac{1}{2}$)	(45,600)	(30,000)	(75,600)
差引完成品	12,600台	(239,400)	(315,000)	(554,400)
		@(19)	@(25)	@(44)

　　　　　　　　　　　　　　月次損益計算書　　　　　　　　　　（単位：千円）

売　上　高 …………………………………………………… (　　780,000)
売　上　原　価 ……………………………………………… (　　566,000)
　売上総利益 ………………………………………………… (　　214,000)
変動販売費 ………………………… (　　　39,000)
固定販売費・一般管理費 ………… (　　　50,000)　　　　 (　　 89,000)
営　業　利　益 ……………………………………………… (　　125,000)

(2)　先入先出法によった場合の月末仕掛品原価 ………　 76,680 千円

ヒント：(1)　平　均　法　月末仕掛品の計算：　　　　　　　　　　（単位・千円）

　　　　直接材料費　$285,000 \times \dfrac{2,400}{12,600+2,400} = 45,600$

　　　　加　工　費　$345,000 \times \dfrac{2,400 \times \frac{1}{2}}{12,600+2,400 \times \frac{1}{2}} = 30,000$

　　売上原価の計算：$40 \times 1,500 + 44 \times (13,000-1,500) = 566,000$

(2)　先入先出法　月末仕掛品の計算：

　　　　直接材料費　$249,600 \times \dfrac{2,400}{12,600-2,000+2,400} = 46,080$

　　　　加　工　費　$326,400 \times \dfrac{2,400 \times \frac{1}{2}}{12,600-2,000 \times \frac{1}{2}+2,400 \times \frac{1}{2}} = 30,600$

　　月末仕掛品原価　$46,080 + 30,600 = 76,680$

7

(1)

総合原価計算表
(単位：円)

	材料 A	材料 B	加工費
月初仕掛品	5,340	(540)	(1,080)
当月投入	(8,160)	(7,260)	(14,520)
合計	(13,500)	(7,800)	15,600
月末仕掛品	(2,700)	(1,300)	(2,600)
完成品	(10,800)	(6,500)	(13,000)

(2)

仕掛品
(単位：円)

前月繰越	(6,960)	製品	(30,300)
A直接材料費	(8,160)	次月繰越	(6,600)
B直接材料費	(7,260)		
加工費	(14,520)		
	(36,900)		(36,900)

(ヒント):

生産データのまとめ

生産データ

月初	50	10	完成	100	100	＊当月加工換算量
当月	75	110＊	月末	25	20	$100+20-10=110$

A直接材料費の按分

月末仕掛品　$(5,340+8,160) \times \dfrac{25個}{50個+75個} = 2,700$

B直接材料費の按分

月末仕掛品　$(540+7,260) \times \dfrac{20個}{10個+110個} = 1,300$

＊ B材料費は，工程を通じて平均的に投入されているので，換算量の割合で按分する。

加工費の按分

月末仕掛品　$(1,080+14,520) \times \dfrac{20個}{10個+110個} = 2,600$

8

総合原価計算表
(単位：円)

	数量		材料費	加工費	合計
月初仕掛品	300個	($\frac{1}{3}$)	9,300	4,200	13,500
当月投入	4,500		144,300	202,800	347,100
計	4,800個		153,600	207,000	360,600
月末仕掛品	400	($\frac{1}{2}$)	12,800	9,000	21,800
差引完成品	4,400個		140,800	198,000	338,800
単価			@ 32	@ 45	@ 77

月次損益計算書　　　　　　　　　（単位：円）

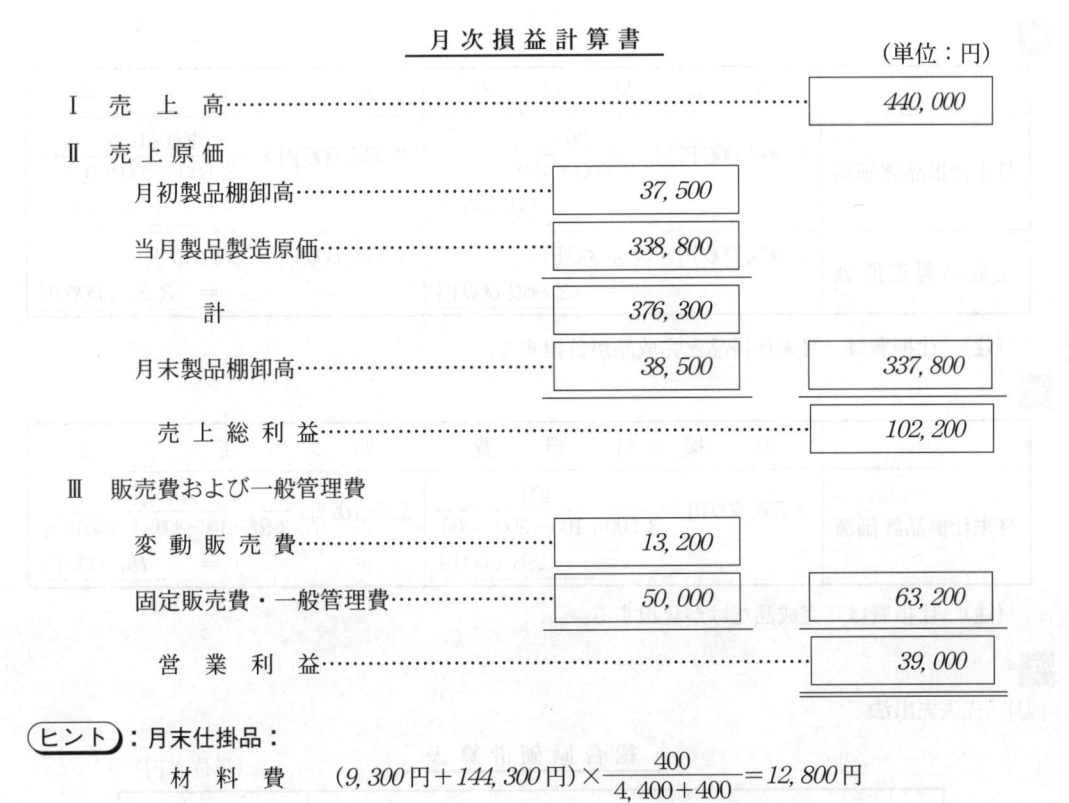

Ⅰ　売　上　高		440,000
Ⅱ　売 上 原 価		
月初製品棚卸高	37,500	
当月製品製造原価	338,800	
計	376,300	
月末製品棚卸高	38,500	337,800
売 上 総 利 益		102,200
Ⅲ　販売費および一般管理費		
変 動 販 売 費	13,200	
固定販売費・一般管理費	50,000	63,200
営 業 利 益		39,000

ヒント：月末仕掛品：

材　料　費　$(9,300円+144,300円) \times \dfrac{400}{4,400+400} = 12,800円$

加　工　費　$(4,200円+202,800円) \times \dfrac{400 \times ½}{4,400+400 \times ½} = 9,000円$

第17回　総合原価計算の仕損と減損

1

	直　接　材　料　費	加　工　費
月末仕掛品評価額	$2,964,000円 \times \dfrac{400}{3,500+100+400}$ $= \underline{296,400}円$	$3,515,000円 \times \dfrac{400 \times 0.5}{3,500+100+400 \times 0.5}$ $= \underline{185,000}円$
完成品製造原価	$2,964,000円 - 296,400円$ $= \underline{2,667,600}円$	$3,515,000円 - 185,000円$ $= \underline{3,330,000}円$

（注）　仕損費は，完成品だけが負担する。

2

	直　接　材　料　費	加　工　費
月末仕掛品評価額	$2,964,000円 \times \dfrac{400 \times 0.5}{3,500+100+400 \times 0.5}$ $= \underline{156,000}円$	$3,515,000円 \times \dfrac{400 \times 0.5}{3,500+100+400 \times 0.5}$ $= \underline{185,000}円$

（注）　仕損費は，完成品だけが負担する。

3

	直 接 材 料 費	加 工 費
月末仕掛品評価額	$2,964,000 円 \times \dfrac{400}{3,500+400}$ $= \underline{304,000} 円$	$3,515,000 円 \times \dfrac{400 \times 0.5}{3,500+400 \times 0.5}$ $= \underline{190,000} 円$
完成品製造原価	$2,964,000 円 - 304,000 円$ $= \underline{2,660,000} 円$	$3,515,000 円 - 190,000 円$ $= \underline{3,325,000} 円$

（注） 仕損費は，月末仕掛品と完成品が負担する。

4

	直 接 材 料 費	加 工 費
月末仕掛品評価額	$2,756,500 円 \times \dfrac{400}{3,500+100-300+400}$ $= \underline{298,000} 円$	$3,366,000 円 \times \dfrac{400 \times \frac{1}{2}}{3,500+100-300 \times \frac{2}{3}+400 \times \frac{1}{2}}$ $= \underline{187,000} 円$

（注） 仕損費は，完成品だけが負担する。

5

(1) 先入先出法

総合原価計算表
（単位：円）

	原 料 費	加 工 費	合 計
月初仕掛品原価	41,200	45,000	86,200
当月製造費用	260,400	609,000	869,400
合　　　計	301,600	654,000	955,600
差引：月末仕掛品原価	(55,800)	(87,000)	(142,800)
完成品総合原価	(245,800)	(567,000)	(812,800)

(2) 平均法

月末仕掛品原価 = 143,750 円

完成品総合原価 = 811,850 円

ヒント：

生産データ

月 初	400	200	完 成	2,500	2,500	* 当月加工換算量
			減 損	100	100	$2,500+100+400-200$
当 月	2,800	2,800*	月 末	600	400	$=2,800$

生産データのまとめ
先入先出法
　原料費　月末仕掛品　$260,400 \times \dfrac{600 個}{2,500 個 + 100 個 + 600 個 - 400 個} = 55,800$

　加工費　月末仕掛品　$609,000 \times \dfrac{400 個}{2,500 個 + 100 個 + 400 個 - 200 個} = 87,000$

平　均　法

原料費　月末仕掛品　$301,600 \times \dfrac{600個}{400個+2,800個} = 56,550$

加工費　月末仕掛品　$654,000 \times \dfrac{400個}{200個+2,800個} = 87,200$

6

(1)

総合原価計算表
（単位：円）

	M	T	加工費	合計
月初仕掛品	(33,380)	—	6,900	40,280
当月投入	(185,020)	26,740	77,280	289,040
合計	(218,400)	26,740	84,180	(329,320)
月末仕掛品	(42,000)	(—)	(7,320)	(49,320)
完成品	(176,400)	(26,740)	(76,860)	(280,000)

(2)

1個当たりの単位原価 ＝ 　140　 円／個

1箱当たりの単位原価 ＝ 　700　 円／個

ヒント ：

単純総合原価計算において正常仕損が生じる問題です。

生産データのまとめ

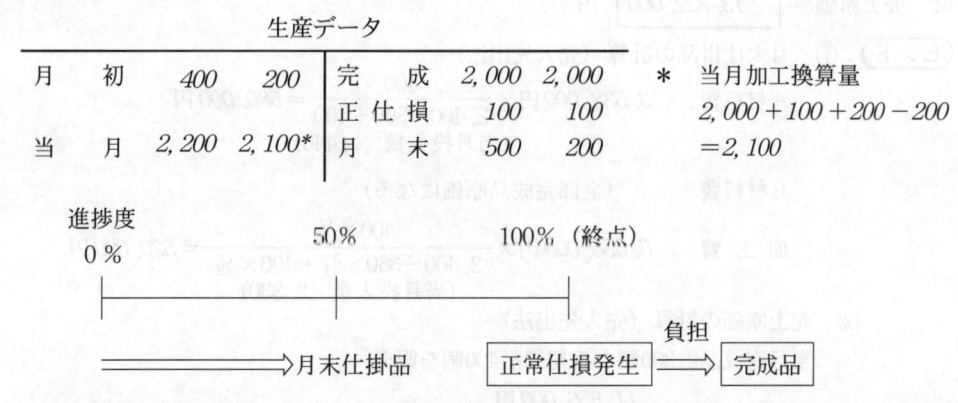

```
              生産データ
   月 初  400  200  │ 完 成  2,000 2,000    ＊ 当月加工換算量
                    │ 正仕損   100   100      2,000＋100＋200－200
   当 月 2,200 2,100*│ 月 末   500   200      ＝2,100
```

進捗度
0%　　　　　　　50%　　　　　100%（終点）

　　　　　　　　　　　　　　　　　　負担
==➤ 月末仕掛品　　正常仕損発生 ⇒ 完成品

＊　問題に指示はされているが，正常仕損は月末仕掛品より後で発生しているため，完成品のみに負担させる。

(1) 素材Mの月初仕掛品原価および当月製造費用の計算

　　月初仕掛品原価　$40,280 - 6,900 = 33,380$
　　当月製造費用　　$289,040 - 26,740 - 77,280 = 185,020$

(2) 月末仕掛品原価の計算（平均法）

　　素材M　$(33,380 + 185,020) \times \dfrac{500個}{400個+2,200個} = 42,000$

　　加工費　$(6,900 + 77,280) \times \dfrac{200個}{200個+2,100個} = 7,320$

　　　　素材M 42,000 ＋加工費 7,320 ＝49,320
　(3) 完成品総合原価の計算
　　　　素材M　33,380 ＋185,020 －42,000 ＝176,400
　　　　加工費　6,900 ＋77,280 －7,320 ＝76,860
　　　　素材M 176,400 ＋加工費 76,860 ＋包装材T 26,740 ＝280,000
　(4) 完成品単位原価の計算
　　　　1個当たりの単位原価　280,000円÷2,000個＝@140
　　　　1箱当たりの単位原価　@140×5個＝@700

7

(1)
　　　　　　　　　総　合　原　価　計　算　表
（単位：円）

	数　　量	A 材料費	B 材料費	加　工　費	合　　計
月初仕掛品	360個 ($\frac{3}{4}$)	510,000	—	690,000	1,200,000
当月仕入	2,540	3,538,000	2,160,000	6,058,000	11,756,000
合　計	2,900個	4,048,000	2,160,000	6,748,000	12,956,000
正常減損	100 ($\frac{1}{4}$)	—	—	—	—
差　引	2,800個	4,048,000	2,160,000	6,748,000	12,956,000
月末仕掛品	400 ($\frac{1}{2}$)	(580,000)	(0)	(520,000)	(1,100,000)
完　成　品	2,400個	(3,468,000)	(2,160,000)	(6,228,000)	(11,856,000)
完成品単位原価		@(1,445)	@(900)	@(2,595)	@(4,940)

(2)　売上原価＝ 13,322,000 円

ヒント：(1) 月末仕掛品の計算（先入先出法）

　　　A材料費　$3,538,000円 \times \frac{400}{2,400-360+400} = 580,000円$
　　　　　　　（当月投入量　2,440）

　　　B材料費　0（全部完成品原価になる）

　　　加工費　$6,058,000円 \times \frac{400 \times 1/2}{2,400 - 360 \times 3/4 + 400 \times 1/2} = 520,000円$
　　　　　　　（当月投入量　2,330）

　(2) 売上原価の計算（先入先出法）
　　　当月完成品2,300個と月初製品400個を販売。

　　　月末製品在庫　$\frac{11,856,000円}{2,400個} \times 100個 = 494,000$

　　　売上原価　1,960,000 ＋11,856,000 －494,000 ＝13,322,000

第18回 等級別総合原価計算

1

等級別原価計算表

製　　　品	重　　量	等価係数	完成品数量	積　　数	等級別製品原価	単 位 原 価
1 級 品	500kg	1	2,700個	2,700	513,000	190
2 級 品	400kg	0.8	2,000個	1,600	304,000	152
3 級 品	300kg	0.6	1,500個	900	171,000	114
				5,200	988,000	

1 級 品	513,000	仕　掛　品	988,000
2 級 品	304,000		
3 級 品	171,000		

ヒント 完成品総合原価の計算：

(月初仕掛品)　　　　(当月製造費用)　　　　　　(月末仕掛品)
196,000円＋(308,000円＋465,000円＋242,000円)－223,000円＝988,000円

2

製造原価報告書

(単位：円)

Ⅰ 材　料　費	(	369,000)
Ⅱ 労　務　費	(	402,000)
Ⅲ 経　　　費	(	307,000)
当期製造費用	(	1,078,000)
期首仕掛品棚卸高	(	216,000)
合　　　計	(	1,294,000)
期末仕掛品棚卸高	(	338,000)
当期製品製造原価	(	1,056,000)

等級別原価計算表

製　　　品	重　　量	等価係数	完成品数量	積　　数	等級別製品原価	単 位 原 価
1 級 品	80 g	1.6	1,400個	2,240	268,800	192
2 級 品	70 g	1.4	2,400個	3,360	403,200	168
3 級 品	50 g	1	3,200個	3,200	384,000	120
				8,800	1,056,000	

3 (1) 製品の完成品総合原価＝ 2,100,000 円

製品の完成品単位原価＝ 420 円／個

(2) 製品Xの完成品総合原価＝ 1,200,000 円

製品Xの完成品単位原価＝ 600 円／個

製品Yの完成品総合原価＝ 900,000 円

製品Yの完成品単位原価＝ 300 円／個

(ヒント)：

等級別製品	等価係数	完成品数量	積 数	等級別製造原価	製品単価
製 品 X	1	2,000個	2,000	1,200,000 円	600 円
製 品 Y	0.5	3,000個	1,500	900,000 円	300 円
			3,500	2,100,000 円	

4 (1) 月末仕掛品原価 ＝ 628,000 円

C製品の完成品単位原価＝ 256 円／個

(2) 損 益 計 算 書　　　　　　　　　　　　　（単位：円）

```
Ⅰ 売  上  高                              ( 11,130,000 )
Ⅱ 売 上 原 価
  1 月初製品棚卸高         1,560,000
  2 当月製品製造原価      ( 8,000,000 )
       合    計         ( 9,560,000 )
  3 月末製品棚卸高         1,350,000
       差    引         ( 8,210,000 )
  4 原 価 差 異             270,000    ( 8,480,000 )
       売上総利益                       ( 2,650,000 )
Ⅲ 販売費および一般管理費                    1,090,000
       営 業 利 益                       ( 1,560,000 )
```

(ヒント)：(1) 材料費月末仕掛品　$4,070,000 円 \times \dfrac{2,000}{20,000+2,000} = 370,000 円$

加工費月末仕掛品　$4,558,000 円 \times \dfrac{2,000 \times 0.6}{20,000+2,000 \times 0.6} = 258,000 円$

月末仕掛品原価　$370,000 円 + 258,000 円 = 628,000 円$

完成品総合原価　$4,070,000 円 + 4,558,000 円 - 628,000 円 = 8,000,000 円$

C製品按分原価　$8,000,000 円 \times \dfrac{9,000 \times 0.4}{4,000 \times 1 + 7,000 \times 0.7 + 9,000 \times 0.4}$

$= 2,304,000 円$

C製品単位原価　　2,304,000円÷9,000＝256円
(2)　売　上　高　900円×3,800＋600円×7,600＋350円×9,000＝11,130,000円
　　　売上原価　1,560,000円＋8,000,000円－1,350,000円＋270,000円＝8,480,000円
（注）　加工費配賦差異（原価差異）270,000円は，借方差異（不利な差異）なので，売上原価に加算する。

第19回　組別総合原価計算

1

組別総合原価計算表　　　　　　　　　　　　　（単位：円）

摘　　　　要	製　品　A	製　品　B	合　　　計
当 月 製 造 費 用			
直 接 材 料 費	357,000	386,000	743,000
直 接 労 務 費	340,000	270,000	610,000
製 造 間 接 費	(170,000)	(135,000)	305,000
計	(867,000)	(791,000)	(1,658,000)
月 初 仕 掛 品 原 価	304,000	394,000	(698,000)
合　　　　計	(1,171,000)	(1,185,000)	(2,356,000)
月 末 仕 掛 品 原 価	(223,000)	(305,000)	528,000
完 成 品 原 価	(948,000)	(880,000)	(1,828,000)
完 成 品 数 量	600個	500個	
単 位 原 価	(1,580)	(1,760)	

ヒント：組間接費配賦の計算（製品A）

$$305,000円 \times \frac{340,000円}{340,000円 + 270,000円} = 170,000円$$

　月末仕掛品の計算（製品A）

　直接材料費　$(163,000円 + 357,000円) \times \frac{200}{600 + 200} = 130,000円$

　加　工　費　$(141,000円 + 340,000円 + 170,000円) \times \frac{200 \times 0.5}{600 + 200 \times 0.5} = 93,000円$

　月末仕掛品原価　130,000円＋93,000円＝223,000円

2
(1) A 組 仕 掛 品　　170,000　　組 間 接 費　　305,000
　　B 組 仕 掛 品　　135,000
(2) A 組 製 品　　948,000　　A 組 仕 掛 品　　948,000
　　B 組 製 品　　880,000　　B 組 仕 掛 品　　880,000

3

組別総合原価計算表

(単位:円)

摘要	A 組	B 組	合 計
当月製造費用			
原料費	779,000	636,000	1,415,000
加工費	1,173,000	1,108,000	2,281,000
計	(1,952,000)	(1,744,000)	(3,696,000)
月初仕掛品原価	256,000	180,000	436,000
計	(2,208,000)	(1,924,000)	(4,132,000)
月末仕掛品原価	(232,000)	(132,000)	(364,000)
完成品原価	(1,976,000)	(1,792,000)	(3,768,000)
完成品数量	2,600個	2,800個	
単位原価	(760)	(640)	

ヒント:月末仕掛品の計算・B組・先入先出法

原料費　$636,000 円 \times \dfrac{300}{2,800-450+300} = 72,000 円$

加工費　$1,108,000 円 \times \dfrac{300 \times 0.5}{2,800-450 \times 0.4+300 \times 0.5} = 60,000 円$

月末仕掛品原価　$72,000 円 + 60,000 円 = 132,000 円$

4

(1)

	X製品	Y製品
当月加工費:	12,474,000 円	6,106,000 円
完成品総合原価:	20,304,000 円	10,234,000 円
完成品単位原価:	12,690 円/個	7,310 円/個

(2)

損益計算書

(単位:円)

I　売上高		(43,500,000)
II　売上原価		
1　月初製品棚卸高	3,100,000	
2　当月製品製造原価	(30,538,000)	
合計	(33,638,000)	
3　月末製品棚卸高	(4,903,500)	(28,734,500)
売上総利益		(14,765,500)
III　販売費および一般管理費		10,596,500
営業利益		(4,169,000)

ヒント:損益計算書の作成

売上高
　X製品　$1,500個 \times 20,000 = 30,000,000$

Y製品　1,350個×10,000＝13,500,000　　計　43,500,000

当月製品製造原価

X製品　20,304,000

Y製品　10,234,000　　計　30,538,000

月末製品棚卸高（先入先出法）

X製品　(20,304,000÷1,600)×300＝3,807,000

Y製品　(10,234,000÷1,400)×150＝1,096,500　　計　4,903,500

5

組別総合原価計算表

平成○年6月　　　　　　　　　　（単位：円）

	A	B	C	合　　計
当 月 原 料 費	616,000	800,000	660,000	2,076,000
当 月 加 工 費	516,000	612,000	456,000	1,584,000
計	1,132,000	1,412,000	1,116,000	3,660,000
月 初 仕 掛 品 原 価	124,200	264,000	144,000	532,200
合　　　　計	1,256,200	1,676,000	1,260,000	4,192,200
差引：月末仕掛品原価	160,000	220,000	270,000	650,000
完 成 品 原 価	1,096,200	1,456,000	990,000	3,542,200
完 成 品 単 位 原 価	2,610	2,800	2,750	✕

ヒント：当月原料費　A　200,000円＋210,000円＋206,000円＝616,000円

　　　　　　　　　　　B　380,000円＋420,000円＝800,000円

　　　　　　　　　　　C　300,000円＋360,000円＝660,000円

　　　　当月加工費　A　$1,584,000円 \times \dfrac{645H}{1,980H} = 516,000円$

　　　　　　　　　　　B　$1,584,000円 \times \dfrac{765H}{1,980H} = 612,000円$

　　　　　　　　　　　C　$1,584,000円 \times \dfrac{570H}{1,980H} = 456,000円$

月末仕掛品原価（先入先出法）（当月投入高から月末仕掛品が発生する。）

　　　A　原　料　費　$616,000円 \times \dfrac{80kg}{440kg} = 112,000円$

　　　　　加　工　費　$516,000円 \times \dfrac{80kg \times 1/2}{420kg - 60kg \times 1/2 + 80kg \times 1/2} = 48,000円$

　　　　　月末仕掛品原価　112,000円＋48,000円＝160,000円

　　　B　原　料　費　$800,000円 \times \dfrac{100kg}{500kg} = 160,000円$

　　　　　加　工　費　$612,000円 \times \dfrac{100kg \times 1/2}{520kg - 120kg \times 1/2 + 100kg \times 1/2} = 60,000円$

　　　　　月末仕掛品原価　160,000円＋60,000円＝220,000円

　　　C　原　料　費　$660,000円 \times \dfrac{120kg}{400kg} = 198,000円$

　　　　　加　工　費　$456,000円 \times \dfrac{120kg \times 1/2}{360kg - 80kg \times 1/2 + 120kg \times 1/2} = 72,000円$

　　　　　月末仕掛品原価　198,000円＋72,000円＝270,000円

6

組 別 総 合 原 価 計 算 表

(単位：円)

	A 製 品		B 製 品	
	原 料 費	加 工 費	原 料 費	加 工 費
月 初 仕 掛 品 原 価	850,000	738,000	267,200	200,000
当 月 製 造 費 用	(16,564,000)	(24,948,000)	(8,611,200)	(12,212,000)
合　　　　　計	(17,414,000)	(25,686,000)	(8,878,400)	(12,412,000)
月 末 仕 掛 品 原 価	(1,414,000)	(1,078,000)	(478,400)	(344,000)
完 成 品 総 合 原 価	(16,000,000)	(24,608,000)	(8,400,000)	(12,068,000)
完 成 品 単 位 原 価	(5,000)	(7,690)	(3,000)	(4,310)

(単位：円)

仕 掛 品

月 初 有 高	(2,055,200)	A 製 品	(40,608,000)
原 料 費	(25,175,200)	B 製 品	(20,468,000)
加 工 費	(37,160,000)	月 末 有 高	(3,314,400)
	(64,390,400)		(64,390,400)

ヒント：組別総合原価計算表および仕掛品勘定を作成する問題

当月加工費実際配賦額（配賦基準は直接作業時間）の計算

A製品　$\dfrac{37,160,000}{18,580\text{h}} \times 12,474\text{h} = 24,948,000$

B製品　$\dfrac{37,160,000}{18,580\text{h}} \times 6,106\text{h} = 12,212,000$

A製品の計算

月末仕掛品原価の計算（先入先出法）

原料費　$16,564,000 \times \dfrac{280}{3,200-200+280} = 1,414,000$

加工費　$24,948,000 \times \dfrac{280 \times 0.5}{3,200-200 \times 0.5+280 \times 0.5} = 1,078,000$

B製品の計算

月末仕掛品原価の計算（先入先出法）

原料費　$8,611,200 \times \dfrac{160}{2,800-80+160} = 478,400$

加工費　$12,212,000 \times \dfrac{160 \times 0.5}{2,800-80 \times 0.5+160 \times 0.5} = 344,000$

第20回　工程別総合原価計算

1

1	135,000 円	2	136,500 円

> **ヒント**：前工程費の月末仕掛品完成品換算量は100％である。

$$1\ \text{平 均 法}：(171,000円+819,000円)\times \frac{3,000}{19,000+3,000}=135,000円$$

$$2\ \text{先入先出法}：819,000円\times \frac{3,000}{18,000}=136,500円$$

2

(1)
仕掛品－第１工程	780,000	材　　　　料　410,000
仕掛品－第２工程	470,000	賃　　　　金　840,000
動 力 部 門 費	220,000	経　　　　費　350,000
部 門 共 通 費	130,000	

(2)
仕掛品－第１工程	60,000	部 門 共 通 費　130,000
仕掛品－第２工程	50,000	
動 力 部 門 費	20,000	

(3)
仕掛品－第１工程	144,000	動 力 部 門 費　240,000
仕掛品－第２工程	96,000	

(4) 仕掛品－第２工程　450,000　仕掛品－第１工程　450,000
(5) 製　　　　　品　800,000　仕掛品－第２工程　800,000
(6) 半製品－第１工程　200,000　仕掛品－第１工程　200,000
(7) 仕掛品－第２工程　150,000　半製品－第１工程　150,000

仕掛品－第２工程

	前 月 繰 越	210,000	(5)	製　　　品	800,000
(1)	諸　　　口	470,000		次 月 繰 越	626,000
(2)	部 門 共 通 費	50,000			
(3)	動 力 部 門 費	96,000			
(4)	仕掛品－第１工程	450,000			
(7)	半製品－第１工程	150,000			
		1,426,000			1,426,000

3

工程別総合原価計算表
平成○年９月　　　　　　　　　　　　　　　（単位：円）

摘　　　要	第 １ 工 程			第 ２ 工 程		
	原料費	加工費	合　計	前工程費	加工費	合　計
月 初 仕 掛 品 原 価	167,000	75,000	242,000	621,000	149,000	770,000
当 月 製 造 費 用	1,597,000	1,445,000	3,042,000	2,880,000	1,170,000	4,050,000
合　　　　　計	1,764,000	1,520,000	3,284,000	3,501,000	1,319,000	4,820,000
差引：月末仕掛品原価	252,000	152,000	404,000	480,000	65,000	545,000
完 成 品 総 合 原 価	1,512,000	1,368,000	2,880,000	3,021,000	1,254,000	4,275,000
完 成 品 単 位 原 価	84	76	160	159	66	225

ヒント：第1工程　月末仕掛品の計算（平均法）

　　　　原　料　費　$(167,000 円+1,597,000 円) \times \dfrac{3,000}{18,000+3,000} = 252,000$ 円

　　　　加　工　費　$(75,000 円+1,445,000 円) \times \dfrac{3,000 \times 2/3}{18,000+3,000 \times 2/3} = 152,000$ 円

　　第2工程　月末仕掛品の計算（先入先出法）

　　　　前工程費　$2,880,000 円 \times \dfrac{3,000}{19,000-4,000+3,000} = 480,000$ 円

　　　　加　工　費　$1,170,000 円 \times \dfrac{3,000 \times 1/3}{19,000-4,000 \times 1/2+3,000 \times 1/3} = 65,000$ 円

4

摘　　要	第　1　工　程 （単位：円）					
	仕損が終点で発生した場合			仕損が $\dfrac{1}{3}$ の時点で発生した場合		
	原料費	加工費	合　計	原料費	加工費	合　計
月末仕掛品原価	252,000	152,000	404,000	264,600	160,000	424,600
完成品総合原価	1,512,000	1,368,000	2,880,000	1,499,400	1,360,000	2,859,400
単　位　原　価	89	80	169	88	80	168

ヒント：第1工程　月末仕掛品の計算（仕損が終点で発生：仕損費は完成品だけが負担する。）

　　　　原　料　費　$1,764,000 円 \times \dfrac{3,000}{17,000+1,000+3,000} = 252,000$ 円

　　　　加　工　費　$1,520,000 円 \times \dfrac{3,000 \times 2/3}{17,000+1,000+3,000 \times 2/3} = 152,000$ 円

　　（仕損が1/3の時点で発生：仕損費は月末仕掛品と完成品とが負担する。）

　　　　原　料　費　$1,764,000 円 \times \dfrac{3,000}{17,000+3,000} = 264,600$ 円

　　　　加　工　費　$1,520,000 円 \times \dfrac{3,000 \times 2/3}{17,000+3,000 \times 2/3} = 160,000$ 円

5

工程別総合原価計算表

摘　　要	第　1　工　程			第　2　工　程		
	直接材料費	加工費	合　計	前工程費	加工費	合　計
月初仕掛品原価	768,000	495,000	1,263,000	1,170,000	221,000	1,391,000
当月製造費用	2,096,000	2,907,000	5,003,000	5,400,000	2,436,000	7,836,000
合　　　　計	2,864,000	3,402,000	6,266,000	6,570,000	2,657,000	9,227,000
月末仕掛品原価	524,000	342,000	866,000	1,800,000	420,000	2,220,000
完　成　品　原　価	2,340,000	3,060,000	5,400,000	4,770,000	2,237,000	7,007,000
完成品単位原価	260	340	600	596.25	279.625	875.875

ヒント：第1工程　月末仕掛品の計算（先入先出法）

　　　　直接材料費　$2,096,000 円 \times \dfrac{2,000}{9,000-3,000+2,000} = 524,000$ 円

加　工　費　$2,907,000$ 円 $\times \dfrac{2,000 \times 0.5}{9,000 - 3,000 \times 0.5 + 2,000 \times 0.5} = 342,000$ 円

第2工程　月末仕掛品の計算（先入先出法）

前 工 程 費 $= \dfrac{5,400,000}{9,000\text{kg}} \times 3,000\text{kg} = 1,800,000$

加　工　費 $= \dfrac{2,436,000}{8,700\text{kg}} \times 1,500\text{kg} = 420,000$

6

総合原価計算表
（単位：円）

摘　　要	第　1　工　程		第　2　工　程	
	原料費	加工費	前工程費	加工費
月初仕掛品	108,000	113,000	403,000	162,000
当 月 投 入	1,806,000	2,470,000	(3,150,000)	2,743,000
合　　　計	(1,914,000)	(2,583,000)	(3,553,000)	(2,905,000)
月末仕掛品	(174,000)	(123,000)	(209,000)	(105,000)
完　成　品	(1,740,000)	(2,460,000)	(3,344,000)	(2,800,000)
完成品単価	(¥870)	(¥1,230)	(¥2,090)	(¥1,750)

仕　掛　品
（単位：円）

月 初 有 高	786,000	製　品　H	(6,144,000)
原　料　費	1,806,000	製　品　T	(1,050,000)
加　工　費	(5,213,000)	月 末 有 高	(611,000)
	(7,805,000)		(7,805,000)

ヒント：

第1工程（平均法）

月末仕掛品原料費　$(108,000 + 1,806,000) \times \dfrac{200}{2,000 + 200} = 174,000$

月末仕掛品加工費　$(113,000 + 2,470,000) \times \dfrac{100}{2,000 + 100} = 123,000$

第1工程完成品　2,000個 ─┬─ 第2工程　1,500個 × @2,100 － 3,150,000
　　　　¥4,200,000　　　└─ 製品T　　500個 × @2,100 = 1,050,000

第2工程（平均法）

月末仕掛品前工程費　$(403,000 + 3,150,000) \times \dfrac{100}{1,600 + 100} = 209,000$

月末仕掛品加工費　$(162,000 + 2,743,000) \times \dfrac{60}{1,600 + 60} = 105,000$

7

工程別総合原価計算表

（単位：千円）

摘　　要	第　1　工　程			第　2　工　程		
	原料費	加工費	合　計	前工程費	加工費	合　計
月初仕掛品原価	31,800	11,900	43,700	44,600	19,500	64,100
当月製造費用	187,200	282,400	469,600	455,000	291,400	746,400
合　　計	219,000	294,300	513,300	499,600	310,900	810,500
差引：月末仕掛品原価	36,500	21,800	58,300	91,000	31,000	122,000
完成品総合原価	182,500	272,500	455,000	408,600	279,900	688,500
完成品単位原価	@36.5	@54.5	@91	@90.8	@62.2	@153

8

工程別総合原価計算表

（単位：円）

摘　　要	第　1　工　程			第　2　工　程		
	原料費	加工費	合　計	前工程費	加工費	合　計
月初仕掛品原価	101,600	46,000	147,600	81,000	12,000	93,000
当月製造費用	1,000,000	950,400	1,950,400	1,960,000	600,000	2,560,000
合　　計	1,101,600	996,400	2,098,000	2,041,000	612,000	2,653,000
月末仕掛品原価	81,600	56,400	138,000	160,000	25,000	185,000
完成品総合原価	1,020,000	940,000	1,960,000	1,881,000	587,000	2,468,000

（ヒント）：第2工程　月末仕掛品の計算（先入先出法・減損費は月末仕掛品と完成品に負担させる。）

前工程費　$1,960,000 円 \times \dfrac{400}{4,700-200+400} = 160,000$ 円

加工費　$600,000 円 \times \dfrac{400 \times \frac{1}{2}}{4,700 - 200 \times \frac{1}{2} + 400 \times \frac{1}{2}} = 25,000$ 円

9

仕掛品－第1工程

（単位：千円）

月初有高		次工程振替高		
原料費	122,000	原料費	(	600,000)
加工費	94,000	加工費	(	960,000)
小　計	216,000	小　計	(	1,560,000)
当月製造費用		月末有高		
原料費	613,000	原料費	(	135,000)
加工費	938,000	加工費	(	72,000)
小　計	1,551,000	小　計	(	207,000)
	(1,767,000)		(	1,767,000)

仕掛品－第２工程　　　　　　（単位：千円）

月初有高		当月完成高	
前工程費	225,000	前工程費	(1,473,000)
加工費	106,000	加工費	(1,024,000)
小計	331,000	小計	(2,497,000)
当月製造費用		月末有高	
前工程費	(1,560,000)	前工程費	(312,000)
加工費	1,026,000	加工費	(108,000)
小計	(2,586,000)	小計	(420,000)
	(2,917,000)		(2,917,000)

ヒント：第２工程　月末仕掛品の計算（先入先出法：仕損費は完成品に負担させる。）

$$前工程費\quad 1,560,000円 \times \frac{800}{3,700+100-600+800} = 312,000円$$

$$加工費\quad 1,026,000円 \times \frac{800 \times 1/2}{3,700+100-600 \times 2/3 + 800 \times 1/2} = 108,000円$$

10

工程別総合原価計算表　　　　　　（単位：円）

摘　要	第　１　工　程			第　２　工　程		
	原料費	加工費	合　計	前工程費	加工費	合　計
月初仕掛品原価	5,800	950	6,750	36,900	11,900	48,800
当月製造費用	300,200	98,050	398,250	392,000	175,000	567,000
合　計	306,000	99,000	405,000	428,900	186,900	615,800
差引：月末仕掛品原価	12,000	1,000	13,000	32,000	10,500	42,500
完成品総合原価	294,000	98,000	392,000	396,900	176,400	573,300

ヒント：
生産データのまとめ

　　　　　　　　第　１　工　程

月　初	1,000	500	完　成	49,000	49,000	＊当月加工換算量
当　月	50,000	49,000＊	月　末	2,000	500	49,000 + 500 − 500
						= 49,000

　　　　　　　　第　２　工　程

月　初	4,000	2,000	完　成	49,000	49,000	＊当月加工換算量
当　月	49,000	50,000＊	月　末	4,000	3,000	49,000 + 3,000 − 2,000
						= 50,000

第１工程　（平均法）

$$月末仕掛品材料費\quad (5,800 + 300,200) \times \frac{2,000}{1,000 + 50,000} = 12,000$$

$$月末仕掛品加工費\quad (950 + 98,050) \times \frac{500}{500 + 49,000} = 1,000$$

第2工程（先入先出法）

月末仕掛品前工程費　$392,000 \times \dfrac{4,000}{49,000} = 32,000$

月末仕掛品加工費　$175,000 \times \dfrac{3,000}{50,000} = 10,500$

11

工程別総合原価計算表

（単位：円）

摘　要	第　1　工　程			第　2　工　程			
	原料費	加工費	合　計	前工程費	原料費	加工費	合　計
月初仕掛品原価	0	0	0	676,000	0	46,000	722,000
当月製造費用	1,050,000	780,000	1,830,000	1,620,000	205,000	578,000	2,403,000
合　　　計	1,050,000	780,000	1,830,000	2,296,000	205,000	624,000	3,125,000
月末仕掛品原価	150,000	60,000	210,000	448,000	40,000	96,000	584,000
完成品総合原価	900,000	720,000	1,620,000	1,848,000	165,000	528,000	2,541,000

ヒント：第1工程　月末仕掛品の計算（平均法：仕損費は完成品に負担させる。）

原　料　費　$1,050,000 円 \times \dfrac{1,000}{5,800+200+1,000} = 150,000 円$

加　工　費　$780,000 円 \times \dfrac{1,000 \times \dfrac{1}{2}}{5,800+200+1,000 \times \dfrac{1}{2}} = 60,000 円$

第2工程　月末仕掛品（原料費の月初仕掛品はない（$\dfrac{1}{4}$）。月末仕掛品は加工進捗度50%を経過。）

前工程費　$(676,000 円 + 1,620,000 円) \times \dfrac{1,600}{6,600+1,600} = 448,000 円$

原　料　費　$205,000 円 \times \dfrac{1,600}{6,600+1,600} = 40,000 円$

加　工　費　$(46,000 円 + 578,000 円) \times \dfrac{1,600 \times \dfrac{3}{4}}{6,600+1,600 \times \dfrac{3}{4}} = 96,000 円$

12

①	正常仕損	②	正常仕損費	③	完成品	④	月末仕掛品
⑤	168,540 円	⑥	1,067,940 円	⑦	1,067,940 円	⑧	103,485 円
⑨	1,198,945 円	⑩	782,510 円				

ヒント：工程別単純組合原価計算において正常仕損が発生する問題

　正常仕損の発生額は製品を製造するために必要な原価と考え，これを良品（完成品・月末仕掛品）に負担させる。

1 第1工程の計算（先入先出法）
 (1) 月末仕掛品の計算
    原料費　666,000÷(300個－30個＋30個＋60個)×60個＝　111,000
    加工費　484,980÷(300個－18個＋30個＋42個)×42個＝　 57,540
    　　　　　　　　　　　　　　　　　　　　　　計　　168,540
 (2) 完成品総合原価の計算
    原料費　58,000＋666,000－111,000＝　613,000
    加工費　27,500＋484,980－57,540 ＝　454,940
    　　　　　　　　　　　　　　　計　1,067,940
2 第2工程の計算（先入先出法）
 (1) 月末仕掛品の計算
    前工程費　1,067,940÷(270個－50個＋20個)＝＠4,449.75
    単価の計算上，分母数値から正常減損数量を除くことにより，正常仕損費を含めている。
        ＠4,449.75×20個＝88,995
    加工費　724,500÷(270個－25個＋5個)＝＠2,898
    正常仕損が工程の途中で発生している場合，その進捗度は不明であるため，加工費の単価は上記のように計算される。
        ＠2,898×5個＝14,490
    計　88,995＋14,490＝103,485
 (2) 完成品総合原価の計算
    前工程費　220,000＋1,067,940－88,995＝　1,198,945
    加 工 費　72,500＋724,500－14,490 ＝　 782,510
    　　　　　　　　　　　　　　　　計　1,981,455

第21回　副産物

1
(1) 副産物　170,000　　第2工程仕掛品　170,000
(2) 現金　200,000　　副産物売上　200,000
　　売上原価　170,000　　副産物　170,000
(3) 現金　1,800　　雑益　1,800

第22回　標準原価計算

1

(1)

| a | 60,000円（借） | b | 40,000円（借） | c | 20,000円（借） |

ヒント：
　　　　　（実際材料費）（標準材料費）（総差異）
　　a　840,000円 − 780,000円 = 60,000円（借）

　　　　（実際単価）（標準単価）（実際消費量）（価格差異）
　　b　(210円 − 200円) × 4,000 = 40,000円（借）

　　　（実際消費量）（標準消費量）（標準単価）（数量差異）
　　c　(4,000 − 3,900) × 200円 = 20,000円（借）

　　<検算>　40,000円 + 20,000円 = 60,000円

実際単価　210円
標準単価　200円

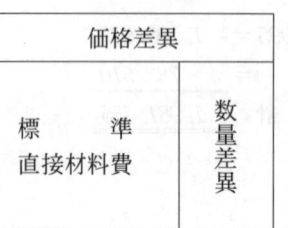

	価格差異	
標準直接材料費		数量差異

3,900個　4,000個
標準　　実際
消費量　消費量

図の書き方：
　実際単価を上に，標準単価を下に。
　上から下を引く。「+」は借方差異。
　実際消費量を右，標準消費量を左。
　右から左に引く。「+」は借方差異。

(2)

| a | 250,000円（借） | b | 100,000円（借） | c | 150,000円（借） |

ヒント：
　　　　　（実際労務費）（標準労務費）（総差異）
　　a　3,100,000円 − 2,850,000円 = 250,000円（借）

　　　　（実際賃率）（標準賃率）（実際作業時間）（賃率差異）
　　b　(620円 − 600円) × 5,000H = 100,000円（借）

　　　（実際作業時間）（標準作業時間）（標準賃率）（時間差異）
　　c　(5,000H − 4,750H) × 600円 = 150,000円（借）

　　<検算>　100,000円 + 150,000円 = 250,000円

図の書き方：直接材料費差異分析に準じて書く。縦軸には，実際賃率を上に，標準賃率
　　　　　　を下に書いて，上から下を引く。「+」は借方差異，「−」は貸方差異。
　　　　　　横軸には実際作業時間を右に，標準作業時間を左に書いて，右から左を
　　　　　　引く。「+」は借方差異，「−」は貸方差異。

2

a	290,000円（借）	b	115,000円（借）	c	75,000円（借）
d	50,000円（借）	e	50,000円（借）		

ヒント：
　　　　　　　（実際製造間接費）（標準製造間接費）　　（総差異）
a　1,540,000円－1,250,000円＝290,000円（借）

　　　　　　　　　　　　　（変動費率）（実際作業時間）　（固定費）
b　5,500時間の変動予算：150円×5,500H＋600,000円＝1,425,000円

　　（実際製造間接費）（変動予算許容額）（予算差異）
　　1,540,000円－1,425,000円＝115,000円（借）

　　（実際作業時間）(標準作業時間)（変動費率）（変動費能率差異）
c　(5,500H－5,000H)× 150円 ＝75,000円（借）

　　　　　　　　　　（標準配賦率）（変動費配賦率）
d　固定費配賦率： 250円 － 150円 ＝100円

　　　　　　　　　　　　　　　　　（固定費能率差異）
　　(5,500H－5,000H)× 100円＝50,000円（借）

　　　　　　　　（固定費）　（固定費率）
e　基準操業度：600,000円÷100円＝ 6,000時間

　　（基準操業度）(実際作業時間)(固定費率)（操業度差異）
　　(6,000H－5,500H)× 100円 ＝50,000円（借）

　　　（変動予算許容額）（標準配賦率）(実際作業時間)（操業度差異）
別解：1,425,000円－250円×5,500H＝50,000円（借）

〈検　算〉　115,000円＋75,000円＋50,000円＋50,000円＝290,000円

3

a	105,000円（借）	b	13,000円（借）	c	40,000円（貸）	d	132,000円（借）

ヒント：
　　　　　　　　　　　　　　　　　　（総差異）
a　1,305,000円－1,200,000円＝105,000円（借）

b　実際作業時間の変動予算：180円×2,900H＋770,000円＝1,292,000円

　　　　　　　　　　　　　　　　　（予算差異）
　　1,305,000円－1,292,000円＝13,000円（借）

　　（実際作業時間）(標準作業時間)(標準配賦率)　（能率差異）
c　(2,900H－ 3,000H)× 400円 ＝－40,000円（貸）

　　　　　　　　（固定費）　　　　（固定費率）
d　基準操業度：770,000円÷(400円－180円)＝3,500時間

　　（基準操業度）(実際作業時間)(固定費率)（操業度差異）
　　(3,500H－ 2,900H)×220円＝132,000円（借）

　　　（変動予算許容額）　（標準配賦率）(実際作業時間)
別解：1,292,000円－(400円 × 2,900H)＝132,000円（借）

〈検　算〉　13,000円－40,000円＋132,000＝105,000円

4

(1)	50,000 円（借）	(5)	10,000 円（借）
(2)	117,500 円（借）	(6)	40,000 円（借）
(3)	67,500 円（貸）	(7)	60,000 円（借）
(4)	350,000 円（借）	(8)	240,000 円（借）

ヒント：(1) 直接材料費総差異：$3,290,000$ 円 -135 円 $\times 20$ kg $\times 1,200 = 50,000$ 円（借）
(2) 価格差異：$(140$ 円 -135 円$) \times 23,500$ kg $= 117,500$ 円（借）
(3) 数量差異：$(23,500$ kg -20 kg $\times 1,200) \times 135$ 円 $= -67,500$ 円（貸）
(4) 加工費投入量：$1,100$ 個 -300 個 $\times 0.5 + 400$ 個 $\times 0.5 = 1,150$ 個
標準作業時間：2 H $\times 1,150 = 2,300$ 時間
製造間接費総差異：$2,650,000$ 円 $-1,000$ 円 $\times 2$ H $\times 1,150 = 350,000$ 円（借）
(5) 予算差異：$2,650,000$ 円 $-(400$ 円 $\times 2,400$ H $+1,680,000$ 円$) = 10,000$ 円（借）
(6) 変動費能率差異：$(2,400$ H $-2,300$ H$) \times 400$ 円 $= 40,000$ 円（借）
(7) 固定費能率差異：$(2,400$ H $-2,300$ H$) \times (1,000$ 円 -400 円$) = 60,000$ 円（借）
(8) 基準操業度：$1,680,000$ 円 $\div (1,000$ 円 -400 円$) = 2,800$ 時間
操業度差異：$(2,800$ H $-2,400$ H$) \times (1,000$ 円 -400 円$) = 240,000$ 円（借）

＜検　算＞　$10,000$ 円 $+40,000$ 円 $+60,000$ 円 $+240,000$ 円 $= 350,000$ 円

5

(1)	8,000	円／単位
(2)	50,000	円（ 貸方 ）
(3)	125,000	円（ 借方 ）
(4)	20,000	円（ 借方 ）
(5)	150,000	円（ 借方 ）
(6)	80,000	円（ 借方 ）

ヒント：製造間接費標準配賦率の算定
　固定費率　　固定予算額$(1,760,000) \div$基準操業度$(2,200) = @800$
　標準配賦率　変動費率$(@700) +$固定費率$(@800) = @1,500$
　製造間接費　$@1,500 \times 2$ h $= 3,000$
　　製品1個あたりの標準原価　　$8,000$
直接材料費の消費量差異　　$(22,500-22,000) \times 100 = 50,000$（貸方）
直接労務費の直接作業時間差異　　$(2,000-2,100) \times 1,250 = 125,000$（借方）
製造間接費予算差異　　$(1,760,000+(700 \times 2,100))-3,250,000 = 20,000$（借方）
製造間接費能率差異　　$(2,000-2,100) \times 1,500 = 150,000$（借方）
製造間接費操業度差異　　$(2,100-2,200) \times 800 = 80,000$（借方）

6

問1

予算損益計算書

(単位:円)

売　上　高	(96,000,000)
売　上　原　価	(74,400,000)
売　上　総　利　益	(21,600,000)
販売費および一般管理費	(9,500,000)
営　業　利　益	(12,100,000)

問2

標準製造原価差異分析表

(単位:円)

直接材料費総差異		(△342,000)
材料価格差異	(△452,000)	
材料数量差異	110,000	
直接労務費総差異		(△1,082,000)
労働賃率差異	(358,000)	
労働時間差異	(△1,440,000)	
製造間接費総差異		(△870,000)
予　算　差　異	(470,000)	
能　率　差　異	△1,280,000	
操業度差異	(△60,000)	
標準製造原価差異		(△2,294,000)

ただし，不利な差異には△をつけること。

ヒント：

問1　月次予算損益計算書の作成
　　売　上　高　　8,000円×12,000＝96,000,000円
　　売　上　原　価　　6,200円×12,000＝74,400,000円
　　売上総利益　　96,000,000円－74,400,000円＝21,600,000円
　　販売費および一般管理費（月額）　114,000,000円÷12＝9,500,000円
　　営　業　利　益　　21,600,000円－9,500,000円＝12,100,000円

問2
1．当月生産実績に対する標準原価
　　標準直接材料費　　1,100円×11,400＝12,540,000円
　　標準直接労務費　　2,700円×11,400＝30,780,000円
　　標準製造間接費　　2,400円×11,400＝27,360,000円
2．直接材料費差異（借方差異（不利な差異）に△印をつけ，貸方差異にはつけない。）
　　直接材料費総差異：12,882,000円－12,540,000円＝342,000円（借方差異）△印
　　材料価格差異：(57円－55円)×226,000(kg)＝452,000円（借方差異）△印
　　材料数量差異：(226,000(kg)－20(kg)×11,400)×55円＝－110,000円（貸方差異）
　　　解答欄にあるように，貸方差異（有利な差異）に△印をつけない。

3．直接労務費差異
　　直接労務費差異：$31,862,000$円$-30,780,000$円$=1,082,000$円（借方差異）△印
　　労働賃率差異（890円-900円）$\times 35,800$（H）$=-358,000$円（貸方差異）
　　労働時間差異（$35,800$（H）-3（H）$\times 11,400$）$\times 900$円$=1,440,000$円（借方差異）△印

4．製造間接費差異
　　製造間接費総差異：$28,230,000$円$-27,360,000$円$=870,000$円（借方差異）△印
　　予算差異：$28,230,000$円$-(35,800$（H）$\times 500$円$+10,800,000$円）$=-470,000$円
　　　　　　　　　　　　　　　　　　　　　　　　　　　　　　　　　　　（貸方差異）

　　能率差異：ここでは，標準配賦率を用いて，能率差異の分析をしています。
　　　　　　　（$35,800$（H）-3（H）$\times 11,400$）$\times 800$円$=1,280,000$円（借方差異）△印

　　操業度差異：（3（H）$\times 12,000-35,800$（H））$\times \dfrac{10,800,000 円}{3（H）\times 12,000}$
　　　　　　　　　　　　　　　　　　　　　　　　　　　（固定費配賦率）
　　　　　　　　$=60,000$円（借方差異）△印

5．標準製造原価差異：上記2・3・4の各総差異の合計$2,294,000$円（借方差異）△印

7

	仕　　掛　　品		（単位：円）
月 初 有 高	（　　480,000）	完　成　高	（ 7,000,000 ）
直 接 材 料 費	（ 1,466,520 ）	月 末 有 高	（　　840,000）
直 接 労 務 費	（ 2,255,220 ）	標 準 原 価 差 異	（　　111,740）
製 造 間 接 費	（ 3,750,000 ）		
	（ 7,951,740 ）		（ 7,951,740 ）

月次損益計算書（一部）　　　　　　　　　　　　　　　（単位：円）

Ⅰ　売　　上　　高　　　　　　　　　　　　　　　　　　（　　9,520,000）
Ⅱ　売　上　原　価
　　　月 初 製 品 棚 卸 高　　　（　　　400,000）
　　　当 月 製 品 製 造 原 価　　（　　7,000,000）
　　　　　合　　　　計　　　　（　　7,400,000）
　　　月 末 製 品 棚 卸 高　　　（　　　600,000）
　　　　　差　　　引　　　　　（　　6,800,000）
　　　標 準 原 価 差 異　　　　（　　　111,740）　　　（　　6,911,740）
　　　　　売 上 総 利 益　　　　　　　　　　　　　　　（　　2,608,260）

（ヒント）：
標準原価計算の問題です。
生産データ・販売データのまとめ

	生産データ				販売データ		
月初	800	400	完成	7,000　7,000	月初	400	販売	6,800
当月	7,200	7,400	月末	1,000　800	完成	7,000	月末	600

(1) 仕掛品勘定の作成（パーシャルプラン）

パーシャルプランは，仕掛品勘定の借方の当月製造費用については，実際発生額を記帳する。なお，完成品原価，月末仕掛品原価および月初仕掛品原価は，標準原価で記帳する。

完成高の計算　　7,000個×@1,000＝7,000,000円

月末仕掛品の計算
　　直接材料費　　1,000個×@200＝　200,000円
　　直接労務費　　　800個×@300＝　240,000円
　　製造間接費　　　800個×@500＝　400,000円
　　　　　　　　　　　　　　　　　　840,000円

月初仕掛品の計算
　　直接材料費　　　800個×@200＝　160,000円
　　直接労務費　　　400個×@300＝　120,000円
　　製造間接費　　　400個×@500＝　200,000円
　　　　　　　　　　　　　　　　　　480,000円

標準原価差異の計算（当月標準原価－当月実際原価）

	当月標準原価		当月実際原価	
直接材料費	7,200個×@200＝1,440,000円	比較	1,466,520円	26,520（不）
直接労務費	7,400個×@300＝2,220,000円	⟺	2,255,220円	35,220（不）
製造間接費	7,400個×@500＝3,700,000円		3,750,000円	50,000（不）
	7,360,000円		7,471,740円	111,740（不）

標準原価差異　　111,740（不利差異）

(2) 月次損益計算書の作成

売上高の計算　　　　　　　　6,800個×@1,400＝　9,520,000
売上原価
　月初製品製造原価の計算　　　400個×@1,000＝　　400,000
　当月製品製造原価の計算　　7,000個×@1,000＝　7,000,000
　月末製品棚卸高の計算　　　　600個×@1,000＝　　600,000
　　差　　　引　　　　　　　　　　　　　　　　　6,800,000
標準原価差異　　　　　　　　　　　　　　　　　　　111,740
売上総利益　　9,520,000－(6,800,000＋111,740)＝2,608,260

8

問1

	仕　　掛　　品		（単位：円）
月初仕掛品原価	（　　77,000）	当月完成品原価	（1,590,000）
当月製造費用		原　価　差　異	（　　68,920）
直 接 材 料 費	（　783,300）	月末仕掛品原価	（　115,500）
直 接 労 務 費	（　558,620）		
製 造 間 接 費	（　355,500）		
	（1,774,420）		（1,774,420）

問2

材 料 価 格 差 異	38,300	（借方差異）
労 働 時 間 差 異	9,000	（借方差異）
製 造 間 接 費	20,000	（借方差異）
予 算 差 異	9,500	（貸方差異）
能 率 差 異	5,500	（借方差異）
操 業 度 差 異	24,000	（借方差異）

（ヒント）：
製造間接費標準配賦率の算定
　固 定 費 率　固定予算額(210,000)÷基準操業度(700)＝@300
　標準配賦率　変動費率(@250)＋固定費率(@300)＝@550
　　製造間接費　0.2h×@550＝110
　　製品1個当たりの標準原価　530
材料価格差異の計算
　　783,300÷37,250＝@21.028…
　1kg各当たりの実際価格が割り切れないため，次のように計算する。
　　37,250kg×@20－783,300＝38,300（借方差異）
労働時間差異の計算
　　(610h－620h)×@900＝9,000（借方差異）
　　製造間接費差異　335,500－355,500＝－20,000（借方差異）
　　予 算 差 異　(@250×620h＋210,000)－355,500＝9,500（貸方差異)）
　　能 率 差 異　(610h－620h)×@550＝5,500（借方差異）
　　操業度差異　(620H－700h)×@300＝24,000（借方差異）

第23回　直接原価計算

1
(1) 当期変動製造原価　750,000円＋860,000円＋430,000円＝<u>2,040,000円</u>
(2) 変動製造マージン　3,250,000円－(310,000円＋2,040,000円－330,000円)
　　　　　　　　　　　＝<u>1,230,000円</u>
(3) 貢献利益　1,230,000円－140,000円＝<u>1,090,000円</u>
(4) 営業利益　1,090,000円－(390,000円＋270,000円)＝<u>430,000円</u>

2 (A)　全部原価計算方式　　（ヒント）：

売 上 高	(4,340,000)	＝1,400円×3,100個（＝250＋3,200－350)
売 上 原 価	(3,192,500)	＝{(300＋500)×3,200＋800,000}÷3,200
		＝@1,050
		$\begin{cases}@800×250個\\@1,050×2,850個\end{cases}$
売上総利益	(1,147,500)	
販売費・一般管理費	(579,000)	＝90円×3,100個＋300,000円
営 業 利 益	(568,500)	

(B) 直接原価計算方式

売 上 高	(4,340,000)	(A)と同じ。
変動売上原価	(2,480,000)	= {@800×250個 (@300＋@500)×2,850個}
変動製造マージン	(1,860,000)	
変動販売費	(279,000)	＝90円×3,100個
貢 献 利 益	(1,581,000)	
固 定 費	(1,100,000)	＝800,000円＋300,000円
営 業 利 益	(481,000)	

3
(1) 売上原価に 600,000 円, 加 算する。
(2) 売上原価から 400,000 円, 減 算する。

ヒント：
(1) 5,000,000円－2,000円×2,200＝600,000円 （過少配賦），借方差異で売上原価に加算。
(2) 5,000,000円－2,000円×2,700＝－400,000円 （過大配賦），貸方差異で売上原価から減算。

4

損益計算書（全部原価計算） （単位：円）

	第 1 期	第 2 期	第 3 期
売 上 高	(14,400,000)	(12,800,000)	(16,000,000)
売 上 原 価	(9,720,000)	(8,640,000)	(10,800,000)
原 価 差 異	(0)	(△ 600,000)	(＋1,200,000)
計	(9,720,000)	(8,040,000)	(12,000,000)
売 上 総 利 益	(4,680,000)	(4,760,000)	(4,000,000)
販売費・一般管理費	(2,720,000)	(2,640,000)	(2,800,000)
営 業 利 益	(1,960,000)	(2,120,000)	(1,200,000)

損益計算書（直接原価計算） （単位：円）

	第 1 期	第 2 期	第 3 期
売 上 高	(14,400,000)	(12,800,000)	(16,000,000)
変動売上原価	(4,320,000)	(3,840,000)	(4,800,000)
変動製造マージン	(10,080,000)	(8,960,000)	(11,200,000)
変 動 販 売 費	(720,000)	(640,000)	(800,000)
貢 献 利 益	(9,360,000)	(8,320,000)	(10,400,000)
固 定 費	(8,000,000)	(8,000,000)	(8,000,000)
営 業 利 益	(1,360,000)	(320,000)	(2,400,000)

ヒント： 損益計算書（全部原価計算） （単位：円）

	第 1 期	第 2 期	第 3 期
売 上 高	(8千×1,800＝)	(8千×1,600＝)	(8千×2,000＝)
売 上 原 価	((2.4千＋3千)×1,800＝)	((2.4千＋3千)×1,600＝)	((2.4千＋3千)×2,000＝)
原 価 差 異	(0)	(3千×200＝△600千)	(3千×400＝＋1,200千)
計	(＝9,720千)	(＝8,040千)	(＝12,000千)
売 上 総 利 益	(＝4,680千)	(＝4,760千)	(＝4,000千)
販売費・一般管理費	(0.4千×1,800＋700千＋1,300千＝)	(0.4千×1,600＋2,000千＝)	(0.4千×2,000＋2,000千＝)
営 業 利 益	(＝1,960千)	(＝2,120千)	(＝1,200千)

損益計算書（直接原価計算） (単位：円)

	第 1 期	第 2 期	第 3 期
売　上　高	(8千×1,800=　　)	(8千×1,600=　　)	(8千×2,000=　　)
変動売上原価	(2.4千×1,800=　　)	(2.4千×1,600=　　)	(2.4千×2,000=　　)
変動製造マージン	(　　=10,080千)	(　　=8,960千)	(　　=11,200千)
変動販売費	(0.4千×1,800=　　)	(0.4千×1,600=　　)	(0.4千×2,000=　　)
貢　献　利　益	(　　=9,360千)	(　　=8,320千)	(　　=10,400千)
固　　定　　費	(6,000千+700千+1,300千=)	(6,000千+700千+1,300千=)	(6,000千+700千+1,300千=)
営　業　利　益	(　　=1,360千)	(　　=320千)	(　　=2,400千)

5

損益計算書（全部原価計算） (単位：円)

	第 1 期	第 2 期	第 3 期
売　上　高	(14,000,000)	(12,600,000)	(14,000,000)
売　上　原　価	(9,000,000)	(8,100,000)	(9,000,000)
原　価　差　異	(0)	(△ 800,000)	(+ 400,000)
計	(9,000,000)	(7,300,000)	(9,400,000)
売　上　総　利　益	(5,000,000)	(5,300,000)	(4,600,000)
販売費・一般管理費	(3,500,000)	(3,400,000)	(3,500,000)
営　業　利　益	(1,500,000)	(1,900,000)	(1,100,000)

損益計算書（直接原価計算） (単位：円)

	第 1 期	第 2 期	第 3 期
売　上　高	(14,000,000)	(12,600,000)	(14,000,000)
変動売上原価	(5,000,000)	(4,500,000)	(5,000,000)
変動製造マージン	(9,000,000)	(8,100,000)	(9,000,000)
変動販売費	(1,000,000)	(900,000)	(1,000,000)
貢　献　利　益	(8,000,000)	(7,200,000)	(8,000,000)
固　　定　　費	(6,500,000)	(6,500,000)	(6,500,000)
営　業　利　益	(1,500,000)	(700,000)	(1,500,000)

ヒント：1　単位当たり変動加工費　$\dfrac{6,400,000円-5,200,000円}{1,200-600}=2,000円$

　　　　　　固　定　加　工　費　　6,400,000円－2,000円×1,200＝4,000,000円
　　　　 2　原価差異の計算（全部原価計算）：
　　　　　　単位当たり固定加工費　　4,000,000円÷1,000＝4,000円
　　　　　　第1期　原価差異　　4,000,000円－4,000円×1,000＝0
　　　　　　第2期　原価差異　　4,000,000円－4,000円×1,200＝△800,000円
　　　　　　　　　　　　　　　（過大配賦・貸方差異・売上原価から減算する。）
　　　　　　第3期　原価差異　　4,000,000円－4,000円×900＝400,000円
　　　　　　　　　　　　　　　（過小配賦・借方差異・売上原価に加算する。）

損益計算書（全部原価計算）　　　　　　　　　（単位：円）

	第 1 期	第 2 期	第 3 期
売　上　高	(14千×1,000=　)	(14千×900=　)	(14千×1,000=　)
売　上　原　価	(9千×1,000=　)	(9千×900=　)	(9千×1,000=　)
原　価　差　異	(　　　　0)	(4千×200=△800千)	(4千×100=+400千)
計	(　　=9,000千)	(　　=7,300千)	(　　=9,400千)
売　上　総　利　益	(　　=5,000千)	(　　=5,300千)	(　　=4,600千)
販売費・一般管理費	(1千×1,000+2,500千=)	(1千×900+2,500千=)	(1千×1,000+2,500千=)
営　業　利　益	(　　=1,500千)	(　　=1,900千)	(　　=1,100千)

損益計算書（直接原価計算）　　　　　　　　　（単位：円）

	第 1 期	第 2 期	第 3 期
売　上　高	(14千×1,000=　)	(14千×900=　)	(14千×1,000=　)
変　動　売　上　原　価	((3千+2千)×1,000=　)	((3千+2千)×900=　)	((3千+2千)×1,000=　)
変　動　製　造　マージン	(　　=9,000千)	(　　=8,100千)	(　　=9,000千)
変　動　販　売　費	(1千×1,000=　)	(1千×900=　)	(1千×1,000=　)
貢　献　利　益	(　　=8,000千)	(　　=7,200千)	(　　=8,000千)
固　　定　　費	(4,000千+1,200千+1,300千=)	(4,000千+1,200千+1,300千=)	(4,000千+1,200千+1,300千=)
営　業　利　益	(　　=1,500千)	(　　=700千)	(　　=1,500千)

6

問1

（単位：円）

	第 1 期	第 2 期	第 3 期	第 4 期
全部原価計算の営業利益	10,000,000	11,600,000	10,400,000	8,000,000
直接原価計算の営業利益	10,000,000	10,000,000	10,000,000	10,000,000

問2
　　第2期期末における貸借対照表の製品有高は，(全部原価計算の場合)，直接原価計算の場合)のほうが，1,600,000 円だけ多い。

問3
　　第4期期首における貸借対照表の製品有高は，(全部原価計算の場合)，直接原価計算の場合)のほうが，2,000,000 円だけ多い。

問4

ア	イ	ウ	エ	オ
×	○	○	×	○

ヒント：問1

全部原価計算　　　　　　　　　　　　　　　　　　　　　　　　　　　　　　（単位：千円）

	第 1 期	第 2 期	第 3 期	第 4 期
売 上 高	40,000	40,000	40,000	40,000
売 上 原 価				
期首製品棚卸高	0	0	5,600	6,000
当期製品製造原価	(4+4)×2,000個+8,000=24,000	(4+4)×2,500個+8,000=28,000	(4+4)×2,000個+8,000=24,000	(4+4)×1,500個+8,000=20,000
期末製品棚卸高		28,000×500個/2,500個	24,000×500個/2,000個	
	0　　24,000	=5,600　22,400	=6,000　23,600	0　　26,000
売上総利益	16,000	17,600	16,400	14,000
販売費一般管理費	6,000	6,000	6,000	6,000
営 業 利 益	10,000	11,600	10,400	8,000

直接原価計算　　　　　　　　　　　　　　　　　　　　　　　　　　　　　　（単位：千円）

	第 1 期	第 2 期	第 3 期	第 4 期
売 上 高	40,000	40,000	40,000	40,000
変動売上原価	(4+4)×2,000個=16,000	(4+4)×2,000個=16,000	(4+4)×2,000個=16,000	(4+4)×2,000個=16,000
貢 献 利 益	24,000	24,000	24,000	24,000
固 定 費	8,000+6,000=14,000	8,000+6,000=14,000	8,000+6,000=14,000	8,000+6,000=14,000
営 業 利 益	10,000	10,000	10,000	10,000

問2　第2期末製品有高……全部原価計算→5,600,000円

　　　　　　　　　　　……直接原価計算→(4千円+4千円)×500=4,000,000円

問3　第4期首製品有高……全部原価計算→6,000,000円

　　　　　　　　　　　……直接原価計算→(4千円+4千円)×500=4,000,000円

問4　ア　利益の差は，製品・仕掛品の期末有高だけでなく，期首有高や製造数量の差によって異なる。

　　　エ　生産量・売上高が同じでも，期首・期末の有高が違えば，営業利益も変化する。

　　　イ・ウ・オは，適切。

7

第1期　　1,360,000円+3,000円×200=__1,960,000円__

第2期　　320,000円+3,000円×800−3,000円×200=__2,120,000円__

　　　　別解：320,000円+3,000円×(800−200)=__2,120,000円__

第3期　　2,400,000円+3,000円×400−3,000円×800=__1,200,000円__

　　　　別解：2,400,000円+3,000円×(400−800)=__1,200,000円__

第24回　損益分岐分析と原価予測の方法

1 (1) _1,250,000_ 円　(2) _1,750,000_ 円　(3) _60%_

ヒント：(1) $\dfrac{750,000 \text{円}}{1 - \dfrac{480,000 \text{円}}{1,200,000 \text{円}}} = 1,250,000 \text{円}$

(2) $\dfrac{750,000 \text{円} + 300,000 \text{円}}{1 - \dfrac{480,000 \text{円}}{1,200,000 \text{円}}} = 1,750,000 \text{円}$

(3) $1 - \dfrac{480,000 \text{円}}{1,200,000 \text{円}} = 60\%$

別解：$\dfrac{\overset{(貢献利益)}{1,200,000 \text{円} - 480,000 \text{円}}}{\underset{(売上高)}{1,200,000 \text{円}}} = 60\%$

2 (1) _2,800,000_ 円　(2) _4,800,000_ 円　(3) _780,000_ 円　(4) _65%_　(5) _69個_

ヒント：(1) $\dfrac{1,820,000 \text{円}}{1 - \dfrac{1,400 \text{円}}{4,000 \text{円}}} = 2,800,000 \text{円}$

(2) $\dfrac{1,820,000 \text{円} + 1,300,000 \text{円}}{1 - \dfrac{1,400 \text{円}}{4,000 \text{円}}} = 4,800,000 \text{円}$

(3) $4,000 \text{円} \times 1,000 - (1,400 \text{円} \times 1,000 + 1,820,000 \text{円}) = 780,000 \text{円}$

(4) $1 - \dfrac{1,400 \text{円}}{4,000 \text{円}} = 65\%$　　**別解**：$\dfrac{4,000 \text{円} - 1,400 \text{円}}{4,000 \text{円}} = 65\%$

(5) $\dfrac{1,820,000 \text{円} + 1,300,000 \text{円}}{1 - \dfrac{1,400 \text{円} \times (1 + 0.1)}{4,000 \text{円}}} = 5,073,170.7 \text{円}$

$\dfrac{5,073,170.7 \text{円} - 4,800,000 \text{円}}{4,000 \text{円}} = 68.29 \to 69 \text{個}$

3 ① 変動費　② 固定費　③ 貢献利益　④ 直接原価計算　⑤ 625個
⑥ _2,500,000_　⑦ _1,125_　⑧ _1,500,000_　⑨ _500_　⑩ _360,000_

ヒント：⑤ $\dfrac{\overset{(固定費)}{1,500,000 \text{円}}}{\underset{(単位当たり貢献利益)}{4,000 \text{円} - 1,600 \text{円}}} = 625 \text{個}$

別解　⑥の売上高を求めてから，販売単価で割って求める。

$\dfrac{2,500,000 \text{円}}{4,000 \text{円}} = 625 \text{個}$

⑥ $\dfrac{1,500,000 \text{円}}{1 - \dfrac{1,600 \text{円}}{4,000 \text{円}}} = 2,500,000 \text{円}$

⑦ $\dfrac{1,500,000 \text{円} + 1,200,000 \text{円}}{1 - \dfrac{1,600 \text{円}}{4,000 \text{円}}} = 4,500,000 \text{円}$　　$\dfrac{4,500,000 \text{円}}{4,000 \text{円}} = 1,125 \text{個}$

⑧ $\dfrac{600,000円}{1-0.6}=1,500,000$円

⑨ $\dfrac{1,500,000円}{3,000円}=500$個

⑩ $3,000円\times 800-(3,000円\times 0.6\times 800+600,000円)=360,000$円

4

①	直接原価計算	②	変　動　費	③	固　定　費	④	貢献利益
⑤	40	⑥	15,000	⑦	15,000	⑧	20
⑨	100	⑩	40				

ヒント：問1

⑤ $\dfrac{240,000万円}{600,000万円}$　⑥ $\dfrac{120,000万円}{80,000円}$　⑦ $30,000-15,000$

⑧ $\dfrac{120,000万円}{600,000万円}$　⑨ $\dfrac{120,000万円}{0.4-0.28}$　⑩ $\dfrac{1,000,000万円}{200,000円}\times 80,000円$

5 (1) 762,000円　(2) 720,000円

ヒント：変動費率　$\dfrac{792,000円-684,000円}{5,700H-3,900H}=60$円

固　定　費　$792,000円-60円\times 5,700H=450,000$円

(1) $60円\times 5,200H+450,000円=762,000$円

(2) $60円\times 4,500H+450,000円=720,000円$

6

問1

損　益　計　算　書　　　　　　　　　　　　　（単位：円）

```
売　上　高　　　　　　　　　　　　　　　　　（　　　53,000,000）
変　動　費
 変動売上原価　　　　　（　　10,000,000）
 変動販売費　　　　　　（　　　 600,000）　（　　　10,600,000）
  貢　献　利　益　　　　　　　　　　　　　　（　　　42,400,000）
固　定　費
 固定製造原価　　　　　（　　24,400,000）
 固定販売費　　　　　　（　　　 300,000）
 固定一般管理費　　　　（　　 1,800,000）　（　　　26,500,000）
  営　業　利　益　　　　　　　　　　　　　　（　　　15,900,000）
```

問2	3,125台
問3	33,125,000円
問4	53,000,000円

ヒント：

1台当たりの貢献利益

　$42,400,000円\div 5,000=@8,480$

貢献利益率
　　$42,400,000 円 ÷ 53,000,000 円 = 0.8$
損益分岐点の販売量
　　$26,500,000 円 ÷ @8,480 = 3,125$
損益分岐点の売上高
　　$26,500,000 円 ÷ 80\% = 33,125,000$
希望営業利益を達成するための営業利益
　　$26,500,000 円 ÷ (80\% - 30\%) = 53,000,000$

7

①	24,000,000	②	600
③	25,200,000	④	840
⑤	23,780,000	⑥	5,780,000

ヒント：

① 　(売上高)　　　　変動製造原価　　　変動販売費
　　$60,000 円 × 800 - (27,000 円 × 800 + 3,000 円 × 800) = 24,000,000$ 円

② 　　　　　　(固　定　費)
　　$\dfrac{16,000,000 円 + 2,000,000 円}{60,000 円 - (27,000 円 + 3,000 円)} = 600$ 個
　　　　(単位当たり貢献利益)

③ 　(貢献利益)　　　　　(固　定　費)　　　　　(営業利益)
　　$x - (16,000,000 円 + 2,000,000 円) = 7,200,000$ 円
　　$x = 25,200,000$ 円

④ 　　　　　(貢献利益)
　　$\dfrac{25,200,000 円}{60,000 円 - (27,000 円 + 3,000 円)} = 840$ 個
　　　(単位当たり貢献利益)

⑤ 　(販売単価)　　　　(単位当たり変動費)　　　(販売数量)
　　$\{60,000 円 - (27,000 円 + 3,000 円 + 1,000 円)\} × 820 個 = 23,780,000$ 円

⑥ 　(貢献利益)　　　　　(固　定　費)
　　$23,780,000 円 - (16,000,000 円 + 2,000,000 円) = 5,780,000$ 円

8

問1　最大の売上高　　24,000,000　円

　　　最小の売上高　　14,000,000　円

問2　単位当たり変動費　　300　円／単位

　　　月間固定費　　5,900,000　円

問3　　14,750,000　円

問4　　21,000,000　円

ヒント：問1　最大の売上高　$500 円 × 48,000 = 24,000,000$ 円
　　　　　　　最小の売上高　$500 円 × 28,000 = 14,000,000$ 円
　　　　　問2　単位当たり変動費　$\dfrac{20,300,000 円 - 14,300,000 円}{48,000 - 28,000} = 300$ 円

(注) 1月のデータは，正常操業圏外なので，除外します。
月間固定費　$20,300,000$ 円 -300 円 $\times 48,000 = 5,900,000$ 円
または，$14,300,000$ 円 -300 円 $\times 28,000 = 5,900,000$ 円

問 3　損益分岐点の売上高　$\dfrac{5,900,000 \text{円}}{1 - \dfrac{300\text{円}}{500\text{円}}} = 14,750,000$ 円

問 4　月間目標営業利益　$250,000,000$ 円 $\times 1\% = 2,500,000$ 円

月間目標売上高　$\dfrac{5,900,000 \text{円} + 2,500,000 \text{円}}{1 - \dfrac{300\text{円}}{500\text{円}}} = 21,000,000$ 円

第25回　製品の受払いと営業費の計算

1 (1)　製　　　　　品　　3,040,000　　仕　掛　　品　　3,040,000
　　(2)　売　掛　　金　　3,000,000　　売　　　上　　3,000,000
　　　　売　上　原　価　　2,280,000　　製　　　品　　2,280,000
　　(3)　売　　　　　上　　100,000　　売　掛　　金　　100,000
　　　　製　　　　　品　　30,000　　売　上　原　価　　76,000
　　　　返　品　差　損　　46,000
　　(4)　当　座　預　金　　2,755,000　　売　掛　　金　　2,900,000
　　　　売　上　割　引　　145,000

2 (1)　売　掛　　金　　2,300,000　　売　　　上　　2,300,000
　　(2)　材　　　　　料　　40,000　　仕　掛　　品　　40,000
　　　　売　上　原　価　　1,760,000　　仕　掛　　品　　1,760,000
　　(3)　製　造　間　接　費　　90,000　　賃　　　金　　60,000
　　　　　　　　　　　　　　　　　　　　材　　　料　　30,000
　　(4)　材　　　　　料　　450,000　　売　上　原　価　　450,000

第26回　工場会計の独立

1

	本　　　　社		工　　　　場	
(1)	工　　場　830,000	買　掛　金　830,000	材　　料　830,000	本　　社　830,000
(2)	工　　場　140,000	現　　金　140,000	経　　費　140,000	本　　社　140,000
(3)	（仕　訳　な　し）		仕　掛　品　210,000 製造間接費　40,000	材　　料　250,000
(4)	（仕　訳　な　し）		仕　掛　品　290,000 製造間接費　170,000	賃　　金　460,000
(5)	工　　場　480,000	当座預金　445,000 預　り　金　35,000	賃　　金　480,000	本　　社　480,000
(6)	預　り　金　25,000	現　　金　25,000	（仕　訳　な　し）	

2
(1)	材　　　　料	3,700,000	本　　　　社	3,700,000
(2)	仕　　掛　　品	2,700,000	材　　　　料	3,500,000
	製　造　間　接　費	800,000		
(3)	仕　　掛　　品	3,200,000	賃　金　・　給　料	4,600,000
	製　造　間　接　費	1,400,000		
(4)	製　　　　品	8,500,000	仕　　掛　　品	8,500,000
(5)	本　　　　社	6,000,000	製　　　　品	6,000,000

（参考）本社の仕訳
(1)	工　　　　場	3,700,000	買　　掛　　金	3,700,000
(2), (3), (4)　仕訳なし				
(5)	売　上　原　価	6,000,000	工　　　　場	6,000,000
	売　　掛　　金	×××	売　　　　上	×××

3
(1)	材　　　　料	2,200,000	本　　　　社	2,200,000
(2)	仕　　掛　　品	1,980,000	材　　　　料	2,090,000
	製　造　間　接　費	110,000		
(3)	仕　　掛　　品	1,800,000	賃　金　・　給　料	3,244,000
	製　造　間　接　費	1,444,000		
(4)	製　造　間　接　費	700,000	設備減価償却累計額	700,000
(5)	仕　　掛　　品	1,640,000	製　造　間　接　費	1,640,000

4
(1)	仕　　掛　　品	950,000	材　　　　料	950,000
(2)	仕　　掛　　品	300,000	本　社　元　帳	300,000
(3)	製　造　間　接　費	250,000	本　社　元　帳	250,000
(4)	製　造　間　接　費	777,000	本　社　元　帳	777,000
(5)	本　社　元　帳	3,400,000	仕　　掛　　品	3,400,000

5

問1

(1)	材　　　　　料	1,700,000	本　　　　社	1,700,000
(2)	賃　　　　　金	1,850,000	本　　　　社	2,150,000
	製 造 間 接 費	300,000		
(3)	製 造 間 接 費	370,000	設備減価償却累計額	370,000
(4)	仕　　掛　　品	1,300,000	材　　　　料	1,500,000
	製 造 間 接 費	200,000		
(5)	仕　　掛　　品	1,400,000	賃　　　　金	1,900,000
	製 造 間 接 費	500,000		
(6)	仕　　掛　　品	1,260,000	製 造 間 接 費	1,260,000
(7)	製　　　　品	3,000,000	仕　　掛　　品	3,000,000
(8)	内 部 売 上 原 価	2,250,000	製　　　　品	2,250,000
	本　　　　社	2,475,000	内　部　売　上	2,475,000

問2

内部利益は（ 18,000 ）円である。

（参考） 問1　本社の仕訳

(1)	工　　　　場	1,700,000	買　　掛　　金	1,700,000
(2)	工　　　　場	2,150,000	当　座　預　金	2,150,000
(3)(4)(5)(6)(7)	仕訳なし			
(8)	製　　　　品	2,475,000	工　　　　場	2,475,000

ヒント：問2　$2,475,000 円 \times 0.08 \times \dfrac{0.1}{1+0.1} = 18,000 円$

実力テスト　第1回

1

(1)

補助部門費配賦表
(単位：円)

費 目	製造部門		補助部門		
	第1製造部門	第2製造部門	動力部門	修繕部門	工場事務部門
部 門 費	598,000	331,000	180,000	130,000	90,000
動力部門費	100,000	80,000			
修繕部門費	70,000	60,000			
工場事務部門費	54,000	36,000			
製造部門費	822,000	507,000			

(2)

(借)仕 掛 品	1,320,000	(貸)製造間接費	1,329,000
予 算 差 異	1,500		
操業度差異	7,500		

ヒント：

1　製造部別予定配賦率・予定配賦額の計算

　　第1製造部門
　　　配賦率　　　9,450,000÷12,600h＝@750
　　　配賦額　　　1,080h×@750＝810,000 　⎫
　　第2製造部門　　　　　　　　　　　　　　⎬ 1,320,000
　　　配賦率　　　6,480,000÷10,800h＝@600 　⎭
　　　配賦額　　　850h×@600＝510,00

2　製造部門別の原価差異の把握と分析

　※　製造部門ごとの製造間接費の予算が，変動費と固定費に分かれていないため「固定予算」によって予算差異と操業度差異を分析する。

　(1)　第1製造部門
　　①　実際操業度における予算額　　9,450,000÷12ヶ月＝787,500
　　②　月間基準操業度　　　　　　　12,600h÷12ヶ月＝1,050h
　　③　予　算　差　異　　　　　　　787,500－822,000（実際発生額）＝34,500（借）
　　④　操　業　度　差　異　　　　　(1,080h－1,050h)×@750＝22,500（貸）

　(2)　第2製造部門
　　①　実際操業度における予算額　　6,480,000÷12ヶ月＝540,000
　　②　月間基準操業度　　　　　　　10,800h÷12ヶ月＝900h
　　③　予　算　差　異　　　　　　　540,000－507,000（実際発生額）＝33,000（貸）
　　④　操　業　度　差　異　　　　　(850h－900h)×@600＝30,000（借）

　(3)　差異合計
　　　予　算　差　異　　　34,500（借）＋33,000（貸）＝1,500（借方差異）
　　　操　業　度　差　異　22,500（貸）＋30,000（借）＝7,500（借方差異）

2

月 末 仕 掛 品 原 価 ＝ | 1,031,820 | 円
完 成 品 総 合 原 価 ＝ | 7,470,000 | 円
等級製品Xの完成品単位原価 ＝ | 9,960 | 円／個
等級製品Yの完成品単位原価 ＝ | 4,980 | 円／個
等級製品Zの完成品単位原価 ＝ | 2,490 | 円／個

ヒント:

1. 生産データのまとめ

　　　　　　　　　生産データ

月 初	100	40	完 成	1,000	1,000	＊ 当月加工換算量
当 月	1,180	1,060＊	正 仕	80	？	1,000＋10－40＝1,060
			月 末	200	100	

＊ 正常仕損が工程の途中で発生している場合
　　その進捗度は不明であるが，計算の便宜上月末仕掛品の進捗度までに発生したとみなす。
　　したがって，正常仕損は，完成品と月末仕掛品の両方に負担させる。

2. 月末仕掛品原価及び完成品総合原価の計算（先入先出法）

　　　直接材料費

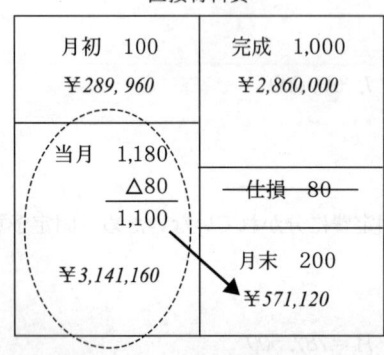

月初 100	完成 1,000
¥289,960	¥2,860,000
当月 1,180	仕損 80
△80	
1,100	
¥3,141,160	月末 200
	¥571,120

直接材料費月末原価

$$\frac{¥3,141,160}{1,180個 － 80個} ＝ @2,855.6$$

@2,855.6 × 200個 ＝ 571,120

直接材料費完成品原価

¥289,960 ＋ ¥3,141,160 － ¥571,120
＝ ¥2,860,000

　　　加 工 費

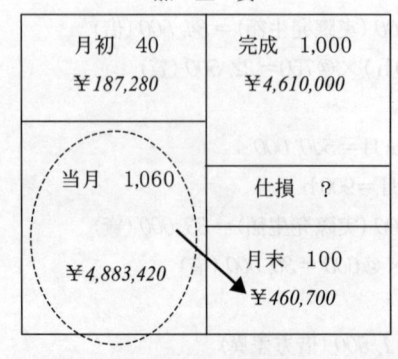

月初 40	完成 1,000
¥187,280	¥4,610,000
当月 1,060	仕損 ？
¥4,883,420	月末 100
	¥460,700

加工費月末原価

$$\frac{¥4,883,420}{1,060個} ＝ @4,607$$

@4,607 × 100個 ＝ 460,700

加工費完成品原価

¥187,280 ＋ ¥4,883,420 － ¥460,700
＝ ¥4,610,000

月末仕掛品原価＝直接材料費571,120 ＋ 加工費460,700 ＝ 1,031,820

完成品総合原価＝直接材料費2,860,000＋加工費4,610,000＝7,470,000

3．完成品総合原価の按分計算及び完成品単位原価の算定

等級製品	完成品数量	等価係数	積　数	完成品原価	単位原価
X	600	4	2,400	5,976,000	9,960
Y	200	2	400	996,000	4,980
Z	200	1	200	498,000	2,490
			3,000	7,470,000	

完成品総合原価の按分計算

$$\frac{7,470,000}{3,000個} \times \begin{cases} X & 2,400 = 5,976,000 \\ Y & 400 = 996,000 \\ Z & 200 = 498,000 \end{cases}$$

完成品単位原価の算定

X　5,976,000÷600個＝@9,960
Y　996,000÷200個＝@4,980
Z　498,000÷200個＝@2,490

実力テスト　第2回

1

組別総合原価計算表　　　　　　　　　　　　　　（単位：円）

	X 製品		Y 製品	
	原料費	加工費	原料費	加工費
月初仕掛品原価	460,000	696,000	300,000	436,000
当月製造費用	1,200,000	(3,360,000)	1,920,000	(5,140,800)
合　計	1,660,000	(4,056,000)	2,220,000	5,576,800
月末仕掛品原価	(360,000)	(336,000)	(480,000)	(856,800)
完成品総合原価	(1,300,000)	(3,720,000)	(1,740,000)	(4,720,000)
完成品単位原価	(1,300)	(3,720)	(870)	(2,360)

ヒント：組別総合原価計算表を作成する問題

1．生産データのまとめ
(1) X製品（物量単位：kg）

生産データ

月　初	400	200	完　成	1,000	1,000	＊当月加工換算量
当　月	1,000	1,000＊	正　減	100	100	1,000＋100＋100－200
			月　末	300	100	＝1,000

(2) Y製品（物量単位：個）

生産データ

月 初	400	200	完 成	2,000	2,000	* 当月加工換算量
当 月	2,400	2,400*	正 減	200	200	2,000+400+200−200
			月 末	600	400	=2,400

* 正常減損が工程の終点で発生している場合
  正常減損は、完成品にのみ負担させる。
 * 度外視法とは、正常減損について、度外視（無視）して計算を進めることによって、結果的に良品に負担させる方法である。

2．製造間接費の組別配賦額（配賦基準は直接作業時間基準）の計算

製造間接費実際配賦率 $\dfrac{4,710,860}{1,000\text{h}+1,530\text{h}} = @1,862$

X製品　1,000h × @1,862 = 1,862,000
Y製品　1,530h × @1,862 = 2,848,860

3．当月加工費の計算

X製品　1,498,000 + 1,862,000 = 3,360,000
Y製品　2,291,940 + 2,848,860 = 5,140,800

4．X製品の計算

(1) 月末仕掛品原価の計算（先入先出法）

原料費　$1,200,000 \times \dfrac{300}{1,000-400+100+300} = 360,000$

加工費　$3,360,000 \times \dfrac{100}{1,000-200+100+100} = \underline{336,000}$
　　　　　　　　　　　　　　　　　　　　　　　　　$\underline{696,000}$

(2) 完成品総合原価の計算

原料費　460,000 + 1,200,000 − 360,000 = 1,300,000
加工費　696,000 + 3,360,000 − 336,000 = $\underline{3,720,000}$
　　　　　　　　　　　　　　　　　　　$\underline{5,020,000}$

5．Y製品の計算

(1) 月末仕掛品原価の計算（先入先出法）

原料費　$1,920,000 \times \dfrac{600}{2,000-400+200+600} = 480,000$

加工費　$5,140,800 \times \dfrac{400}{2,000-200+200+400} = \underline{856,800}$
　　　　　　　　　　　　　　　　　　　　　　　　　$\underline{1,336,800}$

(2) 完成品総合原価の計算

原料費　300,000 + 1,920,000 − 480,000 = 1,740,000
加工費　436,000 + 5,140,800 − 856,800 = $\underline{4,720,000}$
　　　　　　　　　　　　　　　　　　　$\underline{6,460,000}$

2

(1) 標準原価カード

直接材料費	100 円／kg ×	5 kg／個 ＝ (500) 円／個
直接労務費	(200) 円／時間×(	10) 時間／個＝ (2,000) 円／個
製造間接費	(300) 円／時間×(	10) 時間／個＝ (3,000) 円／個
合　計		(5,500) 円／個

(2)

仕　掛　品　　　　　　（シングルプラン）

前 月 繰 越	60,000	製　　　　品	(550,000)
材　　料	(60,000)	次 月 繰 越	(120,000)
直 接 労 務 費	(220,000)		
製 造 間 接 費	(330,000)		
	(670,000)		(670,000)

(3) 材料価格差異　　6,200 円（借方）

　　労務費賃率差異　10,800 円（借方）

　　労務費作業時間差異　4,000 円（貸方）

(4) 製造間接費予算差異　2,000 円（借方）

(5) 製造間接費操業度差異　24,000 円（借方）

ヒント：

1．生産データのまとめ

生産データ

								*当月加工換算量
月　初	20	10	完　成	100	100		*	
当　月	120	110*	月　末	40	20			100＋20－10＝110

2．標準原価カードの作成

(1) 製造間接費標準配賦率の計算
　　4,320,000÷14,400 h＝＠300

(2) 標準カードの作成
　　直接材料費　＠100×5 kg＝　　500 円
　　直接労務費　＠200×10 h＝　2,000 円
　　製造間接費　＠300×10 h＝　3,000 円
　　合　　計　　　　　　　　　5,500 円

3 標準原価差異の計算（当月標準原価－当月実際原価）

　　　当月標準原価　　　　　　　　　　　　　　　当月実際原価
　　直接材料費　120個×@　500＝ 60,000円　比較　 68,200円　 8,200（借）
　　直接労務費　110個×@2,000＝220,000円　⟺　226,800円　 6,800（借）
　　製造間接費　110個×@3,000＝330,000円　　　　350,000円　20,000（借）

4 直接材料費差異分析

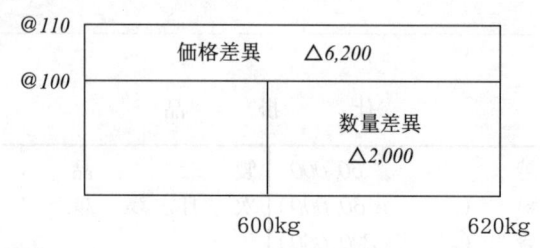

```
@110 ┌──────────────────────┐
     │  価格差異   △6,200    │
@100 ├──────────┬───────────┤
     │          │ 数量差異   │
     │          │ △2,000    │
     └──────────┴───────────┘
            600kg      620kg
```

5 直接労務費差異の分析

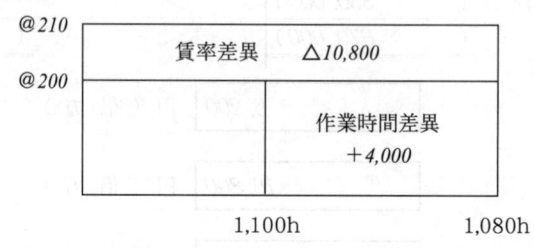

```
@210 ┌──────────────────────┐
     │  賃率差異  △10,800    │
@200 ├──────────┬───────────┤
     │          │ 作業時間差異│
     │          │  ＋4,000   │
     └──────────┴───────────┘
           1,100h     1,080h
```

6 製造間接費差異の分析

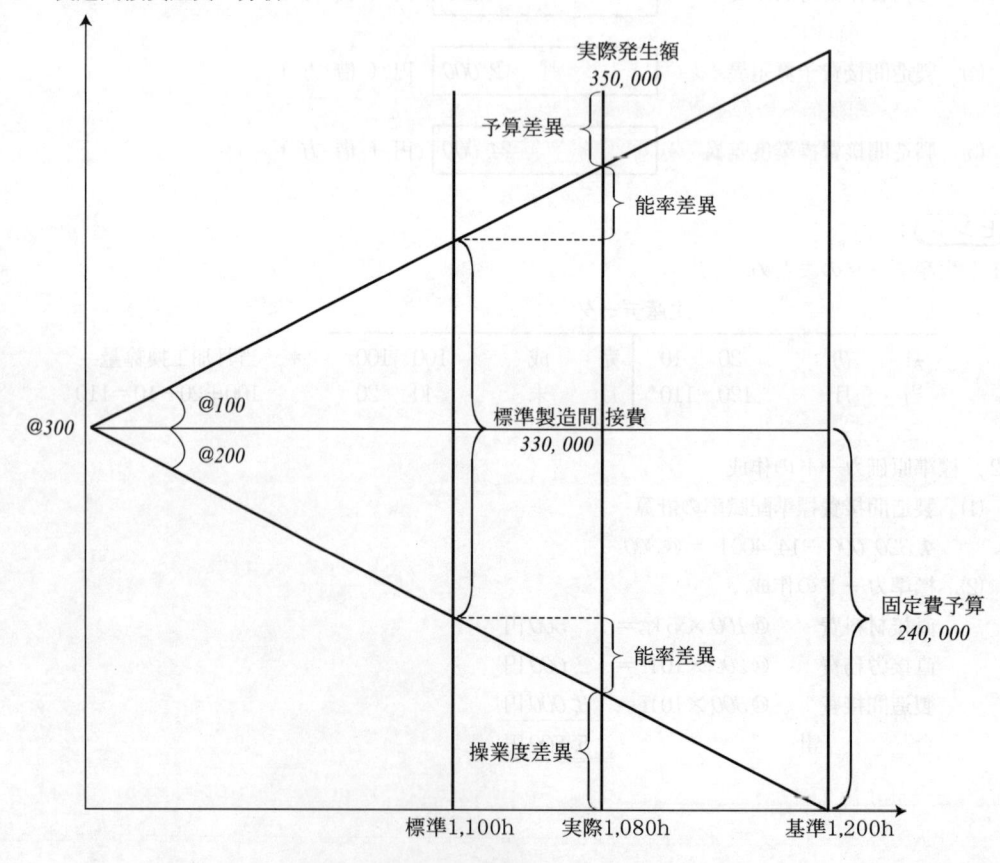

　　　　　　　　　　　　　　　　実際発生額　350,000
　　　　　　　　　　　　　　　　予算差異
　　　　　　　　　　　　　　　　能率差異

　　　　　　　　　@100
@300　　　　　　　　　　　　　　標準製造間接費　330,000
　　　　　　　　　@200

　　　　　　　　　　　　　　　　　　　　　　　　　固定費予算
　　　　　　　　　　　　　　　　能率差異　　　　　　240,000

　　　　　　　　　　　　　　　　操業度差異

　　　　　　　　　　　　　標準1,100h 実際1,080h 基準1,200h

予算差異　　　($@100 \times 1,080\text{h} + 240,000) - 350,000 = \triangle 2,000$
操業度差異　$(1,080\text{h} - 1,200\text{h}) \times @200 = \triangle 24,000$
能率差異　　$(1,100\text{h} - 1,080\text{h}) \times @300 = 6,000$

実力テスト　第3回

1
(1)	材　　　　料	1,175,000	本　　　　社	1,175,000
(2)	仕　掛　品	2,340,000	賃　　　　金	5,027,500
	製 造 間 接 費	2,687,500		
(3)	製 造 間 接 費	1,400,000	設備減価償却累計額	1,400,000
(4)	仕　掛　品	7,488,000	製 造 間 接 費	7,488,000
(5)	予 算 差 異	25,000	製 造 間 接 費	129,000
	操 業 度 差 異	104,000		

(ヒント):

(2) 労務費の計上
　直接工の労務費の計算
　　直接労務費　$1,560\text{h} \times @1,500 = 2,340,000$
　　間接労務費　$(110\text{h} + 15\text{h}) \times @1,500 = 187,500$
　間接工の労務費(すべて間接労務費)
　　$2,600,000 + 650,000 - 750,000 = 2,500,000$

(4) 製造間接費の予定配賦
　　予定配賦率　$7,680,000 \div 1,600\text{h} = @4,800$
　　予定配賦額　$@4,800 \times 1,560\text{h} = 7,488,000$

(5) 製造間接費勘定から予算差異及び操業度差異勘定への振替え
　　変動比率　　$3,520,000 \div 1,600\text{h} = @2,200$
　　固定比率　　$(7,680,000 - 3,520,000) \div 1,600\text{h} = @2,600$
　　月間固定費　$7,680,000 - 3,520,000 = 4,160,000$

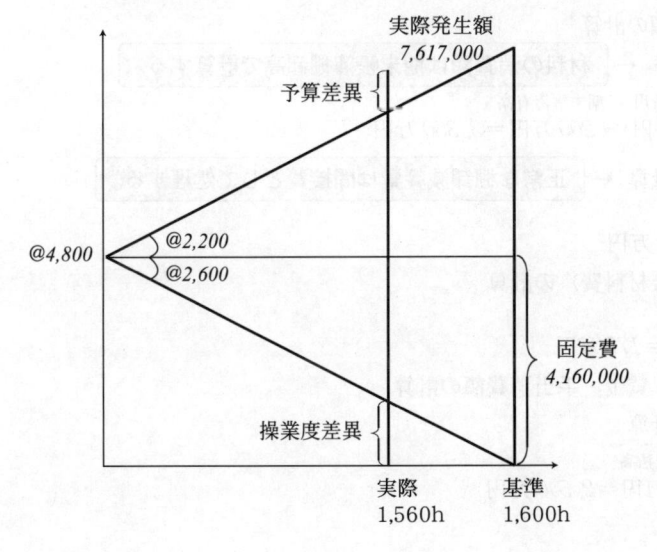

予算差異
　$(4,160,000 + 1,560\text{h} \times @2,200)$
　$- 7,617,000 = 25,000$（借）

操業度差異
　$(1,560 - 1,600) \times @2,600$
　$= 104,000$（借）

2

素　　　材			(単位：万円)	
期 首 有 高	55	〔直接材料費〕	(	3,350)
購 入 代 価	(3,450)	期 末 有 高	(	195)
〔引 取 費 用〕	(45)	正常棚卸減耗費	(	5)
	3,550			3,550

賃　金・手　当			(単位：万円)	
当期支給総額	2,500	〔前　期〕未払高	(	580)
〔当　期〕未払高	(620)	〔直接労務費〕	(	2,200)
賃 率 差 異	(34)	直接工間接賃金		360
		手 待 賃 金		14
	(3,154)		(	3,154)

製　造　間　接　費			(単位：万円)	
間 接 材 料 費	(450)	〔仕　掛　品〕	(	2,143)
間 接 労 務 費	(920)	原 価 差 異	(	27)
間 接 経 費	(800)			
	2,170			2,170

仕　　掛　　品			(単位：万円)
期 首 有 高	187	当 期 完 成 高	7,850
直 接 材 料 費	(3,350)	期 末 有 高	250
直 接 労 務 費	(2,200)		
直 接 経 費	(220)		
製 造 間 接 費	(2,143)		
	8,100		8,100

ヒント：

1. 素材費・工場補修用鋼材消費額の計算
   (1) 素材費（直接材料費）の計算　← 材料の消費額は期末帳簿棚卸高で計算する。
   　　期首有高　　当期購入代価　引取費用　期末帳簿有高
   　　55万円＋(3,450万円＋45万円)－200万円＝3,350万円
   (2) 棚卸減耗費（間接経費）の計算　← 正常な棚卸減耗費は間接費として処理する。
   　　期末帳簿有高　期末実地有高
   　　200万円－　195万円　＝　5万円
   (3) 工場補修用鋼材消費額（間接材料費）の計算
   　　期首有高　当期仕入高　期末有高
   　　13万円＋181万円－17万円＝177万円
2. 直接工（機械工および組立工）賃金・手当消費額の計算
   (1) 原価計算期間の要支払額の計算
   　　当期支給総額　前期未払高　当期未払高
   　　2,500万円－580万円＋620万円＝2,540万円

(2) 予定消費賃率による賃金・手当消費額（直接労務費および直接工間接賃金）の計算
　　　　直接労務費　　　直接工間接賃金
　　2,200万円＋(360万円＋14万円)＝2,574万円
(3) 賃率差異の計算
　　2,574万円－2,540万円＝34万円（貸方差異）

3．直 接 経 費
　　資料14の外注加工賃　220万円

4．製造間接費の計算
(1) 実際発生額の計算
　　間接材料費
　　　工場補修用鋼材消費額　　　　　　　　　177万円（前記1(3)より）⎫
　　　製造用切削油,機械油など　　　　　　　 165　　（資料6より）　 ⎬ 合計 450万円
　　　耐用年数1年未満の製造用工具と測定器具　108　　（資料10より）　⎭
　　間接労務費
　　　直 接 工 間 接 労 務 費　　　　　　　374万円（前記2(2)より）⎫
　　　工 場 の 修 理 工 賃 金　　　　　　　210　　（資料5より）　 ⎬ 合計 920万円
　　　工 場 倉 庫 係 賃 金　　　　　　　　190　　（資料7より）　 ⎮
　　　製造関係の事務職員給料　　　　　　　　146　　（資料9より）　 ⎭
　　間 接 経 費
　　　棚 卸 減 耗 費　　　　　　　　　　　　5万円（前記1(2)より）⎫
　　　工 場 固 定 資 産 税　　　　　　　　　　8　　（資料3より）　 ⎮
　　　工 場 福 利 施 設 負 担 額　　　　　　52　　（資料11より）　⎬ 合計 800万円
　　　工 場 運 動 会 費　　　　　　　　　　　8　　（資料12より）　⎮
　　　工場電力料・ガス代・水道料　　　　　　115　　（資料15より）　⎮
　　　工 場 減 価 償 却 費　　　　　　　　 612　　（資料16より）　⎭
　　　　　　　　　　　　　　　　　　　　2,170万円

(2) 予定配賦額の計算　← 資料8,13に予算差異と操業度差異があることにより，予定配賦していることが分かる。
　① 製造間接費差異の計算
　　　　予算差異（資料8）　　操業度差異（資料13）
　　　　8万円（貸方差異）＋35万円（借方差異）＝27万円（借方差異）
　② 予定配賦額
　　　　実際発生額　　　製造間接費差異
　　　2,170万円－27万円（借方差異）＝2,143万円

5．当期製造費用の計算
　　直接材料費　　3,350万円（前記1(1)より）
　　直接労務費　　2,200万円（資料4より）
　　直 接 経 費　　　220万円（資料14より）
　　製造間接費　　2,143万円（前記4(2)②より）

実力テスト 第4回

1

問1

直接原価計算による損益計算書
(単位：円)

売　上　高	(9,000,000)
変動売上原価	(2,340,000)
変動製造マージン	(6,660,000)
変動販売費	(360,000)
貢献利益	(6,300,000)
製造固定費	(2,200,000)
固定販売費及び一般管理費	(1,300,000)
営業利益	(2,800,000)

問2

当期の損益分岐点の売上高 ＝ | 5,000,000 | 円

問3

次期に営業利益を2倍にする売上高 ＝ | 13,000,000 | 円

ヒント：

損益計算書（直接原価計算方式）
(単位：円)

売　上　高	(9,000,000)	@250×36,000個
変動売上原価	(2,340,000)	@65×36,000個
変動製造マージン	(6,660,000)	
変動販売費	(360,000)	@10×36,000個
貢献利益	(6,300,000)	
製造固定費	(2,200,000)	
固定販売費及び一般管理	(1,300,000)	
営業利益	(2,800,000)	

＊　製造変動費率　35＋15＋15＝65

この問題は，生産量と販売量が同じであるため，単純に全部原価計算の損益計算書と直接原価計算の変動費との差額から，固定費を計算することができる。

損益計算書		問2 損益分岐点	問3 目標営業利益
売　上　高	@250 (100%)	x	x
変動売上原価	@ 65		
変動製造マージン	@185		
変動販売費	@ 10		
貢献利益	@175	3,500,000 (70%)	9,100,000 (70%)
製造固定費	2,200,000	2,200,000	2,200,000
固定販売費及び一般管理費	1,300,000	1,300,000	1,300,000
営業利益	2,800,000	0	5,600,000

問2　損益分岐点の売上高の考え方
　　　営業利益を0とおいて，売上高を計算する。
　　　貢献利益が，3,500,000であるので，
　　　　　x＝3,500,000÷70%
　　　　　　＝5,000,000円

問3　営業利益を2倍にするための売上高の考え方
　　　営業利益が2倍なので5,600,000になる。営業利益を5,600,000とおいて，売上高を計算する。
　　　貢献利益が，9,100,000であるので，
　　　　　x＝9,100,000÷70%
　　　　　　＝13,000,000円

2

製造間接費－第1工程

諸　　　口		84,000	仕掛品－第1工程	(	120,000)
製造間接費－動力部門	(	39,000)	配　賦　差　異	(	3,000)
		123,000			123,000

製造間接費－第2工程

諸　　　口		49,000	仕掛品－第2工程	(	72,000)
製造間接費－動力部門	(	26,000)	配　賦　差　異	(	3,000)
		75,000			75,000

仕掛品－第1工程

材　　　料		60,000	仕掛品－第2工程	(	220,000)
賃　　　金	(	40,000)			
製造間接費－第1工程	(	120,000)			
	(	220,000)		(	220,000)

仕掛品－第2工程

仕掛品－第1工程	(	220,000)	製　　　品	(	378,000)
賃　　　金		118,000	月　末　有　高	(	32,000)
製造間接費－第2工程	(	72,000)			
		410,000			410,000

ヒント：

1　生産データのまとめ（単位：個）

第1工程						第2工程					
月初	0	0	完成	2,000	2,000	月初	0	0	完成	1,800	1,800
当月	2,000	2,000*	月末	0	0	当月	2,000	1,900*	月末	200	100

　　　当月投入量　　　1,800＋200＝2,000
　　　当月加工換算量　1,800＋200×0.5＝1,900

2　第1工程の計算（仕掛品－第1工程）
　　月初・月末仕掛品が存在しないため，当月製造費用＝完成品総合原価である。
　　　　直接材料費　　　　　　　　　　　　　60,000
　　　　直接労務費　　　　　　　　　　　　　40,000
　　　　製造間接費　　300h×@400＝　120,000
　　　　　　　　　　　　　　　　　　　　　　220,000　⇨　前工程費

3　第2工程の計算（仕掛品－第2工程）
(1)　当月製造費用
　　　加工費　直接労務費　　　　　　　　　118,000
　　　　　　　製造間接費　225h×@320＝　72,000
　　　　　　　　　　　　　　　　　　　　　190,000

(2)　月末仕掛品原価・完成品総合原価

　　　　　　　　　　　前工程費の計算

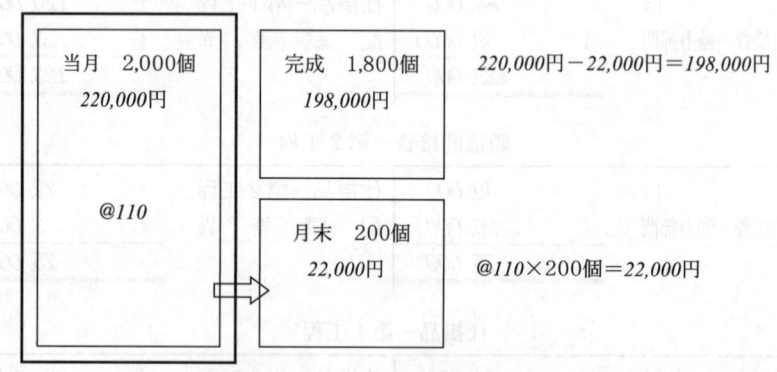

当月　2,000個	完成　1,800個	220,000円－22,000円＝198,000円
220,000円	198,000円	
@110	月末　200個	
	22,000円	@110×200個＝22,000円

　　　　　　　　　　　加工費の計算

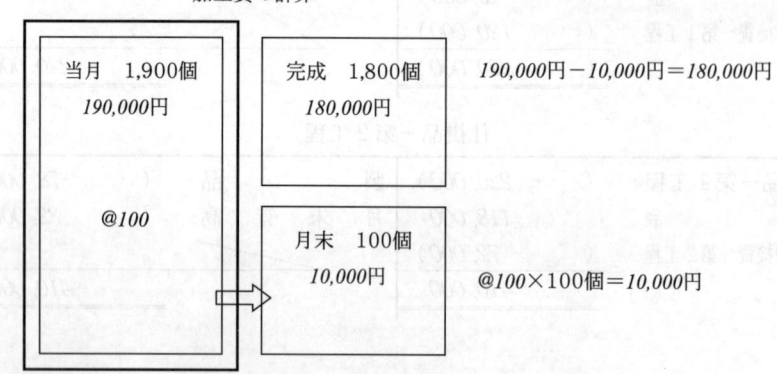

当月　1,900個	完成　1,800個	190,000円－10,000円＝180,000円
190,000円	180,000円	
@100	月末　100個	
	10,000円	@100×100個＝10,000円

月末仕掛品原価　　前工程費22,000＋加工費10,000＝32,000
完成品総合原価　　前工程費198,000＋加工費180,000＝378,000

4 製造間接費配賦差異の計算
　製造間接費実際発生額

実際部門別配賦表
(単位：円)

費　目	金　額	製造部門		補助部門
		第1工程	第2工程	動力部門
部門費合計	198,000	84,000	49,000	65,000
動力部門費	65,000	39,000	26,000	
製造部門費	198,000	123,000	75,000	

動力部門費配賦額

$65,000 \times \begin{cases} 60\% = 39,000 \\ 40\% = 26,000 \end{cases}$

製造間接費配賦差異

製造間接費－第1工程
　$120,000(予算) - 123,000(実際) = 3,000(借方差異)$

製造間接費－第1工程
　$72,000(予算) - 75,000(実際) = 3,000(借方差異)$

実力テスト　第5回

1

(1)

仕　掛　品
(単位：円)

月初有高	53,000	完成品	(1,069,000)
直接材料費	(245,000)	月末有高	(91,000)
直接労務費	(333,000)		
直接経費	(85,000)		
製造間接費	(444,000)		
	(1,160,000)		(1,160,000)

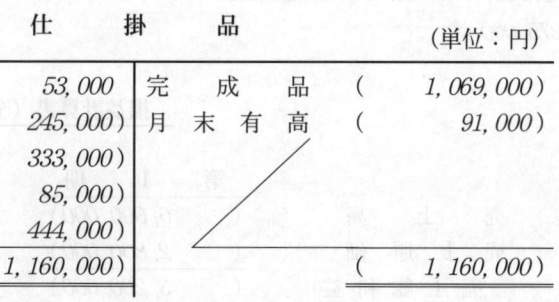

(2) 製造指図書#13にかかわる売上原価 = 　275,000　 円

(ヒント)：
個別原価計算の問題である。
1 製造指図書別原価計算表の作成
　(1) 直接労務費
　　　#11　50h×@1,800 = 90,000
　　　#12　65h×@1,800 = 117,000
　　　#13　30h×@1,800 = 54,000
　　　#14　25h×@1,800 = 45,000
　　　#15　15h×@1,800 = 27,000

(2) 製造間接費

予定配賦率　$5,280,000 ÷ 2,200\text{h} = @2,400$

#11　　$50\text{h} × @2,400 = 120,000$
#12　　$65\text{h} × @2,400 = 156,000$
#13　　$30\text{h} × @2,400 = 72,000$
#14　　$25\text{h} × @2,400 = 60,000$
#15　　$15\text{h} × @2,400 = 36,000$

摘　　要	#11	#12	#13	#14	#15	合　　計
月初仕掛品	53,000	–	–	–	–	53,000
直接材料費	46,000	70,000	64,000	37,000	28,000	245,000
直接労務費	90,000	117,000	54,000	45,000	27,000	333,000
直接経費	–	–	85,000	–	–	85,000
製造間接費	120,000	156,000	72,000	60,000	36,000	444,000
製造原価	309,000	343,000	275,000	142,000	91,000	1,160,000
備　　考	完成・引渡	完成・引渡	完成・引渡	完成・引渡	仕　掛　中	

⇩ 完成品原価　　　　　　　　　　⇩ 月初仕掛品原価

(3) 完成品原価

#11 $(309,000)$ ＋ #12 $(343,000)$ ＋ #13 $(275,000)$ ＋ #14 $(142,000)$ ＝ $1,069,000$

(4) 月末仕掛品原価

#15 ＝ $91,000$

2　製造指図書#13にかかわる売上原価

275,000

損益計算書（全部原価計算）

（単位：円）

	第　1　期	第　2　期
売　上　高	(6,000,000)	(5,400,000)
売　上　原　価	(2,800,000)	(2,250,000)
売　上　総　利　益	(3,200,000)	(3,150,000)
販売費・一般管理費	(1,150,000)	(1,135,000)
営　業　利　益	(2,050,000)	(2,015,000)

損益計算書（直接原価計算）

（単位：円）

	第　1　期	第　2　期
売　上　高	(6,000,000)	(5,400,000)
変動売上原価	(1,500,000)	(1,350,000)
変動製造マージン	(4,500,000)	(4,050,000)
変動販売費	(150,000)	(135,000)
貢　献　利　益	(4,350,000)	(3,915,000)
固　定　費	(2,300,000)	(2,300,000)
営　業　利　益	(2,050,000)	(1,615,000)

(2期)

固定費調整
(単位：円)

直接原価計算方式の営業利益	(1,615,000)
期末棚卸資産固定加工費	(400,000)
小　　　　計	(2,015,000)
期首棚卸資産の固定加工費	(0)
全部原価計算方式の営業利益	(2,015,000)

ヒント：

全部原価計算による場合

(1) 第1期

売上原価の計算

仕　掛　品

期首	完成
0単位	1,000単位
0円	2,800,000円
当期	期末
1,000単位	0単位
2,800,000円	0円

製　　品

期首	販売
0単位	1,000単位
0円	2,800,000円
当期	期末
1,000単位	0単位
2,800,000円	0円

(2) 第2期

売上原価の計算

仕　掛　品

期首	完成
0単位	1,300単位
0円	3,250,000円
当期	期末
1,300単位	0単位
3,250,000円	0円

製　　品

期首	販売
0単位	900単位
0円	2,250,000円
当期	期末
1,300単位	400単位
3,250,000円	1,000,000円

直接原価計算による場合

(1) 第1期

売上原価の計算

仕　掛　品

期首	完成
0単位	1,000単位
0円	1,500,000円
当期	期末
1,000単位	0単位
1,500,000円	0円

製　　品

期首	販売
0単位	1,000単位
0円	1,500,000円
当期	期末
1,000単位	0単位
1,500,000円	0円

(2) 第2期

売上原価の計算

仕 掛 品

期首	完成
0単位	1,300単位
0円	1,950,000円
当期	期末
1,300単位	0単位
1,950,000円	0円

製 品

期首	販売
0単位	900単位
0円	1,350,000円
当期	期末
1,300単位	400単位
1,950,000円	600,000円

* 営業利益が，全部原価計算による場合の2,015,000と直接原価計算による場合の1,615,000で400,000違うのは，固定製造原価1,300,000の取扱いの違いのためである。

<全部原価計算>

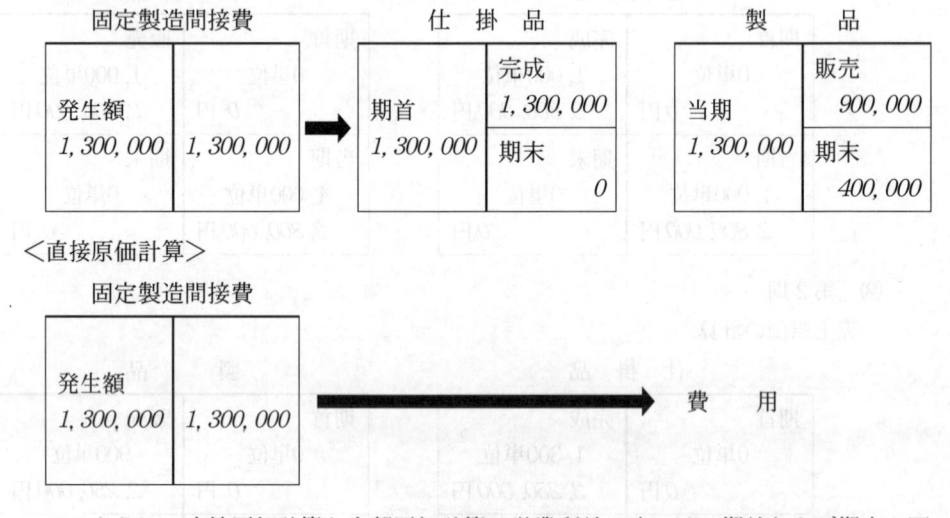

固定製造間接費

発生額	
1,300,000	1,300,000

→

仕 掛 品

期首	完成
	1,300,000
1,300,000	期末
	0

製 品

当期	販売
	900,000
1,300,000	期末
	400,000

<直接原価計算>

固定製造間接費

発生額	
1,300,000	1,300,000

⟹ 費 用

このように，直接原価計算と全部原価計算の営業利益の違いは，期首および期末の固定製造原価を調整することで，一致させることができる。

全部原価計算による営業利益	=	直接原価計算による営業利益	+	期末棚卸資産に含まれる固定製造原価	−	期首棚卸資産に含まれる固定製造原価
2,015,000		1,615,000		400,000		0

―メモ―

日商簿記試験 対策シリーズ！

■ 第1ステージ　まずは読んで覚えよう

スゴイ！らく～に合格る！
3&2級
3級／本体900円＋税
2級商＆工／各本体1,000円＋税
合格に必要な要素にだけ絞り、イラストや例題を使って解説。

問題集
3&2級
3級／本体1,000円＋税
2級商＆工／各本体1,100円＋税
テキストに準拠した問題集。勉強時間を大幅に短縮できる。

段階式テキスト
3級 本体850円＋税　　**2級商簿** 本体950円＋税
4級 本体850円＋税　　**2級工簿** 本体950円＋税

反復学習が簿記マスターの近道との考えと自力学習こそが応用力養成に直結するとの考えから、練習問題を数多く収録するとともに、解答・解説は抜取り式。過去問3回分収録。

■ 第2ステージ　さらに理解を深めたい人に

段階式ワークブック
4～2級
本体850円～950円＋税
テキストに準拠した問題集。併用することで無駄なく学習できる。

ドリル式
3～1級
本体1,200円～2,000円＋税
実際の検定問題を同形式で再現！
直近の問題を収録。

■ 第3ステージ　実際の問題に触れてみよう

出題傾向と対策
1級
本体2,400円＋税
過去問題を多数収録。とにかく試験問題を多く解きたい人にオススメ！

模擬試験
3&2級
各本体1,200円＋税
過去分析に基づき出題が予想される問題をピックアップ！

■ 第4ステージ　苦手分野を克服。最後の仕上げ！

暗算で解ける日商簿記
―電卓なしで、どこでも簡単にできる― 
堀川　洋著
3級／本体1,800円＋税
2級商簿＆工簿／各本体2,200円＋税
電卓なしで解ける問題でどこでも気楽に学習可能。

日商簿記3級 1週間でまとめる
ラストチェックと確認問題 
堀川塾 著
本体1,200円＋税
入門編・初学者編・総合問題編に分けて、計算ミスの発生原因・探し方・解決方法などを紹介。

税務経理協会
http://www.zeikei.co.jp
〒161-0033 東京都新宿区下落合2-5-13
TEL 03-3953-3325　FAX 03-3565-3391